U0936712

Basic Theories of State Security Administrative Law

国家安全行政法基本论

吴庆荣　著

时 事 出 版 社

图书在版编目（CIP）数据

国家安全行政法基本论/吴庆荣著．—北京：时事出版社，2008.10
ISBN 978-7-80232-174-8

Ⅰ．国…　Ⅱ．吴…　Ⅲ．国家安全法－研究－中国　Ⅳ．D922.144

中国版本图书馆 CIP 数据核字（2008）第 134040 号

出 版 发 行：时事出版社
地　　　址：北京市海淀区万寿寺甲 2 号
邮　　　编：100081
发 行 热 线：（010）88547590　88547591
读者服务部：（010）88547595
传　　　真：（010）68418647
电 子 邮 箱：shishishe@sina. com
网　　　址：www. shishishe. com
印　　　刷：北京百善印刷厂

开本：787×1092　1/16　印张：19. 25　字数：270 千字
2008 年 10 月第 1 版　2008 年 10 月第 1 次印刷
定价：38. 80 元

目 录

序　言

近年来，行政法学理论研究突飞猛进，新的研究成果层出不穷；与此同时，隐蔽战线的情势发生了巨大变化，国家安全行政执法工作也面临着一些新的难题，急需得到行政法理论上的指导。为适应新的国家安全情势，在充分吸纳最新的理论研究成果及有关专家学者反馈意见的基础上，幸蒙时事出版社的厚爱，重新构作了展现在您面前的这本《国家安全行政法基本论》。

行政法总体上可以分为一般行政法与部门行政法。我国行政法学囿于一般行政法的研究，对部门行政法关注较少，而对作为部门行政法的国家安全行政法的研究更是寥若晨星。此种不正常状况，不利于我国行政法学的全面、健康发展，以及依法治国、实现行政法治的整体推进。一般行政法的生成、拓展离不开部门行政法的研析、提炼；部门行政法的发展依赖于一般行政法的引领。国家安全关系到一国的生存和发展，作为部门行政法的国家安全行政法，不仅为一般行政法提供了充分丰富鲜活生动的素材，而且也为维护一国的国家安全提供了法律保障。出于以上考虑，借助一般行政法的理论，本书对国家安全行政法中一些最基本、也是最为重要的问题进行了初步梳理和浅薄探讨，有些观点极不成熟甚至有错误，恳望专家、学者及读者不吝赐教。

本书一部分内容，如行政主体、行政行为、行政程序、行政法制监督和行政救济等似乎一般行政法教科书早有论述，这说明一般行政法的内容在我国已是一个比较完整的理论体系，部门行政法的成长、发展离不开一般行政法指导。但本书有很多的内容也是过去从来没有论及或者未展开论述过的。正因为这些问题新生，又非常重要，所以本书冒昧先作一个初步尝试或拓荒。我们有理由相信，这种尝试或拓荒不乏其学术价值和实践意义。本书从形式到内容可以说是我国行政法学的新亮点或新视点。其“新”表现在两个方面：一是在理论上，对一般行政法理论具体化、个别化；使一般行政法的理念及制度在本书中得到了具体的落实、运用；对国家安全行政法的一些基本概念、范畴、原则、制度等进行了创新设定和科学解读。如本书以国家安全为研究起点。对“国家安全”这个在美国第一次使用并被第一次作为法律专用名词，经过了人们几十年来的不断考量研析的基本概念，在本书中终于有了明确而科学的法律解读，即国家安全既不是一种“能力”，也不是一种“状况”，更不是一种“措施总和”，而是一种特殊的行政法律秩序。国家安全已经被历史证明是一种容易对行政受体权利造成侵害的“恶”，它与国家安全行政受体权利是一对天然矛盾，但即使在人权高扬的现代法制社会，这种“恶”的存在对社会发展也是不可或缺的。因此，“国家安全高于一切”作为国家安全行政法的统领原则、“帝王”原则，取代了一般行政法上的“帝王”原则，即比例原则。国家安全行政是一般行政法上的“狭义行政”，即管理，这种“行政”需要由一定主体进行。国家安全行政主体不仅包括组织，还包括自然人。因为，行政主体资格获得的路径是法律规定或者法律授权。法律法规既然可以授权本来无行政职能权利能力的组织获得行政主体资格，法律法规当然也可以授权给自然人、个人（自然人）经过法律法规的授权而以自己的名义行使行政职能即获得了行政主体资格而成为“公务人”。此外，本书对国家安全行政行为、国家安全行政法律责任以及国家安全行政救济等一些行政法的基本理论在具体论述时的方法和视角，材料的遴选、使用都有独到之处。二是在实践上，将国家安全行政法的基本理论与国家安全行政执法实践紧密相联，所述行政法的基本理论对国家安全行政事务都有实际的指导价值。通过对外国国家安全行政主体（主要是国家安全机关）以及国家安全行政法文本规定的考量，对我国体制改革后，地市级以下的国家安全机关行政主体资格丧失、国家安全行政执法依据冲突、国家安全行政处罚设定欠缺等问题的实证分析，求解出适合国家安全情势的万全良策。国家安全行政执法不同于其他部门行政执法，它除了一般行政执法的特点外，还有自身的隐蔽性、“策略性”，即“谋略执法”、“参与执法”的特质。行政执法公开是现代行政法治的必然要求，是行政法的一项重要原则，公廾包括行政执法主体、执法依据、执法方式方法等必须公开。国家安全工作的特殊性决定了国家安全行政执法及其救济的特别性，公开在国家安全行政法领域只是一种“例外”，而保密才是一种“原则”。离开了保密，国家安全就失去了存在的意义，这是世界各国国家安全行政法的通则。本书在探讨相关现实问题时，力求运用已有的世界有关国家安全法律规定以及结合我国的国家安全实际状况予以考量、分析、佐证，使国家安全事务中的一些现实问题能够得到科学、切实的解读和厘清，给读者以耳目一新的感觉。

作　者

2008 年 7 月 18 日

于苏州东吴花园

第一章

绪 论

第一节 国家安全

一、法律对“国家安全”的规定及意义

肇始于 20 世纪 80 年代初，特别是随着我国加入 WTO，“国家安全”越来越受到世人的关注，“国家安全”一词也频繁在报刊凸显，有关研究国家安全的著作如雨后春笋。① 与此同时，我国的立法也将“国

① 近年来，我国理论界从不同的视角（如政治、军事、经济、科技、信息、文化等）、不同的层面来研究有关国家安全问题。其代表性的论著请参见：李少军：“国家安全理论初探”，《世界经济与政治》，1995 年第 38 期；李敏、吴为等：《国家安全法学》，四川人民出版社，1996 年版，第 10 页；梁忠前：“国家安全概念的法理探讨”，《江苏社会科学》，1996 年第 6 期；倪健中：《国家安全：中国的安全空间与 21 世纪的战略选择》，中国国际广播出版社，1997 年版；李瑛：“多极化时代的安全观：从国家安全到世界安全”，《世界经济与政治》，1998 年；许嘉：“国际经济与国家安全概念的重新界定”，《解放军外语学院学报》，1998 年第 96 期；连燕华、马维野：“科技安全：国家安全的新概念”，《科学与科学技术管理》，1998 年第 20 期；刘晓明、陆军：“网络、金融安全维系国家安全之刑法思考”，《政治与法律》，

家安全”作为一个法律专门术语陆续写进了相关的法律规范性文件中。如：1986年2月1日《中华人民共和国公民出境入境管理法》第八条规定：“国务院有关主管机关认为出境后将对国家安全造成危害或者对国家利益造成重大损失的，不批准出境”；1986年2月1日《中华人民共和国外国人入境出境管理法》第十二条规定：“被认为入境后可能危害中国的国家安全、社会秩序的外国人，不准入境”；1986年12月2日《中华人民共和国邮政法》第四条规定：“通信自由和通信秘密受法律保护，除因国家安全或者追查刑事犯罪的需要，……”；1987年9月5日《中华人民共和国档案法》第二十三条规定：“档案的所有者有权公布（自己所有的档案）但必须遵守国家有关规定，不得损害国家安全和利益，不得侵犯他人的合法权益”；1989年6月14日国务院颁布的《外国商会管理暂行规定》第三条规定：“外国商会必须遵守中华人民共和国法律、法规的规定，不得损害中国的国家安全和社会公共利益”；1990年1月19日国务院颁布的《外国记者和外国常驻新闻机构管理条例》第十四条规定：“外国记者和外国常驻机构不得进行与其身份和性

1999年第52期；冉飞：“全球化对国家安全观的影响”，《贵州教育学院学报》，1999年第1期；胡联合、胡铭：“经济全球化与国家安全简论”，《华中理工大学学报》，1999年第1期；刘跃进：“科学技术与国家安全”，《华北电力大学学报》，2000年第1期；汪育峻：“全面理解‘国家安全’概念”，《江南社会学院学报》，2000年第3期；孙晋平：“国际关系理论中的国家安全理论”，《国际关系学院学报》，2000年第4期；杜玉华：“论我党三代领导集体的国家安全思想”，《宁夏大学学报》，2000年第3期；张文杰：“中国国家安全哲学”，《战略与管理》，2000年第1期；马振超：“国家安全观念的内涵分析”，《中国人民公安大学学报》，2000年第6期；马维野：“国家安全·国家利益·新国家安全观”，《当代世界与社会主义》，2001年第6期；严高鸿：“论国家安全观的构成要素”，《世界经济与政治论坛》，2002年第3期；刘跃进：“论国家安全的基本含义及其产生和发展”，《华北电力大学学报》，2002年第4期；刘卫东等：“论国家安全的概念及其特点”，《世界地理研究》，2002年第6期；李际均：“全球化时代的中国国家安全”，《瞭望》，2004年第13期；卢静：“国家安全：理论·现实”，《外交学院学报》，2002年第9期；李竹，吴庆荣：《国家安全法学》，法律出版社，2004年版。

质不符或者危害中国国家安全、统一、社会公共利益的活动”；1990年2月23日《中华人民共和国军事设施保护法》第三条规定：“各级人民政府和中央军事机关应当从国家安全、利益出发，共同保护军事设施，维护国防利益”；1990年12月12日《中华人民共和国外资企业法实施细则》第六条规定，申请设立外资企业，“危及中国国家安全的”，不予批准；1991年2月17日国务院颁布的《中国公民往来台湾地区管理办法》第五条规定：“中国公民往来台湾与大陆之间，不得有危害国家安全、荣誉和利益的行为”；1992年2月25日《中华人民共和国领海及毗连区法》第一条规定：“为行使中华人民共和国对外领海的主权和对毗连区的管制权，维护国家安全和海洋权益，制定本法”；1993年2月22日《中华人民共和国国家安全法》第一条开宗明义规定：“为维护国家安全……根据宪法，制定本法”，及任何公民和组织“都有维护国家安全的义务”，“防范、制止危害国家安全的行为”；1993年9月11日国务院颁布的《中华人民共和国无线电管理条例》第二十四条规定：“因国家安全和重大任务需要实行无线电管制的，有关的单位和个人必须遵守有关的管制规定”；1994年5月12日《中华人民共和国对外贸易法》第十六条规定：“属于为维护国家安全或者社会公共利益的货物、技术，国家可以限制进口或者出口”，对属于“危害国家安全或者社会公共利益”的货物、技术或者国际服务贸易，国家予以禁止或者禁止进口或出口；1994年6月4日国务院颁布的《中华人民共和国国家安全法实施细则》第十三条规定：“国家安全机关对查验中发现不符合维护国家安全要求的……设备、设施，可以进行必要的处理或依照有关的法律、行政法规的规定处理”；1995年2月28日《中华人民共和国人民警察法》第一条规定：“为了维护国家安全和社会治安秩序，……根据宪法，制定本法”，第二条规定：“人民警察的任务是维护国家安全，……”；1995年7月20日《中华人民共和国出境入境边防检查条例》规定，出境入境的人员“有危害国家安全、利益和社会秩序嫌疑的，边防检查站有权限制其活动范围，进行调查或者移送有关机关处理”；1996年3月

17 日《中华人民共和国刑事诉讼法》第一条规定："为了保证刑法的正确实施，惩罚犯罪，保护人民，保障国家安全和社会公共安全……根据宪法，制定本法"，该法第二十条规定，中级人民法院管辖的第一审刑事案件之一是"危害国家安全案件"；1997 年 10 月 1 日《中华人民共和国刑法》第二条规定："中华人民共和国刑法的任务，是用刑罚同一切犯罪行为作斗争，以保卫国家安全，……"，该法在分则第一章规定了"危害国家安全罪"，并在第六十六条规定，对"危害国家安全的犯罪分子在刑罚执行完毕或者赦免以后，在任何时候再犯危害国家安全罪的，都以累犯论处"；1999 年 3 月 15 日第九届全国人民代表大会第二次会议通过的宪法修正案第十七条，专门明确地将"国家安全"一词写进了宪法；1999 年 10 月 7 日国务院颁布的《商用密码管理条例》第二十三条规定，泄露商用密码技术或者利用商用密码，"对有危害国家安全行为的，由国家安全机关依法予以行政拘留"；2000 年 9 月 20 日国务院颁布的《中华人民共和国电线条例》第六条规定："任何组织或者个人不得利用电信网络从事危害国家安全、社会公共利益或者他人合法权益的活动"；2000 年 9 月 20 日国务院颁布的《互联网信息服务管理办法》第十五条规定，互联网信息服务提供者不得制作、复制、发布、传播含有"危害国家安全，泄露国家秘密"内容的信息；2004 年 7 月 1 日《中华人民共和国行政许可法》第十二条规定，"直接涉及国家安全、公共安全……等特定活动，需要按照法定条件予以批准的事项"，可以设定行政许可，等等。综上可见，"国家安全"一词作为一个法律的专门术语越来越被广泛应用于我国的宪法、法律、行政法规和规章等规范性文件中。"国家安全"关系到一国的生存和发展。但是由于我国现行法律并未对"国家安全"这一法律专门用语作出明确的界定或立法解释，不仅使得人们对关系到一国生存和发展的"国家安全"在理论上产生歧义，而且在实践中也带来了困惑。"国家安全"是一国宪政、法律制度实现的目的和价值取向，故有必要对法律上国家安全的概念予以阐明，以彰显法律所要保护的对象。惟其如此，法律特别是有关国家安全法律才具有现实的可操作性，也才能有效地实现保护国家安全不受任何组织和个人侵犯的目标。

二、“国家安全”概念的演化及一般界定

国家安全是随着国家的产生而生成，也是历史上任何时期一个主权国家的首要问题。但“国家安全”作为一个综合、完整的专门概念只有几十年的历史。“国家安全”的概念最初“是从美国引进的，是一个美国概念”，它最早出现于“二战”结束前夕的1943年。[①] 1945年8月美国参议院的听政会上，当时的美国海军部长福瑞斯特（J. Forrestal）就专门使用了“国家安全”的概念；1947年美国国会颁布了世界上第一部《国家安全法》，并据此组成了“国家安全委员会”，“国家安全”的概念便开始在各国政府机构的名称或者法律文件中普遍出现。

“国家安全”概念的提出与冷战思维的国际关系学和地缘政治学理论密切相关，这一理论的目的是促进国际关系的改善以避免将来的战争。[②]“二战”结束后，世界分成相互对立的两大阵营，形成了“冷战”的局面，按照国际关系学中的现实主义者的理论，国际社会从本质上来说是冲突的，在国际社会缺少能够将法律规则强加给各国政府的一种世界力量的条件下，稳定和正义是不可能实现的。在冲突的世界里，武力决定着政治，“国家安全”当然决定于一国的国防力量、军事能力。这

---

① 据英国学者曼戈尔德（Peter Mangold）在《国家安全与国际关系》一书的考证，“国家安全”的现代用法最早出现在美国作家李普曼（Walter Lippmann）1943年的著作《美国外交政策》（US Foreign Policy：Shield of the Republic，Pockets，New York 1943）中，他认为“国家安全的意义，是国家能否阻止一项攻击或击溃一项攻击能力”。“二战”结束后，这一概念作为一个完整、明确的词汇逐渐取代了国际政治中诸如军事事务、外交政策、外交事务等词语而成为一个常用的概念。

② Andrew L. Ture Stories? Global Night mares，Global Dreams and Writing Globalization，in Lee R. & Wills J. （eds.），Geographies of Economies. Arnoid，London，1997.

个时期的“国家安全”主要是指领土不被侵犯，即政治和军事上的安全。20世纪70年代初的石油危机以及国际经济新秩序的出现，使发达国家认识到，虽然传统的军事安全仍然是保障主权国家存在和发展的核心要素，但是国家安全的要素不断扩大，对“国家安全”的最大威胁不仅仅来自于军事领域，更来自“非军事领域”。1974年泰勒（G. Taylor）就曾经指出：“对国家最大的威胁来自非军事领域”，包括能源危机、跨国犯罪、恐怖主义、和平演变、种族冲突等等；对“国家安全”的理解不能仅仅停留在军事领域，“我们的国家安全必须在一个非常广泛和全面的基础上得到保证，需要考虑我们战争的潜力、能源、工业、人力和研究，还要进入普通公民的生活领域”。可见，“国家安全是一个内涵简单但外延十分广泛的概念”。① 当今的国家安全不仅指政治安全、军事安全，还包括经济安全、文化安全、科技安全、信息安全、生态安全等等。国家安全关系到一国的生死存亡，因此世界各国的学者都纷纷试图对“国家安全”作出明确的界定。

在国际学术界，对于“国家安全”的定义一直存在着争论，其中的首要问题是“国家安全”是否有确切的含义，有一些著名学者，诸如费雷（Daniel Frei）、布赞（Barry Buzan）、杰维斯（Robert Jervis）等认为，不同的行为体，不同的场合，不同的时代，面对不同的问题，人们会对“国家安全”作出不同的解释，任何一个概念的界定，都难免以偏概全。美国学者卡尔·多伊奇也认为，安全没有确切的含义，“安全意味着和平与和平的维护，但是由于安全作为一种价值，同时享受其他许多价值的方式和条件，所以它的含义往往是不明确的”。② 美国另一学者霍姆斯认为，安全是一种活生生的外皮（Skin），它所应用的时间和环境不同，它的色彩和内容就截然不同。因而，人们难以界定或者定义“国家安

① Romm J. National security: non-military. Council on Foreign Relations Press, New York, 1993.

② ［美］卡尔·多伊奇：《国际关系分析》，周启朋译，世界知识出版社，1992年版，第283页。

全”的概念。[①]

而另外一些学者则从不同的认识角度和层面给“国家安全”下了一些不同的定义。布朗（Brown）在《思考国家安全》一书中认为：“国家安全是一种能力：保持国家的统一和领土完整，基于合理的条件维护它与世界其他部分的经济联系，防止外来力量打垮它的特质、制度和统治，并且控制它的边界。”[②] 美国出版的《国际社会关系百科全书》在解释“国家安全”时指出：“现代社会科学家在谈到这个概念时，一般是指一个国家保护它的内部社会制度不受外来威胁的能力。”[③] 苏联出版的《大百科全书》指出：“保卫国家安全，即保卫现行国家制度、社会制度、领土不可侵犯和国家独立不受敌对国家间谍特务机关以及国内现行制度的敌人破坏所采取的措施的总和。”日本警视厅在解释日本国家安全时认为：“所谓我国的国家安全，应该理解为用军事以外的手段保卫我国的领土，国民的生命、身体和财产不受侵犯，或者指我国的基本政治制度的永存。”俄联邦总统给联邦会议的《关于国家安全》报告中指出：“国家安全可以理解为国家利益免受内外部威胁的受保护状态”；“国家安全是个人、社会和国家生死攸关的利益受到保护的状态”。俄罗斯的 B. B. 拉扎列夫在其主编的《法与国家的一般理论》一书中认为：“国家安全可以用下列参数表明：对宪法性社会关系的维护；国家权力的巩固；经济实力；法治；领土完整和边界不受侵犯。”[④]

近年来，我国学术界也从政治、经济、军事、文化等视角对“国家安全”的概念作了探讨，认为“国家安全是指国家的主权、领土完整和

---

① Oliver Wendell Holmes：In Search of a Post-Cold War Security Structure，Mcnair Paper 27，1994.

② Harold Brown：Thinking about National Security，Westview Press，1983，(4).

③ David L. Shils，(ed)，“International Encyclopedia of the Social Science”，Vol. 11 (New York：Mac Millan，1968)，p. 40.

④ ［俄］B. B. 拉扎列夫主编：《法与国家的一般理论》，王哲译，法律出版社，1998 年版。

政治制度不受外来势力的侵害”[①]、国家安全是一种“没有危险的状况”[②]、是“一个国家防止境外间谍、敌特势力进行渗透和破坏的专门能力与措施之和”[③]，是“维护主权国家存在和保障其根本利益的各种要素的总和”[④] 等等。

综上可见，对“国家安全”的界定，一是以领土安全或国防安全观念来理解和解释国家安全，把国防安全与国家安全直接等同起来；二是大多从政治学、国际关系理论角度来解释国家安全；三是把国家安全与国家安全工作两个不同的概念混同。这些定义对我们科学地界定“国家安全”有一定的帮助，但从科学定义的要求来说，又有其局限性。

1. 对国家安全的威胁不能仅理解为来自“外部”的“敌对势力”，国家安全还有对国家内部的要求。对国家安全的危害，除了外部的敌对势力，还有外部的中间势力或者“友好势力”；外部的威胁固然对国家安全造成危害，内部的动乱或者暴乱及其他内部疾患，也同样危害国家安全。

2. “国防安全”是确立国家安全的先前条件，确实构成国家安全的要害部分，但“国防安全”作为一种“能力”，仅仅是国家安全的一个重要的组成部分，不是国家安全的全部；“国家根本利益”是国家为了安全生存和高效行使职能和发展而必须满足和捍卫的社会需求。国家根本利益与国家安全有着密切的联系，但将国家安全混同于“国家利益”也是不恰当的。

3. 以所谓“安全的不确定性”来认为国家安全概念的主观性、相对性、广泛性以及国家安全概念的发展变化，进而否认对国家安全概念进

---

① 胡锦光、王谱：“论我国宪法中‘公共利益’的界定”，《中国法学》，2005年第1期。

② 刘跃进：“论国家安全的基本含义及其产生和发展”，《华北电力学院学报》，2001年第4期。

③ 李敏、吴为著：《国家安全法学》，四川人民出版社，1996年版。

④ 刘卫东等：“论国家安全的概念及其特点”，《世界地理研究》，2002年第2期。

行定义的可能性，这无疑是愚蠢的，因为不确定一个相对稳定的国家安全概念而谈国家安全理论、进行国家安全立法或者从事国家安全工作，无异于空中楼阁。另外无论是从政治学、军事学还是运用国际关系的理论来解释“国家安全”，尽管都有他们的合理之处，但都不能揭示出作为法学范畴的“国家安全”概念的法律特征，不能作为对一个专门法律术语的有效解释而在国家安全法制实践中予以应用。

我们认为，人们可以从各个学科的不同角度和不同层面对“国家安全”的概念作出必要的不同的界定和理解，但是当“国家安全”作为一个专门的法律术语或者法学的一个基本范畴时，对“国家安全”的解释就不应当是随意的，否则就会有损国家安全法制的严肃性和统一性，也有碍法律尤其是国家安全法律在社会生活中的正确实施。

三、法律上“国家安全”的概念及特征

世界大多数国家的宪法、法律中“国家安全”都被当作不证自明的概念而加以运用。对“国家安全”的概念不作明确的立法界定，就会对“国家安全”产生歧义，模糊国家安全职能工作的界线和范围，为从事这类特殊工作的国家工作人员误用或滥用职权、侵犯公民或组织的合法权益提供了可能。[①] 为保障国家法制的统一性和严肃性，并防止从事“国家安全”工作的人员出现超越职权或滥用职权的现象，一些国家纷纷通过专门立法对“国家安全”作出了立法解释。1992 年《蒙古国家安全法》第二条规定：“国家安全是指蒙古国家的独立、主权、领土完整、神圣不可侵犯的国境保持正常，依照宪法确认的国家、社会、机关具备安全存在的条件”；1991 年《罗马尼亚国家安全法》第一条规定：“罗马尼亚国家安全是罗马尼亚作为主权、统一、独立和不可分割的国家生存和发展，维护法律秩序，以及在符合宪法确定的民主原则和标准

① 梁忠前：“国家安全概念的法理探讨”，《江苏社会科学》，1996 年第 6 期。

的条件下，保障公民行使基本权利、自由和义务的法制、平等和社会、经济及政治稳定的状况”；1992 年《俄罗斯联邦国家安全法》对国家安全的客体、主体作了规定的同时，并在该法第一条规定：“国家安全是维护个人、社会和国家重大利益不受内部和外来威胁的状况”、“重大利益是各种需求的总和，只有满足这些利益，才能可靠地保证个人、社会和国家的生存及发展”。由上可见，这种立法界说，具有较多的合理性和法学范式意义，比较明确，亦易于操作，同时也为我们探求“国家安全”概念的法学定义提供了重要的法理分析方法。

“国家安全”通常指的是国家作为政治权力的主体或者国际公法主体的安全。这样“国家安全”这一概念便与国际关系和国际法律必然联系在一起。根据传统的国际公法的理论，“国”并不是“家”的放大形式，“国家”（nation）是生活在地球表面特定部分，在法律上组织起来并且有自己政府的人的联合体，它是由一定要素构成的公法法人。这样理解也同样适用于国内公法理论，国家具有构成它的社会成员、物质条件和组织机构。传统的国际公法理论认为，国家是由居民（国内法上称为“公民”或者“国民”）、领土（包括领陆、领水、底土和领空等）、主权（一国公民权利的结合体）和政府（一国的组织机构的统称）四要素组成。[①] 在这“四要素”中，主权是国家最基本的属性，是国家的自然权利，国家安全的最高目标是保卫国家主权。但这种国家构成四要素说，并没有穷尽国家构成的全部要素。国家作为一个联合体，它要生存和发展必然存在着公共利益需求，即保护自己的完整性、稳定性以及有效发挥职能和保持发展的需求、保护自己和捍卫自己的利益，使其免受任何内部和外部损害的需求等。这些公共利益需求，有的学者统称为“国家利益”。[②] 这些需求当然也内涵宪政法律制度、经济技术、精神道德、生态、信息等的需求，显然以上国家的这些公共“需求”即“国家利益”也构成了国家的

① 王铁崖主编：《国际法引论》，北京大学出版社，1998 年版。

② ［俄］A. X. 沙瓦耶夫著：《国家安全新论》，魏世举、石陆原译，军事谊文出版社，2002 年版，第 28 页。

"第五要素"。[①] 据此，国家安全在这一法学范畴中应当包括国家"五个要素"（我们在此称为"国家权益"）有机凝集的安全。"安全"（security）一般指免于危险，没有恐惧的状态。在汉语中是指"平安"。《易经》中云："是故君子安而不忘危，存而不忘亡，治而不忘乱，是以身安而国保也。"可见"安全"与"危险"、"危害"、"威胁"相对称。将"安全"概念引进政治法律领域，则演变成一个与"法律秩序"、"社会稳定"或"国际秩序"相关联的概念，并是一切法律的基本价值取向。它一般是指国家的组织、生活、社会秩序的正常状态不被威胁或侵害。

通过以上分析，我们认为，法律上"国家安全"概念的定义是：国家安全是指一国法律确认和保护的国家权益有机统一性、整体性免受任何势力侵害的一种状况。由于国家作为国际社会的一员，其主权行为置身于国际社会关系背景之中，而国家间的权益竞争、冲突是一种客观存在，对一国"国家权益"的侵害，主要是对体现一国国家意志的宪政法律制度及其秩序的干扰、侵犯和破坏。所以对一国宪政法律制度及其秩序的干扰、侵犯和破坏，始终是危害一国国家安全的主要问题和主要因素。从行政法律理论上讲，"国家安全"本身就是一种特殊的行政法律秩序。法律上国家安全的这一概念可以反映出作为法律上概念与其他学科国家安全定义之间的差异，表明了其特有的法律视角和基础。其法律特征如下：[②]

---

① ［俄］A. X. 沙瓦耶夫著：《国家安全新论》，魏世举、石陆原译，军事谊文出版社，2002 年版，第 25—29 页。我国学者梁忠前先生也认为，作为国际公法的主体国家应当由"五要素"构成，即居民、领土、主权、政府和荣誉、尊严等；国家安全是一种特殊的法律关系。参见梁忠前："国家安全概念的法理探讨"，《江苏社会科学》，1996 年，第 6 期。

② 有的学者将国家安全的特征概括为：多面向性，即国家安全是一个多面向的观念，从最低的保护自我到最高的支配世界，都可以通用；可辨证性，即国家安全基本上是一个抽象的概念，它可以用来解释许多事物，也能用以辩护许多政策并使之合法化，而不同的国家、不同的场所、不同的时代对不同的问题，对国家安全都可以作不同的解释；绝对优位性，即在位阶上，国家安全优先任何其他问题；此外，国家安全还具有能量可验度性和威胁可感受性。参见赵明义著：《当代国家安全法制探讨》，台湾黎明文化出版公司，2005 年版，第 11—13 页。

1. 国家安全的法律认可性。法律是国家意志的集中体现，是以国家强制力作为其执行后盾的。任何意志、原则、规则只有通过国家这个桥梁或者中间环节才具有统一性、权威性和普遍约束力。国家安全行政法作为整个法律体系的一个子部门，也必然是国家意志在国家安全的维护和保障等方面的集中体现。而法律概念既是法律的要素之一，又是法律的思想表达、法律的运作与法学研究的前提。国家安全是国家安全行政法律得以产生、存在和发展的基础，也是国家安全行政法规定追求的目的，所以作为国家安全行政法的基本概念之一的国家安全必然要由国家立法机关予以确认。

2. 国家安全的法律调整性。法律调整的对象是社会关系，国家安全就是法律调节下的一种社会关系，但是国家安全并不是表达法律调整具体结果的法律关系，而是表达法律调整之整体结果的一种有序的状况，即是一种特殊的法律秩序。它是法律调整的整体抽象的、宏观的、本质的结果，而不像法律调整具体结果的法律关系是具体分析的、微观的、形式的。从行政法的角度看，国家安全这种特殊的行政法律秩序，直接以我国的国家安全法、保密法以及其他行政法律、法规的相关规定作为调整依据。

3. 国家安全的法律目的性。国家安全是一个国家生存和发展的前提，同时也是人类社会活动的基本目标。由于国家与国家、国家与组织以及与个人之间存在着种种差别，在利益上必然存在差异、重叠和冲突，为了避免这种差异、重叠和冲突危害国家的生存和发展，就必须建立一种和谐有序的状况，保障国家的稳定、巩固和发展。而这正是国家安全行政法律的目的。“无论是天国还是地上之国，也无论社会还是个人，一个共同的目标是追求和平和秩序，以使获得社会和个人的心灵安宁，法律正是维护和平秩序的必要工具。”①

需要指出的是，不论在实践中还是在理论上，“国家安全”都具有

① 王哲著：《西方政治法律学说史》，北京大学出版社，1988年版，第66页。

广义和狭义之分。[①] 通常各国都把专司维护国家安全职责的国家情报机构、反间谍机构等统称为国家安全部门或国家安全机关。而由各国国家安全部门或机构所维护的国家政权、保护国家的宪政法律制度、经济制度等不受侵犯和威胁这一意义上的国家安全即称为狭义上的国家安全或“小国家安全”，简言之，狭义的国家安全或“小国家安全”是专指一国的情报、反间谍机构所维护的国家安全，或者说是在“隐蔽战线”上维护的国家安全。而广义上的国家安全或“大国家安全”是指一国的相关机构在公开领域或“公开战线”上所进行的各种维护国家安全的活动及状况。[②] 广义的国家安全由于其包含要素的广泛性和多样性，难以成为某一部门法（或部门行政法）的调整对象，如果说它受法律调整，则应当或几乎是一国的全部法律规范所调整的对象。因此，本书使用的“国家安全”是狭义上的国家安全或者“小国家安全”。

四、“国家安全”的概念与国家安全行政法学

概念是事物本质属性的集中表达。一个学科的建立离不开其基本概念作为支撑点，“国家安全”概念是国家安全行政法学的最基本的概念，也是研究国家安全行政法学的逻辑起点，也是国家安全行政法基本理论形成的标志。法律上国家安全的定位最终决定着国家安全行政法学的发展趋势和方向。国家安全行政法的蓬勃发展给传统的法学理论带来了一定的冲击，各种不同的新的行政法学概念和行政法律术语正在不断形成。由于国家安全行政法与作为媒介的“国家安全”密切相关，所以国家安全行政法上各种新概念的出现必然以国家安全为基础，如国家安全行政法律关系、国家安全行政行为、国家安全行政法律责任、国家安全行政救济等都与“国家安全”一词密不可分。在行政法学理论研究中，

---

① 李竹、吴庆荣著：《国家安全法学》，法律出版社，2004 年版，第 12 页。

② 除了反间谍机构、情报机构外，还包括军事机关、外交机关等其他国家机关。

概念的创造和准确运用是一个相当重要的问题，理论上的突破往往伴随着概念上的创新。而理论上的错误也与其概念上的混乱有关。因此，对法律上国家安全定义科学与否关系到整个国家安全行政法学理论的总体构建。

为维护国家安全，1993 年 2 月 22 日我国颁布了《中华人民共和国国家安全法》，该法在第四条规定了危害国家安全的行为；1997 年我国《刑法》在分则第一章对危害国家安全罪也作了专门规定。但是国家安全法中规定的危害国家安全行为与刑法中规定的危害国家安全的犯罪行为却在内涵和外延上有很大的不同。国家安全法中规定的有些危害国家安全的行为，在刑法中却不属于危害国家安全的行为，而属于妨碍社会管理行为或者渎职等行为。作为行政法的国家安全法与刑法对危害“国家安全”行为的不同规定引起了理论上的争议和司法实践上的困惑。刑事诉讼法规定，危害国家安全的案件由国家安全机关管辖，但对什么是危害国家安全的案件，莫衷一是。有的认为，国家安全机关是国家安全工作的主管机关，因此国家安全机关只能根据我国《国家安全法》及其实施细则的规定，管辖具有“涉外背景”的危害国家安全的案件；有的则认为，刑事诉讼法的规定和刑法是相对应的，国家安全机关管辖的危害国家安全的案件仅限于刑法分则第一章的十二种行为。还有些学者认为，国家安全法之所以与刑法相冲突，是因为国家安全法不是一个包括国防、外交、社会治安等诸方面的“大国家安全法”，而是以防范、制止、惩治来自境外间谍情报机关和其他敌对势力危害国家安全的行为为主要内容的“小国家安全法”；[①] 国家安全法是在狭义上使用“危害国家安全行为”的，而刑法是在广义上使用的。危害国家安全的行为在广义上，还包括外部军事入侵、国内敌对分子和敌对势力制造动乱、叛乱等。我们认为，立法的冲突来自于“国家安全”概念的模糊，无论是广义还是狭义上使用危害“国家安全”的行为，也无论是“大国家安全

① 《中国国家安全法学》，人民出版社，2006 年版，第 6 页。

法”还是“小国家安全法”，都必须明确法律上国家安全的定义，这样才有助于建立和谐、统一、科学的国家安全法律体系，也有助于国家安全行政法学基础理论问题的研究。

“国家安全”显现着一种国家秩序之法定正常、稳定的状态，是一种特殊的法律秩序，我们认为，这样理解既符合法理内在逻辑，也符合我国以及世界各国国家安全立法的本意。

五、“国家安全”与“国家利益”

无论是从国际关系或国际政治的视野还是从行政法律上对国家安全进行总体或具体问题的分析，都经常使用“国家利益”这个概念。上述我们在分析国家安全概念时也可看出，国家安全也是通过“国家利益”的概念得出的。这说明，“国家利益”这个概念无论在研究国家安全问题时，还是在保障国家安全的具体实践中，都是一个关键性的概念。在学术界对国家利益的实质、内容和与国家安全的相互关系也存在着各种各样的观点，因此更有必要对此问题进行分析和研究。

关于国家利益的概念，学术界见仁见智。有的认为，国家利益与国家安全等同，有的认为，国家利益是一种权力，国家对权力的追求即在追求国家利益，因为“权力就是利益”。[①] 有的把国家利益等同于“好处”。认为国家利益就是对国家的好处，安全利益就是对安全的好处，经济利益就是对经济的好处。[②] 俄罗斯学者认为：“国家利益是国家至关重要的需求的总和，这些需求的满足能够确保俄罗斯每个公民、社会和国家生存和进步发展的可能性。”[③] 我国台湾学者认为：“国家利益是一

---

① Hans J. Morgenthau, “Politics Among Nations the struggle for Power and Peace” (New York: alfred, A, Knopt, 1966, 11).

② James N. Rosenau, “National interest”, in “international Encyclopedia of Social Science”, Davil L. Sills, (N. Y. Macmillam, 1968, 34).

③ ［俄］A. X. 沙瓦耶夫著：《国家安全新论》，魏世举、石陆原译，军事谊文出版社，2002年版，第29页。

个主权国家在国际关系中对其他主权国家所认知的需要和欲望。国家利益就是国家感到关切的事物。”[①] 由上可见，国家利益之界定与取舍，常因人、因地、因时而异。我们认为，上述关于国家利益的观点都有其合理性，但也有其不足。国家利益实质上是一个主权国家为了其生存和发展而必须满足和捍卫的各种需求。当然，如果把需求直接转变为国家利益这显然是降低了国家利益这个定义的价值，无论从内容上或是逻辑上都存在漏洞。我们在此将国家利益界定为需求，并不是这些需求就是国家利益，国家的某些需求在客观上、而且相当明显的存在着，但它们并没有变为国家利益，因为这些需求并没有被国家意识到。因此，只有被国家意识到的那些需求才是国家利益。

国家安全与国家利益之间的关系如何？由于两者概念领域极其相似，难以作出确切的割分。[②] 有的学者认为，国家安全与国家利益之间是种属关系，国家安全是国家利益的种概念，国家利益是国家安全的属概念。国家安全是一种国家利益，但不是一般的利益，而是国家的基本利益。没有国家安全就不可能有国家的生存与发展。我们认为，国家安全与国家利益是同一层面的概念。一般情形下，凡有助于国家安全的，必符合国家利益；凡合乎国家利益的，必为国家安全所需。两者互相联系，互为表里。但是，在特定的情形下，国家安全与国家利益有轻重和先后之分。国家安全是国家利益的核心，是一种至高无上的绝对的国家利益，国家利益是国家安全的左右或者辅助。国际隐蔽战线斗争的实践早已表明，国家安全是一个国家的最高价值，是一个绝不可折损的概念，而国家利益则是相对可以调整或牺牲的。因此，当国家安全与国家利益无法兼顾时，国家安全是至高无上的，而国家利益则次之。因为国

① 钮先钟著：《战略研究与军事思想》，台湾黎明文化出版公司，1982 年版，第 95—97 页。

② 赵明义著：《当代国家安全法制探讨》，台湾黎明文化出版公司，2005 年版，第 91 页。

家利益不仅有层次之分，也有轻重之别；[①] 不仅受一国的制度、文化、理念等因素影响，也受国际规范和制度左右。在某些情形下，国家可能要牺牲某些国家利益来保障国家安全。因此，一国捍卫或者牺牲某些国家利益都是为了确保其国家安全。

第二节 国家安全行政法

一、行政的含义及分类

（一）行政的含义

行政是行政法的核心概念。因而，对行政法的研究必须以“行政”

① 国际学术界为了进一步加深对国家利益概念的理解，从不同的视角、不同的划分方法，对国家利益进行了分类。主要有以下几种观点：一是“三层次说”。胡南科（Joseph Frankel）将国家利益分为三个层次：即期望层次（Aspirational）的利益、运作层次（Operational）的利益和解释与论证层次（Explanatory and Polemical）的利益。二是“四层次说”，义分钮克特南（Donald Nuechtelein）提出的四种国家利益，即生存利益（Survival Interest）、紧要利益（Vital Interest）、主要利益（Major Interest）和周边利益（Peripheral Interest）；美国国家利益委员会提出的四种国家利益，即重大利益、非常重要利益、重要利益和次要利益；台湾地区钮先钟提出的四种国家利益，即国家利益从性质上，可分为政治利益、经济利益、军事利益和思想利益；从程度上，可分为生存利益、主要利益、重要利益和次要利益；从时间上，可分为永久利益、长期利益、短期利益和暂时利益；从范围上，可分为全球利益、区域利益、局部利益和本国利益；从国际关系上，可分为相同利益、相合利益、无关利益和冲突利益。彭怀恩主编：“国际关系与形势”，《台湾风云论坛》，1994 年 11 月，第 22 期。Donald E. Nuechterlein，America Recommitted：United States National Interests in a Restructured World，（The Kentuky university press，1991，28）. Ellsworth et al. （ed），Americans National interests，The Commission on America's National Interests，2002，（2）. 钮先钟著：《战略研究与军事思想》，台湾黎明文化出版公司，1982 年版，第 97 页。

为起点。[①]“行政”在我国古代是指执掌政务。《史记·周公》记载：“召公、周公二相行政。”《左传》亦有“行政政事”、“行其政令”的说法。现在，人们经常在不同的意义上使用“行政”。如：1. 行政管理说。[②]即将“行政”与“行政管理”等同使用。事实上“行政”与“管理”是两个既有联系又严格区别的概念。首先，管理作为一种古老的社会现象，它的历史较之行政更为久远。远在国家产生以前，人类基于某种特定目标聚集形成一定的社会群体时起，就产生了组合、协调、控制等管理活动，而且在国家消亡之后，管理活动还将继续；行政作为一种国家职能，它随着国家的产生而产生，随着国家的消亡而消亡。其二，管理的范围较之行政广泛。人类社会各种不同的组织和集体，从生产到生活，无事无处不存在管理问题，表现了管理活动的普遍性和广泛性；而行政主要则是国家特定的机关或者组织对公共事务的管理，表现了行政的特定性和局限性。其三，行政是一种更高层次的管理。行政作为一种较高层次的管理现象，与其他管理有许多共同的特点和规律。从行政科学发展的历史，特别是现代行政管理的实践来看，很多新的原则和方法，都是从其他管理，特别是企业管理方面借鉴或移植过来的。在早期的行政与管理学的研究中，行政与管理的区别比较明显。在当代，行政与管理在研究领域和研究方法上已出现融合的趋势，因此常常有人将行政与管理联用。2. 治理与执行说。现代有人除了习惯将行政与管理等同使用外，也有人按照孙中山先生的解释认为“行政”就是“治”，即治理与执行。“政治”有两层意思：“政”指政治体制，政策与法律的制定；“治”指对国家的治理，对政策、法律的执行。按这种说法，政治本身就包含了行政。3. 总务后勤说。也有人把行政解释为“后勤”、“总务”，如某些机关中的行政处（科），就专指总务后勤部门。另外，还有人把非专业的杂务称作行政。可见，“行政”不仅是行政法学，也

① 杨解君主编：《行政法学》，中国方正出版社，2002年版，第1页。

② 张尚族著：《行政法基本知识讲话》，群众出版社，1986年版，第1页。

是政治学、行政学、管理学等多学科研究的对象和广泛使用的术语。“行政”呈现多样性、多义性和复杂性的特点。

“行政”一词的英文是 administration，源于古希腊文 administrare，原意为“事务的执行”。2000 多年前古希腊著名学者亚里斯多德就曾使用过“行政”这一术语。“行政”作为行政学研究的理论核心，在行政法上有着特定的涵义。在不同社会制度、不同法律传统和法律形式的国家以及在不同的历史时期，行政法对行政的内涵有着不同的规定，行政法学理论对行政也有不同的解释。早期从行政法角度研究行政并进行理论阐述的外国学者的主要观点有：1.“除外说（或称消极说、扣除说）”。[①] 即从“三权分立”学说出发，认为国家职能分立法、行政和司法三部分，分属各自独立的立法机关、行政机关和司法机关。行政机关从事的行为就称行政，或认为行政是国家作用中除立法、司法作用以外的其他作用。该观点的代表、德国学者耶林纳克（Walter Jellinek）在其所著的《行政法》一书中指出：“行政是包含立法、司法以外的一切国家作用。”日本的著名行政法学家美浓部达吉在其《行政法概要》（上卷）中也说：“行政即行于法律之下的国家行为中除去司法行为部分。”2. 公共利益说。[②] 持这一学说的外国学者普遍认为，行政的最主要特征是实现公共利益、达到公共目的的国家行为。我国台湾学者蔡志方也认为，行政是以公共利益为取向，实现国家之公共目的。3.“行政权中心说”或“统治权中心说”。认为国家统治权的行使，是以行政权为中心，其他作用均为配合行政作用而行使。这一学说曾为帝国主义国家强化独裁权和向外扩张侵略提供了理论依据。4.“相对功能”说。认为行政是与政治功能相对的功能，这种学说的主要代表是美国的早期行政法学家古德诺（Frank J. Goodnow），他在其代表作《政治与行政》一书中提出：“在一切政治制度中，只有两种基本的功能，即国家意志的表现和

---

① 翁岳生编：《行政法（上）》，中国法制出版社，2002 年版，第 3 页。

② ［日］南博方著：《日本行政法》，杨建顺、周作彩译，中国人民大学出版社，1998 年版，第 8 页。

国家意志的执行。前者谓之政治，后者谓之行政。”① 其他的还有“相对执政”说，将行政与执政相区别，并将执政排除在行政之外；“广义与狭义”说，认为行政学上的“行政”有广义和狭义两种意义，行政法一般取狭义的行政，即行政机关的活动等等。二战后是行政法的迅速发展时期，行政法上的“行政”含义也有了新的发展。目前主要有公共权力说、法律关系属性说、法律规则属性说等。其基本立足点是国家行政或公共行政与私人利益的区别。

在当代中国，有关论著对行政法上的“行政”的认识，见仁见智。总的来说，从行政的主体而言有“广义说”和“狭义说”。广义的行政，又称为“公共行政”，除了国家行政外，还包括其他非国家的公共组织的行政；狭义的行政仅指国家行政。本书直接引用马克思关于“行政是国家的组织活动”这一著名论断，并以此为基点进行引伸和发挥。② 马克思的这个论断揭示了“行政”的两个显著特征：其一，行政的主体是国家，而不是私人团体或其他社会组织；其二，行政的方式是组织活动，而不是立法活动和司法活动。马克思在这里将“行政”从各种纷繁的社会现象和不同的国家职能中区分开来。

1. 行政的主体是国家。即行政是一种国家职能，作为一种国家职能，它的主体是国家行政机关，其组成具有特定的条件、法律依据和成立程序，同其他社会团体、企事业组织的建立显然不同。这使行政与其他的社会管理区别开来。③ 行政作为一种国家职能，它是服务于国家整

---

① See Frank J. Goodnow, Politics and Administration, New York Macmillan, 1900, (2—10).

② 理论界将行政分为公共行政和私人行政。公共行政又分为国家行政和社会行政。本书所说的行政仅指国家行政。参见罗豪才主编：《行政法学》，北京大学出版社，1996 年版；应松年主编：《行政法学新论》，中国法制出版社，1998 年版。

③ 但由于我国长期以来实行政企合一，政事合一的体制，社会经济生活和其他活动行政化、国家化倾向严重，国家行政与其他社会组织管理的区别也被混淆。当前的体制改革就是要有力地冲击和改变这种政企不分、政事不分的传统体制和行政观念。

体利益和社会公共利益，而不是限于个人利益、团体利益或者局部的公共利益。同时，行政作为一种国家职能，它拥有运用法律所允许而其他社会团体，企事业组织所不拥有的特定的管理方式和方法。

2. 行政的方式是组织活动，它是一种积极的直接的经常的活动，这使行政与其他的国家职能相区别。行政作为一种组织活动，首先是组织执行和实施法律，具有直接性的特点，从而区别于立法机关制定法律的活动。行政作为一种组织活动，具有整体性和不可中断性，它由国家职能的连续性所决定。在现代国家，这种连续性往往通过行政活动来实施，其他国家机关一般不可能承担日常国家事务。行政作为一种组织活动，是通过积极主动的行为，如设置机关、招募人员、调动财物、协调人们行动等来执行和实施法律。

综上，我们可以把行政法上的行政（狭义上）作如下概括：行政是国家的基本职能之一。它是指国家行政主体为实现国家职能，依法对国家和社会事务进行组织和管理的活动。

（二）行政的分类

“行政”是行政法学中最基本的概念。根据不同的划分标准，可对行政作不同的分类。[①] 如按照行政的内容划分，可以有军事行政、外交行政、国家安全行政、公安行政、司法行政、人事行政、经济行政、科技行政、教育文化行政等；按照行政的领域划分，可以有中央行政和地方行政、城市行政和乡镇行政；按行政的对象分，可分为内部行政和外部行政。其中内部行政与外部行政的划分，对后面我们将要研究的国家安全行政主体、行政行为、行政程序及行政责任等具有重要意义，因而

① 中外学者根据行政的性质和任务、行政的方式、活动范围以及行政受法律拘束的程度不同对行政进行分类。参见杨建顺：《日本行政法通论》，中国法制出版社，1998 年版；［美］丹尼斯·郎著：《权力论》，陆振纶等译，中国社会科学出版社，2001 年版；［德］平特纳著：《德国普通行政法》，朱林译，中国政法大学出版社，1999 年版。

有必要在此加以阐述。

所谓内部行政是指国家行政机关为履行其对国家的、社会性的事务实施管理的职能而对自身进行组织、管理和调节的活动。内部行政的一个特点是：管理主体与管理对象都属国家行政系统。也就是说，内部行政是国家行政组织自身的管理。之所以将内部行政也纳入行政法的调整范围，是因为它与外部行政区相辅相成，是完整的国家行政的有机结合，也直接或间接地影响到国家、社会和公民的权利和利益，因而不能将内部行政单纯视为内部事务。它同样也要依法进行。

外部行政相对于内部行政而言，一般是指国家行政主体对不隶属自身的组织、人员以及财物实施的管理活动。包括：1. 行政主体对其他国家机关在行政事务上的管理以及由此而形成的相互关系，如国家安全保密检查等；2. 行政主体对企事业单位、社会团体的监督和管理，以及由此而形成的相互关系，如涉外建设项目审批、社团登记等；3. 行政主体对社会成员的管理以及由此形成的相互关系，如国家安全机关对非法持有、使用专用间谍器材的行政处罚、公安机关对公民出入境的管理等。其特点主要在于：管理主体是国家行政系统，但管理对象是不属于或不隶属于管理主体的组织、人员或财物。可见，外部行政反映了国家对社会的管理，其较之内部行政涉及和影响到社会各组织和成员的权利利益更直接、更广泛，法律规范也显得更繁杂和重要。因此，外部行政是行政法调整的主要方面，各国行政法都将外部行政作为调整的主要对象。

内部行政与外部行政是国家行政的两大部分，它们之间既有着密切的联系，又有着明显的区别。无论内部行政还是外部行政，其主体性质、活动性质是一致的。从静态上看，内部行政与外部行政构成了国家行政的完整内容；从动态上看，它们又相互依存，相互促进。内部行政的正常运行，是行政主体实现外部行政功能的前提和保障，外部行政是内部行政的目标和服务对象。然而这种密切联系并不影响二者的划分，它们的主要区别在于：1. 主体性质相同，但实施机关有分工。内部行政与外部行政的实施主体都属国家行政系统，根据行政管理职能所涉及的范围，行政主体可以分为普通行政主体和特定行政主体两类，内部行政由普通行政主体实施，外部行政则按职能分工，由特定的行政主体实施。2. 涉及范围不同。内部行政限于本行政机关系统范围内，如对国家公务员的管理；外部行政的范围不限于本行政机关系统，而是按职能分工来确定。3. 行为方式不同。内部行政与外部行政的行为方式各成体系，如警告、记过、留用察看、开除等行政处分方式属于内部行政的行为方式；警告、具结悔过、罚款、行政拘留等行政处罚方式属于外部行政的行为方式。4. 行政作用不同。外部行政的作用表现在它直接对行政主体以外的行政受体的权利和义务发生影响，但内部行政对其只发生间接作用。如国家安全机关确定其工作人员制服式样，属于内部行政，它对社会组织和成员的权利与义务不发生直接作用，而国家安全机关如果决定没收某人所持有的国家秘密文件，则属于外部行政，因为它直接涉及到某社会成员的利益。5. 行为依据不同。内部行政依照内部行政法规范和内部行政程序实施，外部行政依据外部行政法规范和外部行政程序实施。6. 对行政争议的处理方式不同。对于内部行政争议，依照目前现有法律规定，行政机关可以作出终局性处理裁决，但对于外部行政争议，行政机关则一般不能作终局性处理，一般与行政诉讼衔接，由人民法院作终局性裁判。

二、国家安全行政

（一）国家安全行政的概念

国家安全是一国为保障其不受任何势力侵犯的应然秩序，行政是国家为实现这种“应然秩序”而进行的组织与管理活动。国家安全行政是国家行政管理职能的一个方面，即国家安全行政主体为维护国家安全，依法对国家安全事务进行的组织与管理的活动。从这一概念中，我们可以看出，国家安全行政具有如下特征：

1．主体是国家安全机关。即国家安全行政作为国家职能的一部分，它的行政主体是国家安全机关。行政主体即行政权主体。根据我国宪法和法律的规定，国家行政机关是行使国家行政权的国家机关，其他任何机关、组织均不得行使国家行政权。国家安全机关是国家行政机关之一，是依法成立的，行使国家行政权力，对国家安全行政事务进行组织和管理的机关。我国《国家安全法》第二条规定："国家安全机关是本法规定的国家安全工作的主管机关。"因而，一般情形下或在法律没有明确特别授权的情形下，国家安全机关是唯一行使国家安全行政权的国家机关，即国家安全行政主体。但国家安全机关工作人员不是国家安全行政主体。所以，尽管国家安全行政活动是由具体的工作人员来进行的，但他并不是以自己的名义而是以国家安全机关的名义来进行的。

2．依据是国家安全法律。即国家安全行政主体的各种组织和管理活动都必须依据国家安全法律法规进行。现代行政内涵的两大基本点：一是职能分工；二是受法律制约。因此，一般来说，国家安全行政不能违反法律的规定，而必须按法律规定的条件、程序、方式及法律法规的目的进行，即使国家安全行政主体的"自由裁量权"或者为实现国家安全总体战略，承担法律法规没有明确规定的任务，需要国家安全行政主体根据国家安全事务的实际情况作出创造性或者谋略性活动时，也不能违背国家安全法律的基本原则和精神。

3．对象是国家安全事务。根据宪法和组织法的规定，国家行政机关享有并行使广泛的行政管理权限。换言之，行政主体管理的对象是国家的各种纷繁复杂的事务，涉及军事、外交、国家安全、公共安全、司法、人事、经济、科技、教育文化等方面。根据宪法规定，国务院是最高国家行政机关，共享有十八项行政管理职权。国务院下设若干部、委，各部、委可以在法定的职权范围内，就自己所管辖的事项，以自己的名义实施行政活动，并能独立承担起因此而产生的责任。因而它们都是独立的行政主体，这些部、委作为国务院的组成部分，是承担某一方面行政事务或某些职能的工作机构，受国务院的领导和监督。这些不同的行政主体只是负责管理某一方面的事务，依法对某一方面的行政事务享有管理权限，如军事事务、外交事务、国家安全事务、公安事务、司法事务、人事事务、经济事务、科技事务、教育文化事务等。国家安全机关作为行政主体所负责管理的对象就是国家安全事务，即依法对国家安全行政事务享有管理权。

4. 目的是维护国家安全。行政活动的目的是为了实现对国家事务或者公共事务的管理。而由于现代国家的行政事务纷呈繁杂，不同的行政事务需要由不同的国家行政机关来进行组织和管理，以达到各自不同的行政目的，进而实现整体的国家行政活动的目的。对国家安全行政事务的组织和管理即国家安全行政活动，其目的是维护国家的安全和根本利益。也就是说，国家安全机关是通过行使其法定职权和履行其法定职责，通过防范、制止和打击各种危害国家安全的违法活动来维护国家安全的。

（二）国家安全行政的内容特质

即国家安全行政的范围。由于各国的国情不同，国家安全行政的内容也各有不同的特质。[①] 根据我国国家安全法以及有关行政法律法规的规定，国家安全机关具有组织与管理《国家安全法》规定的国家安全工作的行政职权。此外，还具有根据《行政许可法》、《邮政法》、《保密法》、《中国公民出入境管理法》、《外国公民入出境管理法》、《计算机信息网络国际联网安全保护管理条例》和《地面卫星接收设施接收外国卫星传送的电视节目的管理办法》等等法律法规规定的其他相关行政管理的职权。国家安全行政的范围主要包括：

---

① 不同国家的国家安全行政范围也不同。如美国、俄罗斯等国将反恐、边防、出入境等行政管理划入国家安全行政的内容。参见 1947 年《美国国家安全法》第二章规定、1992 年《俄罗斯国家安全机关法》第二章规定。

1. 专用间谍器材的管理

专用间谍器材是指专门用于从事间谍活动的特定器材。其特点有二：一是经过伪装，具有隐蔽性；二是比较先进，具有高技术性。如暗藏式的照相机、突发式发报机、一次性密码本、缩微胶卷等。随着科学技术的发展，各种电子产品已经进入千家万户。其中，各种窃听、窃照等专用间谍器材也在社会上广为流传，有非法制造或贩卖的，也有非法使用或持有的。虽然使用、持有这类器材的动机是多种多样的，有的是为了窃取国家秘密，有的是为了窃取商业秘密，也有的是为了获取他人隐私。但这种行为，一方面给国家安全工作造成了妨碍，另一方面这些专用间谍器材很有可能被不法分子所利用，为境外机构、组织、人员提供我国的国家秘密，对国家安全以及社会公共利益都将造成危害，因此必须加以制止和禁绝。许多国家都明令禁止非法使用、持有专用间谍器材。非法使用专用间谍器材是指未经国家安全机关等有关部门的批准，未按照法律规定的程序和使用方法使用专用间谍器材的行为。非法持有专用间谍器材是指违反国家有关规定，擅自保存、携带专用间谍器材的行为。我国国家安全法律也明确规定禁止非法使用、持有专用间谍器材。对于非法使用、持有专用间谍器材的，按照《国家安全法》第二十九条规定，国家安全机关可以对其人身、物品、住处和其他的有关地方进行搜查；对其非法使用、持有的专用间谍器材予以没收。实践中，由于间谍器材的种类很多，并且随着科学技术的发展，新的间谍器材也不断投入使用，旧的间谍器材不断被更新，同时，许多民用的照相、录象等器材也向便携式、微型化发展。因此，对于哪些是专用间谍器材，哪些是民用器材；哪些是既可以用于间谍活动，又可用于其他用途的器材，一般的机构一时难以鉴别和确认。对此，我国《国家安全法》规定，对专用间谍器材的认定，由国家安全部负责。

2. 国家安全小组的指导

国家安全行政指导是国家安全机关为维护国家安全，采取一定方式或者手段，促使行政受体作出或不作出某种行为的一种行政行为。一般行政法律理论认为，行政指导具有“非强制性”和“利益诱导性”。[①] 但是，国家安全行政指导作为国家安全机关的权力性行为，同时接受这种指导又是行政受体的义务，这种行政指导即具有强制性；由于维护国家安全是行政受体的无条件的不可免除的义务，行政受体接受国家安全行政指导无须附属任何“利益诱导”。在维护国家安全工作中，通过长期的实践，已总结出来一条基本经验，这就是专门机关与依靠群众相结合，即走群众路线。《国家安全法》规定了机关、团体和其他组织都有教育、动员和组织公民维护国家安全的责任和义务。目的是使广大公民了解、理解国家安全工作，充分认识国家安全工作对国家生存、发展的重要意义，积极支持、协助国家安全工作，形成一条维护国家安全的全民防线。而各机关、团体和其他组织在教育、动员和组织本单位人员防范、制止危害国家安全行为的工作中“应当”接受国家安全机关的协调和指导。[②] 这里的“应当”或“应”不是“选择性或任意性”的义务，而是“带有强制性”的一项义务。一方的义务，就是对方的权利，也就是说，国家安全机关“有权”对其进行协调和指导。

3. 电子通信设备的查验

随着科学技术的发展，各种先进的电子通信技术和电子传输手段层出不穷，已被广泛运用于人们的日常生活，同时，各国间谍情报机关和境外敌对组织、敌对分子也经常使用这些技术设施进行窃密和通信联络。“事实证明，人类在信息传输领域的许多最新的发明、创造往往被国外间谍机构和敌对势力最先运用到情报活动中来。那种传统的派遣敌特潜入内部盗取机密文件，通过人员的秘密接头传递情报，通过邮件采用秘密书写方式传递信息的作法已经渐渐地被电子窃听、盗照和先进的

① 杨海坤、章志远著：《中国行政法基本理论研究》，北京大学出版社，2004年版，第 377 页。

② 参见我国《国家安全法》第十五条和《国家安全法实施细则》第十五条规定。

信息传递方式所取代”,[1] 这些活动具有一定的伪装性、隐蔽性。为防范和制止某些境外组织和个人从事危害我国国家安全的活动，保护国家秘密，国家安全机关必须对组织和个人的电子通信工具、器材等设备、设施进行管理，这种管理活动是通过国家安全机关日常对有关组织和个人的电子通信工具、器材等的查验来进行的，有关组织和个人亦应自觉接受查验。国家安全机关对查验中不符合国家安全要求的电子通信工具、器材等设备、设施，可以责令有关组织和个人进行必要的技术处理；拒绝或者没有能力进行技术处理的，可以予以封存、扣押，或者依照有关法律、行政法规的规定处理。

4.（涉外）建设项目的许可

国家安全行政许可是国家安全机关根据行政受体的申请依法赋予其从事某项活动的法律资格或实施某种行为的法律权利的具体行政行为。从世界各国实行许可制度的范围看，大多数行政许可的事项都与公民、社会和国家利益有关。即由国家安全机关对涉及国家安全的建设项目所进行的国家安全事项的审查。目前，对涉及国家安全建设项目的许可，我国行政许可法在第十二条仅作了原则规定，还没有明确的具体的法律规定。不过，在有的地方已先行一步，即以地方性法规或者规章的形式出台了相关规范，使得这一工作于法有据。如：2001 年 11 月 23 日四川省第九届人民代表大会常务委员会第二十六次会议通过的《四川省涉外建设项目国家安全事项管理条例》；1998 年 12 月 31 日青岛市人民政府颁布的《青岛市涉外建设项目国家安全事项审查规定》，等。这些地方性法规或者规章都明确规定，国际机场、出入境口岸、码头、邮政枢纽、电信枢纽、海关、信息网络、项目选址、安全保密防范措施的规划设计，通讯设备、设施和卫星电视地面接收设施以及闭路监控设施的技术要求，省、市、州的重要国家机关和涉密机关、国家重点国防科研院

---

① 全国人大常委会法制工作委员会刑法室：《中华人民共和国国家安全法释义》，法律出版社，1993 年版，第 76—78 页。

所、军工生产单位、重要通讯枢纽、军事禁区、军事管理区等机关、单位和重要设施周边新建、改建、扩建涉外建设项目，以及法律、法规规定应当进行国家安全事项的其他内容等都需要经过国家安全机关审查许可。否则，由国家安全机关给予警告、责令改正，并可处一万元以上三万元以下罚款等行政处罚。

5. 商用密码的管理

为加强商用密码管理，保护公民、组织的合法权益，维护国家安全和利益，1999 年国务院颁布了《商用密码管理条例》。商用密码是指对不涉及国家秘密内容的信息进行加密保护或者安全认证所使用的密码技术和密码产品。商用密码技术属于国家秘密。国家对商用密码产品的生产、科研、销售和使用实行专控管理。商用密码产品的科研、生产，应当在符合安全、保密要求的环境中进行；销售、运输、保管商用密码产品，应当采取相应的安全措施。从事商用密码产品的科研、生产和销售以及使用商用密码产品的单位和人员，必须对所接触和掌握的商用密码技术承担保密义务。任何单位和个人不得非法攻击商用密码，不得利用商用密码危害国家安全和利益。如果在商用密码产品的科研、生产过程中违反安全保密的规定；销售、运输、保管商用密码产品，未采取相应的安全设施的；未经批准，宣传、公开展览商用密码产品的；擅自转让商用密码产品或者不到国家密码管理机构指定的单位维修商用密码产品的，国家密码管理机构会同国家安全机关可以给予警告，责令立即改正。使用自行研制的或者境外生产的密码产品，转让商用密码产品，或者不到国家密码管理机构指定的单位维修商用密码产品，情节严重的，国家密码管理机构会同国家安全机关没收其密码产品。泄露商用密码技术秘密、非法攻击商用密码或者利用商用密码从事危害国家安全和利益的活动的，由国家安全机关依法予以行政处罚；属于国家工作人员的并依法给予行政处分。

6. 卫星地面设施的管理

近年来，境内外间谍机构、敌对组织和个人常常利用卫星地面设施接收外国卫星传送电视节目进行宣传煽动、勾联策反、传递情报等危害国家安全和破坏社会稳定的活动。为加强对卫星地面接收设施接收外国卫星传送的电视节目的管理，促进社会主义物质文明和精神文明建设，我国《卫星地面设施接收外国卫星传送的电视节目管理办法》专门规定了申请设置专门地面卫星设施接收外国卫星传送电视节目的条件及违反者应当承担的法律责任。广播电影电视、公安和国家安全部门负责监督检查卫星地面接收设施接收外国卫星传送电视节目的管理工作，对违反本办法接收、录制、传播外国卫星传送的电视节目的行为有权予以制止。教育、科研、新闻、金融、经贸以及其他确因业务工作需要的单位，可以按规定，申请利用已有的卫星地面接收设施或者设置专门的卫星地面接收设施接收外国卫星传送的电视节目；常住外国人的涉外宾馆（饭店）、公寓确需要提供国际金融、商情等经济信息服务的，可按照规定，申请设置专门接收外国卫星传送的电视节目的卫星地面接收设施。如有违反本办法规定，未持有《许可证》而擅自设置卫星地面接收设施或者接收外国卫星传送的电视节目的单位，省、自治区、直辖市广播电视厅（局）会同公安、国家安全厅（局）可以没收其卫星地面接收设施，并处于五万元以下的罚款。对单位的直接负责的主管人员和其他责任人员可以建议其主管部门给予行政处分；有私自录制、传播行为，情节严重构成犯罪的，由司法机关依法追究责任。

需要指出的是，此种国家安全行政与前面五种行政不完全一致，区别就在于前五种行政的行政主体只是国家安全机关，是单一行政主体，而对卫星地面接收设施进行管理的行政主体却有省、自治区、直辖市的广播电视厅（局）和公安、国家安全厅（局）等三个行政主体。我们认为，国家安全机关这种行政管理不具有单一行政的性质，因此可以称之为“参与行政”，即国家安全机关对这些事项仅具有部分行政权。

除对卫星地面接收设施的“参与行政”外，在国家安全行政中还有其他一些“参与行政”的内容，如《外国记者和外国常驻新闻机构管理条例》、《中华人民共和国境内外国人宗教活动管理规定》、《计算机信息系统安全保护条例》等行政法律规范中，规定了国家安全机关的相关管理权限，对在这些事务进行管理的行政主体，除了有关行政机关外，还包括国家安全机关，因此也可将它们归结为国家安全机关的"参与行政"。它们也构成了国家安全行政内容的一部分。

三、国家安全行政法

国家安全行政法是行政法的一个分支。行政法是一个非常庞大的体系，由众多单行的法律、法规所构成。对它的划分有不同的方法，较多采用的有两种：一种是分为"一般行政法"（或称行政法总则）和"特别行政法"（或称行政法分则）两个部分。[①] 前者包括国家行政管理的基本原则、方针和政策，国家行政机关的地位、职权和职责；作出行政决策、采取行政措施、进行行政裁决的方式和程序；国家行政机关及其工作人员在行使职权时同公民和其他组织之间的关系，以及其违反行政法和违法失职行为的法律责任；有关国家公职人员的任免、考核、奖惩；行政体制改革、转变政府职能等方面的法律规范。后者即"特别行政法"则指各专门行政职能部门管理活动适用的法律、法规，如民政管理、公安管理、卫生管理、文化管理、城市建设管理、工商行政管理、司法行政管理、海关管理、边防管理、军事行政管理等多方面的法律规范性文件。另一种是"部门行政法"的划分方法。[②] 这种方法是根据行政法实际调整的行政关系的不同内容和性质，将行政法划分为诸如民政行政法、公安行政法、卫生行政法、工商行政法、国防行政法、教育行政法、司法行政法等具体不同的部门行政法。国家安全行政法是其中一个部门行政法，或者说是部门行政法之一。笔者倾向于后一种划分方法。

---

① ［德］毛雷尔著：《行政法学总论》，高家伟译，法律出版社，1997 年版，第 34 页

② 有的教科书又将特别行政法称之为部门行政法或者行政法分则。

但不论如何划分行政法，我们要理解国家安全行政法，首先必须要弄清一般行政法的相关问题。

（一）行政法的一般含义

由于各国的制度不同，对行政法的理解也不尽相同。在英美国家，行政法一般被认为主要是“控制行政机关权力的”法律，它规定行政机关可以行使的权力，确定行使这些权力的原则和程序，对受到行政权力侵害的人给予救济。① 在大陆法系国家，行政法被认为是调整公共行政活动的法，属于公法。② 而在我国，对行政法概念的表述也有多种，有的认为行政法是调整国家行政机关行政管理活动的各种法规的总称；有的认为行政法是调整行政关系的法律规范的总称；有的认为行政法是调整国家行政组织及其行为，以及对行政组织及其行为进行监督的法律规范的总称等。笔者认为，从行政权的视角去界定行政法的概念更符合人们的认识过程且容易为人们所理解和接受。③ 行政法是指在实现国家行政职能过程中，通过对行政权力的授予、行使与控制和对行政受体权利的保障与约束来调整行政主体与受体之间发生的各种行政关系的法律规范的总称，是宪法统率下的基本法律部门之一。

（二）行政权的识别

行政关系实质上就是行政主体行使行政权过程中所产生的社会关系。可以说，行政法是关于行政权的法律。行政法所涉及的诸问题中，无一不与行政权的存在发生有着这样或那样的关系，因此行政权是行政法的核心内容，是行政法研究的基础和关键，是行政法一切特殊性的根源。要了解国家安全行政法，就要首先了解行政权及其特征。

---

① ［美］施瓦茨著：《行政法》，徐炳译，群众出版社，1986年版。

② ［德］毛雷尔著：《行政法学总论》，高家伟译，法律出版社，1997年版。

③ 杨海坤，章志远著：《中国行政法基本理论研究》，北京大学出版社，2004年版。

1. 行政权的含义及其演变

行政权或行政权力最初只是一种行政性质的权力，既不具备独立的存在形式，也无“行政权”这一独立的概念，而是同其他国家权力交混在一起，以一种概括性权力的形式表现出来。虽然也有一些与行政有关的法律规范，但并不是以行政权为主要调整对象，而且在内容、方式等方面与其他法律规范不分。因而，行政权在根本上不受法律约束。随着社会发展到一定历史阶段，基于一定的国家职能分工和权力制约与监督体制的需要，行政权从整个国家权力体系中分离出来（事实上是一种分工）而成为一种相对独立的国家职权，并与其他国家权力（如立法权、司法权等）之间形成一种相互分离与协作、制约与监督的体制关系。

在资本主义国家初期，行政权只是在较小的范围内发挥作用，主要集中在诸如外交、军事、税收、警察、司法等方面。这一方面是因为当时主要强调行政权的统治功能和巩固政权的作用，另一方面又强调自由经济发展需要较宽松的环境，公民权利要受到法律保护和法律面前人人平等的法治原则等要求。因而此时的行政权，主要是一种在较小范围内发生作用的带有消极性并以羁束性方式为主的公共权力。

进入 20 世纪后，行政权在各方面均有了很大的发展与变化。一方面，社会主义制度的建立，使行政权在社会主义国家从根本上不再是种消极性权力，由于强调政府应为人民利益去做一切应该做的事情，使行政权的作用范围得到了最大限度的扩大，而且在更多的情况下是一种职责和积极性权力。另一方面，随着现代科技、工业及经济的高速发展和相应社会问题的出现，在资本主义国家，政府也积极地干预经济和其他社会事务，使行政权的作用范围也得到了一定的扩大，除传统的国防、税收、警察等方面，还对经济、教育、交通、卫生、环境保护、公共事业等方面也发挥作用。如果说行政权对前者还主要表现为一种权力的话，则对后者首先表现为一种服务和职责，即行政权从公共权力向公共事务发展。

近现代意义上的行政权是一个法律概念，表现为由法定的行政主体在其职务范围内按照一定的方式和对一定的行政事务进行处理的权力。简言之，行政权即执行法律、管理国家行政事务的权力，是国家权力的一种。它区别于制定法律（立法）以及对法律纠纷裁判（司法）的权力。这种行政权在许多场合被称为行政职权。近现代资产阶级所提的“行政权”在英文中均用“executive powers”，而不以“administrative powers”来表述，因为前者更近于“执行”，而后者更近于“管理”。行政权的主要内容有：行政规范制定权、行政许可权、行政检查监督权、行政制裁权、行政强制执行权、行政司法权等。①

2. 行政权的特征

行政权是行政权力，而不是一种权利，它有可以支配他人、强制他人服从的力量。它不仅区别于国家政权（政权的主体是国家）也区别于行政受体的权利。它具有以下几方面的特征：

（1）公益性。即行政权的存在与行使大多不是为了行政主体的自身利益，而是以国家和社会公共利益为其目的，如国家安全管理权、社会治安管理权、环境资源保护权等。

（2）优先性。是指行政权与其他社会组织和公民个人的权利在同一领域或范围相遇时，行政权具有优先行使与实现的能力。这是由行政权的公益性所决定的。

（3）强制性。行政权是法律上所确认的行政权力，具有直接支配另一方当事人的力量，使得行政受体必须接受与服从或者提供协助，必要时还可以强制行政受体的人身、行为或财产等权益。

（4）不可自由处置性。行政权是行政权力和职责二者的统一体。它不仅表现为法律上的支配力量，而且还含有法律职责，因而行政主体不

① 由于行政权行使的行政主体、范围及手段不同，因而行政权的内容在我国目前还没有形成统一的认识，国内有的学者将行政权的内容归纳有十多项，即制定规范权、行政许可权、行政确认权、行政合同权、行政检查权、行政奖励权、行政处罚权、行政强制权、行政裁决权、行政复议权和行政委托权。参见王学辉、宋玉波等著：《行政权研究》，中国检察出版社，2002 年版。

得自由处置其职权。“不可自由处置”有两层含义：一是一定的行政权必须由相应的行政主体行使，未经法律许可不得随意转让；二是行政权也不可被随意放弃或抛弃。因为行政职权的行使过程意味着行政职责的履行过程，放弃权力意味着放弃职责。

(5) 主动性。行政权不同于审判权等，在大多数情况下是“主动出击型”，只有少数情况下是依申请而行使。同时，由于行政事务纷繁复杂，涉及面广，法律不可能规定得事无巨细和死板，因此规定行政机关在一定范围内享有自由裁量的权力。①

（三）国家安全行政法的含义

通过以上对行政权的分析，我们认为，国家安全行政法是在实现国家安全行政职能过程中，通过对国家安全行政权的授予、行使与控制以及调整国家安全行政主体（主要是国家安全机关）与行政受体之间发生的各种国家安全行政关系的法律规范的总称。它属于部门行政法。它包括以下几层含义：

首先，国家安全行政法的目的和任务是实现国家依法维护国家安全的行政职能，以建立国家安全行政法治，即建立起以依法行政为主要原则的国家安全行政法律秩序。

其次，国家安全行政法调整的是拥有国家安全行政职权的国家安全机关和不拥有国家安全行政职权的行政受体之间的行政关系。国家安全机关居于管理者的地位，行政受体处于被管理者的地位。

最后，国家安全行政法是调整国家安全行政关系的一系列行政法律规范的总和，它不仅规定了国家安全行政主体的性质和地位，也规定行政受体的性质和地位；不仅规定行政主体的活动及程序，也规定行政受体的活动和方式；同时还要规定对实施以上活动时所实行的责任制度。

① 王学辉，宋玉波等著：《行政权研究》，中国检察出版社，2002年版。

行政法同其他法律部门相比，具有某些独特之处：一是行政法内容的广泛性和多变性。行政法调整的领域十分广泛，行政活动的范围几乎涉及到了社会生活的各个方面，这就决定了行政法内容的广泛性。这是其他的法律部门所难以比拟的。同时，由于社会公共事务发展快而且变化大，使得行政活动也必须时常处于变化之中，因而调整行政关系的法律规范就有了易变性，否则便难以适应变化较快的行政关系。相对于其他法律部门，行政法缺乏相对稳定性。也因此行政法在形式上没有一个完整统一的法典，而是由散见于宪法、法律、行政法规等众多的法律文件中的规范组成。这就是说，这种内容上的广泛性和多变性决定了难以制定一部包罗万象的行政法总法典。二是行政法在内容体系中，实体法与程序法规范交织而存，没有明确的界分，并且主要以程序性规范为内容。传统的法律部门分类往往将实体法与程序法截然分开，实体法专门规定法律主体的实体性权利和实体性义务，程序法则专门规定解决实体法律争议的诉讼程序，而在行政法领域，由于行政活动本身既涉及特定的实体性法律，又直接涉及行政执法的特定法律程序问题，因而实体性规范与程序性规范往往出现在同一行政法文件之中。三是行政诉讼与行政法律规范之间相辅而行，不可分割。行政法的产生发展，以行政诉讼为基础，行政法只有在不断地解决行政纠纷的诉讼实践基础上，才可能不断发展完善。

国家安全行政法同样具备上述三个特征，但除此之外，它还有自己的独特之处。这主要表现在国家安全机关作为单一行政主体公开行使其组织和管理国家安全事务的行政职权并不多，而多数情形是以“隐蔽或半公开的”、“参与行政”的形式，“会同”其他行政主体共同行使其国家安全行政职权。

四、国家安全行政法的渊源

在法学上，“法的渊源”一词，本身就是舶来品，英文译成 sources

of law，它不是指法的起源、根源或来源，而是特指法的“表现形式”[①]、“识别标志”[②]。我们移植或者运用“渊源”一词，不能望文生义，否则不仅背离其原意，而且会导致法学理论研究的混乱。国家安全行政法的渊源，即指国家安全行政法的各种表现形式，学术界比较一致的观点是指国家安全行政法的效力渊源。由于国家安全行政管理的范围宽泛、内容复杂，国家安全行政管理活动的特殊性，国家安全行政法的渊源也有多样性和特别性，主要有以下几种：

（一）制定法

制定法是特定国家机关按照一定的职权和程序创制的成文形式的法律，它与判例法、习惯法相对称。制定法又称为成文法。在制定法内部，由于制定法的效力和制定的机关不同，又可以分为若干位阶，通常有宪法、法律、法规和规章等。此外，还包括国家参加的国际条约。

宪法与行政法都属于制定法，但宪法与行政法属于不同的法律位阶。宪法规范具有特殊属性，它规定国家各种社会生活的基本原则，是制定其他一切法律规范的基础和根据。宪法中有关国家行政活动原则的规定，是制定行政法规范的宪法依据，根据宪法有关规定制定的行政法规范是宪法规定的具体化。虽然宪法规定同行政法规范之间具有密切关系，有的条文甚至是相同的，如宪法同国务院组织法的某些规定。但宪法规定毕竟是宪法规定，行政法规范毕竟是行政法规范，不能将宪法规范牵强并入行政法规范体系。[③] 另外，像我国在法律适用过程中，实际上宪法极少被直接适用，法院审理行政案件也从未引用或者极少引用宪法的具体条款。而且，我国行政诉讼法第五十二条明确规定，人民法院审理行政案件的依据排除了宪法。因此，作为国家根本大法的宪法，无论是法典意义上的宪法，还是部门法意义上的宪法，都不应为国家安全

① 翁岳生主编：《行政法》（上册），中国法制出版社，2002 年版。
② ［德］毛雷尔著：《行政法学总论》，高家伟译，法律出版社，2000 年版。
③ 熊文钊著：《现代行政法原理》，法律出版社，2000 年版。

行政法的渊源，这样“从形式逻辑上排除行政法的法律渊源可以是宪法具有非常重要的意义，它使行政法不因为宪法内涵的无限扩张而丧失再立法的必要性”。①

严格意义上的法律或狭义的法律是指全国人民代表大会及其常委会制定在效力上仅次于宪法的规范性文件。它是我国行政法的重要渊源，也是国家安全行政法的重要渊源。根据我国现行宪法的规定，法律有一般法律和基本法律之分。基本法律是由全国人民代表大会制定并通过的规范性文件。基本法中凡是涉及行政机关组织、行政活动以及行政救济内容的部分都可认为是行政法的渊源。如全国人民代表大会通过的《行政诉讼法》、《行政许可法》、《行政处罚法》等。对于国家安全行政法来说，其法律渊源包括了行政法中与国家安全机关组织和管理活动以及国家安全行政救济有关的各种法律。一般法律是全国人民代表大会的常务委员会制定并通过的基本法律以外的其他法律。一般法律中存在着大量的国家安全行政法律规范，如《国家安全法》、《人民警察法》、《行政复议法》、《外国人入出境管理法》等。

法律作为国家安全行政法的渊源，有的规范性文件整体上具有国家安全行政法性质，有的规范性文件部分具有国家安全行政法性质。

行政法规是专指国务院为领导和管理国家各项行政工作，根据宪法和法律，并且按照制定程序，制定和颁布的规范性文件的总称，包括政治（国家安全、公安等）、经济、教育、科技、文化、外事等各类法规的总称。

行政法规是国家安全行政法的重要渊源，但行政法规与行政法并不是一回事。行政法规中既可以有行政法的内容，也可以有其他部门法的内容。而行政法所包含只能是行政法律规范。如国务院制定和发布的《国家安全法实施细则》、《外国记者和外国常驻新闻机构管理条例》、

① 张明杰著：《行政法的新理念——市场经济条件下行政立法的走向》，中国人民公安大学出版社，1997 年版。

《保守国家秘密法实施办法》、《外国人入出境管理法实施细则》、《中国公民出入境法实施细则》、《社会团体登记管理条例》、《商用密码管理条例》、《计算机信息系统安全保护条例》等。

国务院除了以行政法规形式发布规范性文件外，还可以其他形式发布规范性文件，例如规范性决定、命令等。

根据宪法与地方各级人民代表大会和各级人民政府组织法规定，地方权力机关可以制定地方性法规。因此，地方性法规就是省、自治区、直辖市的人民代表大会及其常务委员会制定的与宪法、法律、行政法规不相抵触的，在本行政区域内施行的规范性文件的总称。地方性法规中绝大多数是调整行政关系的，它也是行政法的重要表现形式。地方性法规中涉及地方国家行政机关的职权和活动方式，涉及本地公民、组织的实体权利和义务的法律规范是行政法的渊源。如四川省人民代表大会常务委员会制定的《四川省涉外建设项目国家安全事项管理条例》等。

根据宪法规定，民族自治地方（包括自治区、自治州、自治县）的权力机关有权依照当地民族的政治、经济、文化特点制定自治条例和单行条例。这些自治条例和许多单行条例调整着有关民族区域自治权的行政关系，它们也是国家安全行政法的一种表现形式。

行政规章包括部门规章和地方规章，是国务院各部、委（总局）和省、自治区、直辖市以及省、自治区的人民政府所在地的市和经国务院批准的较大的市的人民政府根据法律和国务院的行政法规在本行政部门或本行政区域内发布或制定的规定、办法、实施细则、规则等规范性文件的总称。也是国家安全行政法的重要表现形式。部门规章如公安部发布的《警车管理规定》、国家科委颁布的《科学技术保密规定》等。从我国目前立法情形看，由国家安全机关单独制定的行政规章还不多见。地方规章如南京市人民政府制定的《南京市国家安全机关工作人员使用侦察证管理办法》等等。

法律解释一般指立法解释、司法解释、行政解释三种正式有效的法律解释，这些解释涉及行政法范围的也是国家安全行政法的一种表现形式。如1997年第二十一期《全国人民代表大会常务委员会关于国家安全机关行使行政拘留职权的答复意见》，最高人民法院、国家保密局关于执行《关于审理为境外窃取、刺探、收买、非法提供国家秘密、情报具体应用法律若干问题的解释》有关问题的通知等。

国际条约是不同国家间相互交往中所订立的规范性文件，各签订国有义务在其国内执行。国际条约时常会涉及到一国国内的行政管理，所涉及的行政管理方面的规范，就成为一国行政法的渊源，成为调整该国行政机关与公民、组织及外国人、外国组织之间关系的行为准则。如我国已签署和批准（或尚未批准）加入的《经济社会文化权利国际公约》、《公民权利政治权利公约》等以及各种边界条约、领事条约、环境保护协定等。

（二）判例法

判例（decided case，precedent），是指具有先例作用的法院判决。如果某一法院的一个判决所含有的法律原则或规则，对本院或者其他法院以后的审判具有作为一种前例的约束力或说服力，则该先例就被称为判例法（case law）。在大陆法系的传统上，判例法不认为是行政法的渊源，而认为制定法是主要的甚至是唯一的行政法渊源。大陆法系司法机关的职能从古代起就被认为是仅限于判决特定案件，而不能制定法律。在现代大陆法系各国，同样坚持上述传统和原则，也就是说，从法律上或理论上，大陆法系不承认“遵循先例”原则，法官不能造法，因此判例法不是行政法的法律渊源。但是，在从法院的司法实践来看，由于“判例本身的质量和社会心理因素”，判例在大陆法系各国行政法发展中却起着重要作用。[①] 在英美法系国家，由于传统上一直采取判例法主义原则，因而上级法院作出的判决对本院或下级法院处理类似的案件具有拘束力；在现代，虽然制定法在英美国家迅速增长，但判例法依旧扮演

① 王名扬著：《法国行政法》，中国政法大学出版社，1988年版。

着重要的角色，英美国家行政法的许多重要原则和规则都来源于判例法。判例当然成为英美法系国家行政法的重要渊源。在当下我国，判例是否成为我国行政法的渊源，学术界颇有纷争。我们认为，判例成为我国国家安全行政法的渊源，不仅有利于我国国家安全行政法的发展，而且对国家安全行政的司法判例及时准确地授集、整理、汇编和公布有着重要的现实意义。

（三）习惯法

习惯（custom），是指在行政领域长期就同一事项，不加勉强地反复为同一行为的习俗。习惯经过国家机关认可具有法律效力，即为习惯法（customary law），从而成为司法机关裁判案件的依据。习惯法作为行政法的一种渊源已为各国所认可。在英美国家，由于习惯常常是通过判例的形式得到认可，一般将习惯法视为判例法的一部分。而在大陆法系国家，理论上普遍承认习惯法是行政法的渊源，但是在实际中，习惯法作为行政法渊源的重要性已经受到轻视，并且日渐衰微。①

（四）政策

政策通常是指一定的社会政治组织为调整特定的社会关系和现实特定的政治、经济、社会、文化等目标而规定的行动方向和准则。在一个特定的社会中，国家为维护其安全，在不同的时期可以制定不同层次的政策。其中可以成为国家安全行政法渊源的政策，主要是国家和执政党的政策。

在西方，政策作为行政法渊源，有的尚未纳入法律中，西方学者称之为“public policy”；有的则“是一种发布于宪法、法规或判例中的重要规范性声明”，被称之为“legal policy”。② 在我国，国家和执政党的政

① 刘兆兴主编：《比较法学》，社会科学文献出版社，2004 年版。

② ［美］博登海默著：《法理学——法哲学及其方法》，华夏出版社，1987 年版。

策是否作为国家安全行政法的渊源，现行法律还没有明文规定。我们认为，政策应当成为我国国家安全行政法的渊源。我国国家安全立法才刚刚起步，有许多国家安全行政事项还没有明确的法律规范，并且公开的国家安全法律也不可能对隐蔽国家安全事项作出明确的具体的规定；国家安全行政涉及的范围宽泛，各国间谍、情报斗争瞬息万变，现有的具有相对稳定性的国家安全行政法很难对具有极强隐蔽性、涉外性和时效性的国家安全事项作出事无巨细的明确规定；我国处于社会转型时期，行政自由裁量扩展的趋势和行政规则不断更新的需求，必然要“打破成文法独霸天下的格局”，而能够灵敏、快速、及时反映隐蔽战线上客观变化情势的政策实际上已经起着法律的作用，理所当然地成为我国行政法的渊源。在国家安全行政活动中，政策的法律渊源地位和作用是显而易见的。如外交政策、宗教政策、民族政策、“坦白从宽，抗拒从严”以及间谍的“逆用”等政策。无论是国家安全行政执法，还是国家安全行政审判活动中，不考虑作为法律灵魂的政策都很可能导致裁决或者判定的不合理。[①] 事实上，政策是不是我国国家安全行政法的渊源已不是一个应然问题，而是承认不承认的一个客观事实问题。当然，政策成为国家安全行政法的渊源必须遵循“有法律规定者，从法律规定”的基本原则。

五、国家安全行政法的作用

如果说行政法的作用是行政法各种功能和影响力的概括表现的话，那么从根本上说，国家安全行政法的作用就是调整国家安全行政关系、建立国家安全行政法律秩序，维护国家安全和社会稳定。其现实作用主要表现在：国家安全行政法是国家组织和实施国家安全行政管理的法律规范，是国家安全机关及其工作人员实施国家安全行政管理的法律依

① 罗豪才主编：《行政法论丛》，法律出版社，1998 年版。

据，是一切组织和个人在中国境内必须遵守的涉及国家安全事项方面的公共行为规范和准则，它对维护我国的国家安全和利益、保卫我国的现代化建设，保障公民和组织的合法权益都发挥着不可替代的作用。

（一）规范国家安全行政主体的行为，维护国家安全

国家安全行政法是国家组织和实施国家安全行政管理的法律规范，因而是国家安全机关及其工作人员实施国家安全行政管理的法律依据。也就是说，国家安全行政法的首要作用是规范国家安全行政主体的各种行为，明确其职权和职责，使国家安全行政主体在法律规范的限度内，行使权利、履行义务，依法实施维护国家安全的行政职能。如国家安全法对国家安全机关及其工作人员在国家安全工作中行使的职权和相关条件的规范，行政处罚法对国家安全机关如何作出处罚的各种程序规范等。

同时，国家安全行政法还具有保障国家安全行政管理有效实施的作用。这一方面是通过国家安全行政法来确认国家安全行政权的相对独立性，确认组织和管理国家安全事务的行政权由国家安全机关享有和行使。如我国《国家安全法》规定：国家安全机关是本法规定的国家安全工作的主管机关。明确了我国国家安全机关负责管理本法规定的国家安全工作。其他国家机关不得非法干涉国家安全机关行使职权的活动。另一方面是国家安全行政法确立国家安全机关相对于公民、组织的行政权力，即赋予国家安全机关及其工作人员履行职务所必须的一般职权和“特殊权力”。如对阻碍国家安全机关依法执行国家安全工作任务的行为，国家安全机关可以对行为人进行行政处罚；国家安全机关因国家安全工作需要，经过批准，可以采用技术侦察手段等。由于行政权力所具有的优先性、先定性、强制性等属性，作为国家安全行政受体的公民或组织对国家安全机关的行政决定有疑问时，通常无权阻止行政决定的执行；而当国家安全机关认为行政受体的行为属违法时，可以迫使行政受体停止违法行为。

值得一提的是，国家安全行政法对国家安全行政主体履行国家安全管理职能的保障作用也是对行政主体的一种规范。而且这种保障是以国家安全机关的行政行为合法为前提的，而不是盲目地保护国家安全机关的一切活动。对于国家安全机关违法的行政行为，必须也必然受到国家安全行政法的追究。

（二）保障公民和组织合法权益，建立国家安全行政法治

公民、组织的合法权益，是指以公民和组织身份为前提的各种权益。就其内容而言，包括体现现代民主政治原则的公民的政治权利和自由，如选举权、集会权、结社权、批评建议权、申诉、控告权等；保障和促进公民生活幸福的人身权、财产权、福利权、经营权等；保障公民享受精神自由和快乐的信仰权、受教育权、出版权等；以及其他的法律权利和自由。由于公民、组织与国家安全机关之间在行政法律关系上的地位不平等，前者是“弱者”，后者是“强者”。为实现法的公平、正义，就需要注重公民、组织的保护，更多地强调国家安全行政法保护公民、组织合法权益的作用。世界上几乎每一个国家的国家安全法无不对公民和组织权利的保障作了专门的、特别的规定。[①] 这既符合行政法产生之政治需要，同时也与行政法规范国家安全主体的行为，保障国家安全行政管理有效实施的作用相吻合。

国家安全行政法对公民和组织合法权益的保障是通过设定一系列的权利和制度来实现的。如国家安全法明确规定的公民和组织作为行政受体所享有的申诉控告权、获得奖励权、受偿权等等。[②] 还有《行政复议

---

① 根据现有的国家安全法律资料显示，美国、英国、德国、俄罗斯、罗马尼亚、南斯拉夫、哈萨克斯坦、日本、韩国、捷克和斯洛伐克、蒙古等国的《国家安全法》都明确规定，情治机关或者国家安全机关在国家安全工作中，不得侵犯公民和组织的合法权益。如确因国家安全的需要，涉及或者影响行政受体权益的，必须有法律的明确规定，必须经过严格的批准程序。

② 参见我国《国家安全法》第五条、第二十二条规定。

法》、《行政诉讼法》、《国家赔偿法》等法律规定的复议申诉制度、行政诉讼制度和国家赔偿制度。这些权利和制度的确立，使公民和组织的合法权益能够得到更多地保护。只有当公民和组织的合法权益得到充分保护时，他们维护国家安全的积极性和创造性才能被充分地调动起来，也才能自觉主动地遵守国家安全法律规范，积极地为国家安全行政执法提供便利条件和其他协助，共同维护国家安全。从这个意义上说，保障公民和组织的合法权益并不是消极的，而是积极的。

国家安全行政法上述两个方面的主要作用是对立统一、相互依存的。过分强调保障国家安全行政管理的实施而忽视对公民权的保护，或者片面强调保护公民权而轻视对国家安全行政机关的保障，都是残缺不全的，都会影响到一个良好的国家安全法律秩序的建立，影响到行政法治的实现。但同时也要看到，在目前我国处于转型时期，法治观念淡薄、国家安全法制不够完善的情况下，应该更多地注重国家安全行政法在维护国家安全的前提下，保障公民、组织的合法权益方面的作用。

第三节 国家安全行政法基本原则

一、行政法基本原则的一般意义

近年来，我国法律学术界关于基本原则的分解达三十多种，认为重要的东西都是原则，基本原则的泛滥几乎波及我国的所有法律部门。① 这一方面表明基本原则的极端重要性，法学界对基本原则的重视程度，另一方面也表明我国法学界对基本原则的认识还不够成熟。然而，基本原则是一个非常重要的问题，如果我们对基本原则没有一个清晰和准确的认识和把握，不仅在法学理论上造成混乱或困惑，而且对部门法律的

① 徐国栋著：《民法基本原则解释》，中国政法大学出版社，1992 年版。

科学制定和有效实施都带来不利影响。正如美国学者德沃金在其《认真对待权利》一书中所言："我们只有承认法律既包括法律规则，也包括法律原则，才能解释我们对于法律的特别尊敬。"众所周知，行政法不同于其他部门法的一个典型特征就是行政法在形式上没有一部统一、完整的法典，它是由成千上万的各种行政法律规范组合而成，要使这些行政法律规范不至于一盘散沙而形成一个紧密联系的、和谐有序的有机整体；同时，由于行政事务范围广泛，变化不居，社会客观现象复杂多端，而行政法的相对惰性、滞后性，对行政事务的及时有效调整必然产生一定的影响。因此，必须依靠行政法基本原则的统领和整合，才能解决行政法律规范自身及其实施、监督过程中的一系列问题。

二、国家安全行政法基本原则的含义

关于行政法基本原则的界定，学者们立足点不一，其表述各异。有代表性的观点可归纳为以下几种：有的将行政法基本原则定位于"有指导作用的基本准则"、[①]"基本原理"；[②] 有的定位于"行政活动的基础性规范"、[③]"行政主体的行为准则"；[④] 也有的则定位于"核心准则和纲领"、[⑤]"行政法律关系主体行为的最根本的准则"。[⑥] 我国行政法学界虽然对行政法基本原则的表述不同，但对行政法基本原则的"指导性"、"基本性"和"根本性"达成了共识，这为我们科学地界定和把握国家安全行政法基本原则有着极其重要的指导价值和借鉴作用。

根据以上简单分析，我们认为国家安全行政法的基本原则，是指贯穿在国家安全行政法之中，指导国家安全行政法制定与实施的根本

① 应松年主编：《行政法学新论》，中国方正出版社，1999年版。
② 罗豪才主编：《行政法学》，中国政法大学出版社，1996年版。
③ 姜明安主编：《行政法与行政诉讼法》，北京大学出版社，1999年版。
④ 叶必丰著：《行政法学》，武汉大学出版社，1996年版。
⑤ 熊文钊著：《现代行政法原理》，法律出版社，2000年版。
⑥ 杨海坤著：《中国行政法基本理论》，南京大学出版社，1992年版。

准则。

为了保证国家安全行政法律体系的统一和协调，必须确定对国家安全行政法具有指导意义的基本原则。国家安全行政法基本原则是国家安全行政法律规范的精髓和直接指导，国家安全行政法律规范必须与国家安全行政法基本原则保持一致，而国家安全行政法基本原则必须通过具体的国家安全行政法律规范来体现。只有明确了国家安全行政法的基本原则，才能深刻地把握国家安全行政法的实质，更好地遵守和执行国家安全行政法律规范。

三、国家安全行政法基本原则的构建标准

我们可以从以下三个方面去把握和构建国家安全行政法基本原则：

1. 国家安全行政法基本原则具有涵盖性。[①] 它不仅寓于所有的国家安全行政法之内，而且贯穿于国家安全行政法制的各个领域和各个环节。因此，凡属于某一国家安全行政法律规范特有的原则和对国家安全行政法制的某个领域或环节具有指导意义的具体原则不能成为国家安全行政法基本原则。

2. 国家安全行政法的基本原则具有特殊性。国家安全行政法基本原则既不是所有法都适用的基本原则，也不是适用于国家安全行政法以外其他部门法的基本原则，它只为国家安全行政法所独有，这是由国家安全行政法的自身特征所决定的。

3. 国家安全行政法基本原则具有稳定性。它既不会由于个别国家安全行政法律规范的变化而变化，也不会由于国家安全行政法制的阶段性进展而丧失其指导作用。由于国家安全行政法律规范较之于其他法律规范更富于多样性和变动性，因此确定稳定的国家安全行政法基本原则对于促进国家安全行政法的统一与和谐具有十分重要的意义。

---

① 杨海坤教授将之称为基本原则的“普遍性或效力贯穿性”，其涵义与之基本等同。

四、国家安全行政法基本原则的价值

1. 引领国家安全行政法的发展。国家安全行政法基本原则是对国家安全行政法基本原理和价值、目的的总结，是对国家安全行政法制走向的理性引导。国家安全行政法基本原则的确立无疑将推进国家安全行政法的发展。国家安全行政法基本原则作为国家安全行政法最基本的原理或法理，[①] 可为行政法规则体系的建立提供内在的正当性依据。另外，作为国家安全行政法的目的与规则制度之间的中介和桥梁，国家安全行政法基本原则不仅可以指导国家安全各项法律制度的建立和完善，还将对国家安全行政法整体的发展以及结构体系等产生深刻影响。

2. 指导国家安全行政法的制定。基本原则作为一种根本准则对次级规范或低位阶的规范的生成具有本源作用。因此，立法者在制定国家安全行政法律规范时首先需要确定国家安全行政法基本原则，以明确制定法律规范的基本价值目标和立法的方向，形成对有关行政法律关系进行法律调整的总的指导方针，然后以此为指导，制定具体的行政法律规范，国家安全行政法基本原则的确立，有利于立法中的价值取舍和立法者达成共识，当然，与国家安全行政法原则相抵触的行政法律规范则必须修改或撤销。因此，国家安全行政法基本原则不仅对国家安全行政法律规范的制定具有指导性、纲领性的作用，而且国家安全行政法律规范的修改、废止也要与其基本原则保持一致。

3. 弥补国家安全行政法的空缺。由于立法者的知识、阅历以及受客观条件等因素的局限，法律不可能事无巨细地对客观现象加以规范；同时，由于国家安全行政事项的复杂、敏感、多变，而且大多具有“隐蔽

---

① 在台湾地区行政法学界，常常将行政法基本原则称之为“普遍法理”或行政法的“一般法理”。参见城仲模主编：《行政法之一般法律原则（一）》，三民书局，1994 年版。

性”、“谋略性”，对某些事项的调整可能一时会缺失法律规定，国家安全行政法原则在此时会从行政法律规范的背后跳到面前发挥着特殊的调整作用，直接充当国家安全行政执法或者司法审判的依据，从而及时地弥补国家安全行政法规范的不足。

此外，国家安全行政法原则还有助于对国家安全行政法律规范的解释。由于行政法表现的形式多种多样，效力高低不一，就是同一层级不同的行政法律规范性文件，或者同一行政机关在不同时期制定的行政法规范发生冲突的情形时有发生，从而导致国家安全机关或者审判机关适用的依据不明确，这就涉及国家安全行政法规范的解释问题，无论是哪个机关对国家安全行政法规范解释时都应当遵循相应的规则即都应以其基本原则为标准进行选择和解释。

五、国家安全行政法基本原则的内容特质

关于国家安全行政法基本原则的内容在我国法学界论涉不多，我们认为，国家安全行政法基本原则属于国家安全行政法的理念范畴，它从国家安全行政法规范中抽象出来，应能够体现国家安全行政法的价值内核，引领国家安全行政法学理论的发展，同时，对国家安全行政法的制定、实施具有普适性、指导性、补充性。基于此种考虑以及国家安全行政法的实际需要，我们将国家安全行政法基本原则归纳为以下有机结合的几项原则：国家安全高于一切原则、政策指导原则以及公开与保密结合原则。

（一）国家安全高于一切原则

“国家安全高于一切”原则从形式意义讲属于“政治宣言”或者“政治口号”；从行政法意义上，这一原则的依据来源于行政法上“公共（国家）利益本位”论。国家作为一个集合体，她为了生存和发展，存在政治、经济、科技、文化、生态和安全等各方面的需求，国家的这些

至关重要的需求的总和即是国家利益，这些需求的满足能够确保个人、国家的生存和进一步发展的可能性，而国家安全是国家利益的核心要素。因此，国家安全高于一切是国家安全行政法首要的核心的原则。国家安全高于一切是指国家安全或者国家利益与社会团体、组织或者个人的利益或者权益发生作用或关系时，国家安全处于支配、主导地位。这一思想资产阶级学者早有论述。“国家为了公共利益，比财产主人更有权支配私人财产”；[①]“一个真正自由的国度里，每一个公民都在法律的保护下享有为自己福利或个人利益而劳动的权利，不容许任何人违反共同利益”；[②] 国家利益和个人利益并不是“在同一水平上”，国家利益优位于个人利益；[③] 共和政体“要求人们不断地把公共的利益置于个人利益之上”；[④] 即使“把公共利益和私人利益放到同一天平上是无法保持平衡的”。[⑤] 在社会主义社会，个人利益更应当服从国家利益，“如果个人或少数人利益与大多数人不冲突时，则大多数加少数；如果少数人或个人利益与大多数人发生根本冲突时，则抛弃少数而顾大多数”；[⑥]“在社会主义制度之下，个人利益要服从集体利益，局部利益要服从整体利益，暂时利益要服从长远利益，或者叫做小局服从大局，小道理服从大道理。我们提倡和实行这些原则，绝不是说可以不注意个人利益，不注意局部利益，不注意暂时利益，而是因为在社会主义制度之下，归根到

---

① ［荷］格劳秀斯著：《战争与和平》，黄太庆译，载黄楠森、沈宗灵主编：《西方人权学说（上册）》，四川人民出版社，1994年版。

② ［法］霍尔巴赫著：《社会体系》，黄太庆译，载黄楠森、沈宗灵主编：《西方人权学说（上册）》，四川人民出版社，1994年版。

③ ［美］博登海默著：《法理学——法哲学及其方法》，邓正来译，华夏出版社，1987年版。

④ ［法］孟德斯鸠著：《论法的精神》，(上册)，张雁深译，商务印书馆，1982年版。

⑤ ［法］勒内·达维著：《英国法与美国法》，舒扬等译，西南政法学院法制史教研室，1984年版。

⑥ 周恩来著：《新民主主义的经济建设》，载《周恩来选集》（上卷），人民出版社，1980年版。

底”，人民是国家的主人，个人利益与国家利益或公共利益是一致的，如果把国家利益比作大河，个人利益比作小河，大河有水小河满，大河无水小河干。在当今社会变革利益多元化时期，这一原则尤为重要，要“始终把国家的主权、国家的安全放在第一位”，否则，“就必然会造成极端民主化和无政府主义的严重泛滥，造成安定团结的政治局面的彻底破坏，造成四个现代化的彻底失败”，[①] 国家和法律也就失去了存在的基础，失去了国家安全，个人便失去了最根本的生存条件，“皮之不存，毛将焉附”！国家安全高于一切，不仅因为国家利益是“团体的利益”，团体是由多数人组成的单位，高于个人，而且有其宪法和法理基础，也是各国国家安全法律的最基本的原则。如：韩国宪法第三十七条规定：“国民的一切自由和权利，只有在需要保障国家安全、维持秩序及维护公共福利的情况下，由法律进行限制”；尼泊尔宪法第十七条规定，为了国家安全或公共的利益可以制定法律对本章规定的公民基本权利的行使加以限制、控制；2004 年阿富汗宪法第四十条规定，公民财产之不得损害公共利益和国家安全。我国现行宪法第五十一条、五十三条、五十四条规定：中华人民共和国公民在行使自由和权利的时候，不得损害国家的、社会的和集体的利益；有“保守国家秘密”、“维护国家安全”的义务，不得有危害国家安全、荣誉和利益的行为。世界各国的国家安全法律也都明确规定，为保障国家安全，国家情治机关可以采取“任何手段”、“不惜任何代价”。在推崇法治、标榜“人权”的美国，甚至可以牺牲个人的自由和利益。“为了对付那些来自国外的危险——真实的或者仅仅是据称的——（我们）会以牺牲国内自由为代价，这也许是一个普遍的真理。”[②] 在英国，“言论自由”亦不能违反“国家安全”利益，否则，就构成刑事罪，在处理具体的国家安全行政案件中，政府部门的

---

① 《邓小平文选》，人民出版社，1993 年版，第 161—163 页。

② Morton H. Halperin and Daniel Hoffman，Freedom Vs. National Security（Chelsea House Publishers，1977），Pix.

官员一般都以“国家利益”为依据，重在维护“国家安全”。[①] 维护国家安全是我们一切工作的首要任务，国家安全关系到国家的生死存亡，是全国各族人民利益的根本所在，国家安全高于一切也是我国国家安全立法的精神所在。我国国家安全法在第二章中不仅规定了国家安全机关为维护国家安全的需要，可以享有“优先权”、“免检权”、“查验权”等“一般的权力”，还规定了国家安全机关享有“技术侦察措施”等“特殊的权力”；同时，我国国家安全法依据现行宪法第五十四条规定，又重申：“一切国家机关和武装力量、各政党和各社会团体及各企业事业组织，都有维护国家安全的义务”；机关、团体和其他组织应当对本单位的人员进行维护国家安全的教育，动员、组织本单位的人员防范、制止危害国家安全的行为；公民和组织应当为国家安全工作提供便利条件和其他协助；公民发现危害国家安全的行为，应当直接或者通过所在组织及时向国家安全机关或者公安机关报告；在国家安全机关调查了解有关危害国家安全的情况、收集有关证据时，公民和有关组织应当如实提供，不得拒绝；公民和组织应当保守所知悉的有关国家安全工作秘密；不得有危害国家安全的行为；任何组织和个人进行危害中华人民共和国国家安全的行为都必须受到法律追究。

“国家一切作为，以满足国家安全需要为优先。在一般情况下，国家安全有不被挑战的特质，在特殊情况下，国家安全则成为手术台上的操刀医生，此时，它的权威简直与上帝等同。”[②] “国家安全高于一切”说明，国家安全行政法对国家安全与个人利益的不一致或者冲突化解，是通过个人利益服从国家安全和利益的方式来实现的，而不是通过消灭个人利益来实现国家安全。这种冲突的消除，并不能阻止新的利益冲突的产生，而是使冲突保持在秩序的范围内。[③] 在当今，维护国家安全与

① 宋军：“英国的国家安全与言论自由”，《法学杂志》，2001 年，第 4 期。

② 赵明义著：《当代国家安全法制探讨》，台湾黎明文化出版公司，2005 年版，第 12 页。

③ 叶必丰著：《行政法的人文精神》，北京大学出版社，2005 年版。

保障个人利益和自由的矛盾仍然突出，并且成为各国政治生活中的一个重大问题，[①] 国家安全行政法为这两者的冲突提供了所允许的空间和目标一致的手段。

（二）政策指导原则

政策，通常是指一定的政党或者其他政治组织为达到一定时期的政治目标，调整特定的社会关系而规定的行动方向和准则。政策是一个多层次的结构，按其调整范围来分，它分为总政策、基本政策和具体政策三个层次；按其主体来分，它分为执政党的政策和国家政策。在一个国家起关键或者决定作用的一般是执政党的政策，有时执政党的政策同时又表现为国家的政策。这里所讲的“政策”主要是指执政党的政策。政策与行政法律有着密切的关系，二者在本质上具有一致性，在形式上则有不同品性。如法律具有稳定性，其一经制定，要保证其在一定的时期内相对不变，不能朝令夕改，若修改或废止需经过特定的程序；而政策则突出地表现出自由灵活的特点，它可以随着形势的变化而变化，在特定的情况下甚至会因人变更、因事变更，当人们依据政策设计自己的行为时，便能显示出更直接的投机性、功效性；另外法律具有明确公开性，公开性是法律的应有之义；法律又是明确具体的规范，法律的用语严谨科学，法律是为具有一般理解能力的人制定的，它并非一种逻辑艺术，而是像一位父亲平铺直叙地阐述道理。良好的立法语言为人们提供的行为模式是唯一的，要么是授权，要么是义务，要么是禁止。人们能够依照其自由意志决定为或者不为。有时法律甚至会出现冷酷无情的面目。[②] 政策的公开性是有限制的，即使是在现代国家，政策调整也不可能在任何情形下都具有与法律调整同等的透明度；政策渗透着更多的

① ［美］杰理尔·A. 罗赛蒂著：《美国对外政策的政治学》，世界知识出版社，1997年版。

② 彼得·斯坦、约翰·香德：《西方社会的法律价值》，中国人民公安大学出版社，1990年版。

人格化因素，政策的用语不像法律那样明确、冷酷，而是呈现出一定程度的原则性和感召性。

一国的政策与法律作为该社会调整系统中的两种重要形式，其本质是一致的。执政党的政策是法律的核心内容，它能够促进法律的实现，树立法律的权威，法律是通过国家政权在社会生活中贯彻政策的基本手段。二者相辅相成、互为补充。那么在当今社会现代化、民主化的世界潮流中，人们崇尚法治，“依法行政不仅是现代法治国家所普遍遵循的一项法治原则，而且是各国据此原则所建立的一整套行政法律制度；不仅是现代政府管理方式的一项重大变革，更是现代政府管理模式的一场深刻革命”。[①] 作为国家安全行政主体，在国家安全行政管理过程中，依法行政、依法管理是时代的必然要求，也是衡量一国国家安全法治的重要标志，但是在这一社会转型变革时期，作为社会转型变革的“晴雨表”政策应该扮演着什么角色，它是不是“与法律对立”、“是法治化的阻碍”而应当退出历史舞台？我们认为，在经济全球化、利益多元化、复杂化的社会转型变革时期，各种权利和利益的主张具有较强的发展变化性，因而调整各种权利和利益的基准或者手段并不应是客观的唯一的，必须抛弃所谓“凡法无明文规定，不得为之”的机械法治主义的原理。政策作为社会调整手段的重要形式不仅有着法律不可替代的作用，而且对法律起着指导作用。行政法治要求法律取代政策，行政无条件无限制的受现行法律的约束，行政机关没有法律的明确授权不得为之，只是常态状况下社会发展的一种应然分析，而政策的影响力渗透于行政法治的各个环节、特别在社会转型时期决定法治的走向则是一种社会的实然。国家安全行政法治一般包括国家安全行政立法、执法、守法和法律监督几个环节。如在国家安全行政立法上，政策作为统治阶级的政治纲领的体现，通常决定着国家安全法律草案的提出、拟定、通过等一系列

---

① 文正邦主编：《宪法与行政法论坛》，中国检察出版社，2004 年版。

环节，所以有学者称“政策是法律的灵魂”、“政策是法律的核心内容”。[①] 如1947年美国国家安全法就是根据二战结束后美国的对外政策制定的；我国建国初期具有国家安全法律性质的《惩治反革命条例》就集中反映了当时的肃反政策；现行的国家安全法就是在我国的对外开放政策和外交政策指导下制定的。在国家安全行政执法上，由于政策具有原则性、宣言性、易于接受性等人格化用语的特点，它很容易作用于国家安全行政执法人员主观意志中，影响着行政执法人员自由裁量权的行使。这一影响在各国追究行为人的国家安全行政法律责任时以及涉外项目安全审查中得到最明显的体现。在国家安全行政司法上，政策影响着国家安全行政司法的走向或者归结。

国家安全行政法以政策为指导是我国法制历史经验的总结，亦适合我国国情。在新民主主义革命时期，中国共产党在开展反帝反封建的斗争中，在建立和扩大革命根据地的过程中，虽然根据地的政权也有些法律，但有限，也很简单，“主要靠政策办事，注重的是政策，没有依法办事的习惯”，[②] 依靠政策，推翻了“三座大山”，取得了新民主主义的胜利。新中国成立后的一段较长时期内，党在战争时期养成的领导、执政习惯被延续下来，政策仍然发挥着主要指导作用。1949年2月，中共中央的《关于废除国民党的六法全书与确定解放区的司法原则的指示》中规定，人民司法工作应当以人民的新的法律为依据，在人民的新的法律还没有系统地发布以前，应当以共产党的政策以及人民政府与人民解放军所发布的各种纲领、法律、条例、决议作依据。党的十一届三中全会以后，党和国家的工作重心转移到经济建设上，经济体制转向社会主义市场经济，稳定是最大的政治。人们认为“市场经济就是法治经济”，只要制定出完善、清楚的法律，把一切社会关系都置于法律的调整之下，社会就能井然有序。于是，一段时期，法律、法规的数量之多，内容之庞杂，令人叹为观止。然

---

① 孙国华：“以政策与法律关系为中心的考察”，《政治学研究》，2002年4月。

②《发展社会主义民主，健全社会主义法制——有关重要论述摘编》，法律出版社，1988年版。

而，这样的法治思路在很大程度上完全忽视了中国民众接受认同及消化法律能力低下的客观现实，人们对习惯、政策的推崇大大超过对法律的呼唤，“国家法律有国家强制力的支持，似乎容易得以有效贯彻。其实，真正能够得到有效贯彻执行的法律，恰恰是那些与通行的习惯惯例相一致或相近的规定”。[①] 2001 年 7 月 1 日，党中央在中国共产党成立八十周年大会上明确提出“依法治国，建设社会主义法治国家”的战略方针。依法治国不等于绝对法治，依法治国并不必然排斥政策，政策与法律并不是水火不容，二者恰恰是相辅相成的一定社会的调整手段。可见，是执政党的政策为“依法治国”规划的蓝图，换言之，“依法治国”本身就是政策的规定，就是政策在现实社会中的贯彻和实施。即便实现行政法治必然也离不开政策的指导。政策对行政法治的指导作用，不仅存在于社会主义国家，也不仅存在于法律制度不完善的情形下，在西方实现“法治万能”的资本主义国家，政策对法律的影响力、导向力也起着举足轻重的且任何一种社会调整手段无法达至的作用。正像德国比较法学家茨格威特·克茨在讨论社会主义国家政策对法律的影响后指出：“这绝不是说西方法律体系中法律不受政策的影响。恰恰相反，即使在西方国家，每一项法律规则也都具有或者明确或者模糊的政策背景，否则便几乎不可能理解法律是如何产生或在实践中是如何适用的。实际上，许多制定法都有意地寻求推进重建社会生活的某些经济的或社会的政策。”[②]

在现阶段，我国改革开放的步伐加快，境外的间谍情报机关和其他敌对势力乘机通过公开或者秘密、合法或者非法等各种渠道，采取各种方式对我国进行政治渗透、颠覆分裂、情报窃取、勾联策反和行动破坏等危害国家安全的活动，他们通常以外交官、记者、商人、访问学者或者旅游者等身份为掩护，打着新闻采访、经贸合作、友好往来、学术交流、旅游观光等旗号，从事情报窃取等各种危害国家安全的活动；与此

---

① 苏力：“变法：法治建设及其本土资源”，《中外法学》，1995 年 3 月。

② ［德］茨格威特·克茨著：《比较法总论》，潘汉典等译，贵州人民出版社，1992 年版。

同时，国内极少数敌视社会主义的分子，也极力寻求境外间谍情报机关和其他敌对势力的支持；还有一些人出于私利，非法生产、持有、使用专用间谍器材、非法持有国家秘密，出卖国家利益，给境外间谍情报机关和其他敌对势力以可乘之机；还有一些人国家安全意识淡薄，警惕性不高，泄露国家秘密，妨碍国家安全工作，擅自会见境外有危害国家安全行为的人等。面对新的尖锐复杂的政治形势，现有的国家安全法律并没有作出具体明确的规定，或虽有规定但由于我国的国家安全法律立法于改革开放初期，立法经验不足，立法滞后，有些规定“原则、空洞”，有些规定“冲突、失效”，有些属于立法的真空地带，在国家安全行政执法过程中难以操作。由于法律特有的惰性，我国国家安全法律已不能适应或者不能完全适应国家安全工作的需要。而客观的国家安全情势要求国家安全行政执法部门必须做出快速反应。政策倾向于情势变化时秩序的保护，而法律则难以做到，法律需要在相对稳定的社会情势下才能发挥其作用。正如柏拉图所说：“法律是刚性的，它会束缚政治家的手脚，相反，政治家的统治全凭其知识，可以随时应变制定出一切必要的措施，能够适应变化了的情况和满足特殊的需要。”[①] 政策的指导作用是法律或者国家安全行政法无可替代。从法治国家的基本原理出发，人们总期待国家安全行政法律规范能够很好地发挥限制国家安全行政活动的功能，主张国家安全行政法规范中将有关国家安全行政活动的要件及方式予以细化和定型化，甚至主张一切国家安全行政活动都由法律明定予以公开以便接受监督。然而，“这种法治主义的理想在现实的各个国家都找不到成功的先例，倒不如说，随着法治主义原理的不断成熟，各国逐渐放弃了那种形式法治主义正义的幻想”，逐步扩大国家安全行政的裁量范围，赋予国家安全行政不直接拘泥于法律的具体规定而因客观情势积极能动地作出政策判断之权能。[②] 美国“9·11”事件后，就出台了

---

① 张宏生主编：《西方法律思想史资料汇编》，北京大学出版社，1983 年版。
② 杨建顺：“公共利益辨析与行政法政策学”，《浙江学刊》，2005 年。

大量的国家安全政策置换了之前的有关国家安全行政法律，赋予了中央情报局、联邦调查局以及国家安全局“法外权力”。因此，在对待国家安全问题上，除了国家安全行政的特殊性之外，我们还应当理性地对待法治，法治不是万能的，国家安全行政法也不是万能的，正如美国哈佛大学法学院昂格尔教授指出，法治是对社会秩序衰落的一种反应。它把人变为机械规则的附庸，用冷冰冰的权利义务关系取代了人与人之间的感情与和谐，它忽略社会的丰富多彩和个体的不同，把所有的一切都整齐划一，而且更为危险的是，它可以成为统治集团以社会的名义追求某种政策目标的工具。毫无疑问，法律和法治侵入政治生活、经济生活、社会生活和文化生活到什么程度，应当具有符合科学原则的理性精神的适当比例和限度，应当与这个国家和社会的历史传统、政治文化、现实条件相结合。正如古人商鞅所云：“不观时俗，不察国本，则其法立而民乱，事剧而功寡。”古人之所见，而今仍值得我们深思。

（三）公开与保密结合原则

公开与保密是一对矛盾。“公开”在各国的国家安全法律中，主要是指行政权力运行的依据、过程和结果向行政受体和公众公开，使行政受体和公众知晓。行政机关通过公开行使行政权力的依据和过程，说明所作出决定的理由，满足公众知情的权利，增强国家行政的透明度，体现了行政民主。行政公开原则的确立，对于公民知情权的保护、促进公民对行政的参与、抑制腐败、监督权力等具有重要意义。

行政公开产生于近代，其理论基础是 17、18 世纪资产阶级思想家的人民主权思想。而近代意义的行政公开制度缺乏法律的支持。直到 20 世纪末，世界各国才逐步掀起行政公开制度的立法高潮。最早的行政公开立法可追溯至 1766 年瑞典制定的《出版自由法》。19 世纪以来，在自由市场经济的体制下，人们对行政权的控制主要是通过行政实体法的立法来规范行政机关的职权。20 世纪初期，欧洲大陆形成了第一次行政程序法典化浪潮。首先是奥地利，1875 年就着手行政法典化工作，以使行政实体法建立在明确而又积极有效的基础上。[1] 1889年，西班牙制定了第一部行政程序法典，成为第一个尝试行政程序法典化的国家。此后，1925年奥地利也通过了《普通行政程序法》。受两国的影响，欧洲大陆一些国家纷纷制定自己的行政程序法，从而形成了行政程序法典化的第一次浪潮，行政公开原则在一些国家行政程序法典中得到确立。20世纪中期，以美国《1946年联邦行政程序法》的制定为标志，出现了第二次行政程序法典化的浪潮。受美国的影响，各国纷纷制定或修改行政程序法典。西班牙、葡萄牙、奥地利、法国、瑞士、韩国、日本等国先后制定了《行政程序法》，我国台湾、澳门地区也先后通过了《行政程序法》。在这些行政程序法典中，各国或地区都不同程度地对行政公开制度作了具体的规定。与此同时，行政公开制度的立法也达到了高潮。[2] 如芬兰1951年通过了《行政文书公开法》，挪威1970年制定了《行政公开法》，法国1978年通过了《行政文书公开法》，澳大利亚1983年制定了《情报自由法》(Freedom of Information Act)，日本1991年颁布了《行政信息公开标准》，并在1999年通过了《关于行政机关保有的情报公开的法律》等。其中行政公开立法影响最大、体系最完备的应属美国。美国行政公开最重要的法律包括：1966年制定的《情报自由法》、1972年制定的《联邦咨询委员会法》、1974年制定的《联邦隐私权法》、1976年制定的《阳光下的政府法》、1988年制定的《电脑配备和隐私权保护法》。美国通过以上的几部法律，对行政公开制度作了比较全面、系统的规定，对世界各国的行政公开法律制度的构建起到了示范作用。

综上所述，世界各国行政公开法律制度主要见于各国的行政程序法典中或有关行政公开的独立立法中。其主要内容包括以下几方面：1. 行政公开的目的。保护行政受体的知情权（the right to know），监督行政权力的行使。2. 行政公开的内容与范围。根据被公开的内容和公开

① 台北："行政院研究发展考核委员会"编：《各国行政程序法比较研究》，1979年。

② 杨建生："国外行政公开制度对我国的启示"，《学术论坛》，2005年。

内容指向的对象，可分为三类：一是政府文件对公众的公开。政府文件的公开是指一般公众有权了解政府有关行政管理的资料和信息这是公民宪法上的知情权在行政管理中的体现。二是行政会议对公众的公开。三是行政程序对当事人的公开。它是指行政机关在作出某一具体行政行为时向当事人公开，即某一具体行政程序中当事人享有特定的获得某些资料和信息的权利，以保证他与行政机关平等对抗。根据世界各国行政公开的不同内容，行政公开的方式有三种：一是法定公开。指法律、法规明确规定行政机关的公开，主要限于行政机关对某些准立法的行为或其他行政规范制定的公开，以及在行政机关具体执法活动中，依法必须遵守的行政程序方面的公开。二是依申请公开。指必须以公民向行政机关申请才能予以的公开。三是主动公开。指除了法定公开和依申请公开外，行政机关基于国家安全、公共利益的考虑和对行政受体合法权益的维护，而主动将有关公共信息予以公开的活动。

无救济即无权利。现代国家都把行政公开作为政府必须履行的义务，而与此相对应的即是公民享有知情权、表达自由权等现代宪法保障的基本权利。对权利救济主要有行政救济、司法救济和国会监督三种。其中，权利救济最有效的方式是司法救济，因为司法的独立性、中立性和最终性决定了司法救济是保障公民权利的最佳方式。

政府有行政公开的义务和公众拥有知情权，但这并不意味着公众可以无条件地获取公开部门的信息或者政府毫无保留地公开所有信息。为维护国家安全或者公共利益，减轻行政机关的负担，各国都对行政公开的范围作了限制性规定。也就是在行政公开的同时，要注意信息资料的保密。人们对保密的认识由来已久，早在国家出现以前，人们就已经认识到保守秘密对于战争胜负的重要性。国家出现后，人们又逐步认识到保守国家秘密对于国家安全的重要性，没有保密就没有国家安全。国家安全是一国宪政法律制度的正常稳定的状态，关系到一国的生存和发展。因此各国都曾把政治、经济和军事等活动笼罩在浓厚的保密氛围中，有些国家还因此付出了高昂的成本和沉重的代价。在没有建立行政公开法律制度、公民的知情权没有法律保障的国家，只要政府认为某些信息涉及“国家安全”，公众即望而却步。而即使在当今行政公开制度已经建立、公民获得了法定知情权的情形下，政府部门也常常因为“国家安全”而拒绝公开某些信息。“国家安全”成为政府保守秘密、拒绝公开某些信息的正当理由。从法理上讲，国家或政府在法律上都拥有保守秘密的特权，作为权力的所有者公众总是希望所知的内容新颖、全面和利已，希望国家权力机构的行为、活动尽可能知道得越多越好。公开可以提供人们关于国家或者社会脆弱性的相关信息，这些信息可以武装他们以对抗来自外界损害的知识和力量。[①] 但是，任何一个国家或政府都会有一些在一定的时间内不应公开的事项，因此世界各国都在法律上对国家秘密或者国家安全工作秘密做出了限制性的规定，政府享有保守国家秘密的特权。如美国联邦最高法院在审理《纽约时报》诉合众国案中，提出的媒介的公布于众权和人民了解政府关于国家安全秘密的权利是有限的，已经成为美国维护国家安全，保守国家秘密的一条法律原则。[②]

公开是公众实现参政议政的前提条件，保密是维护国家安全的重要措施。公开与保密这一对矛盾在当今人权高扬的背景下并没有消解，国

---

① Alasbair Roberts. National Security and Open Government: Striking the Right Blance. www. maxwell. syr. edu/compbell/opengov/Chapter%209. pdf, 2005－09－05.

② 根据1966年美国信息自由法，公众有权向政府索取任何材料包括会危及调查技术或某一秘密消息来源，政府有义务对公众的请求做出决定，如果政府拒绝公众的特定请求，它必须说明理由。任何政府决定都可以被提起复议或者司法审查。这样无异于迫使国家安全机关或者司法机关证实这些文件的存在，而且更会令人推断它们正在进行某些调查。情报界和司法界多年来一直警告，外国间谍、犯罪组织等很容易利用信息自由法或者新闻自由法向有关单位提出要求以取得文件，从而可以轻易地拼凑出有价值的情报。鉴此，1986年10月27日美国总统里根签署的新的《新闻自由法》，该法第一次授权国家安全机关或者司法机关，在某些情况下，可以既不证实也不否认某些资料或者文件的存在，也就是说，可以拒绝提供资料。这些资料包括与告密者有关的记录、有理由相信会使受调查者有所警觉的资料等。联邦调查局在有人要求提供有关外国情报机构、反间谍机构或者国际恐怖组织资料时也可以采取这种做法。

家安全行政活动在一定的范围、一定的程度上的保密仍然是维护国家安全的需要。国家安全机关的内部编制、国家安全（情报）人员的身份、技术手段、器材装备等的保密，依然应当引起足够的重视。否认国际冲突的存在，忽视隐蔽战线行政的特点，盲目地将国家安全行政公开极端化，必将产生严重的灾难性的后果。事实上，各国的行政公开制度都对国家安全这一特定领域的保密作了明确的特别规定。值得特别注意的是，对国家安全机关而言，应当一改一般行政机关“以公开为原则，以保密为另外”的做法。公开虽然是不可推卸的义务，但保密是国家安全法和保守国家秘密法的重要目标，保密当然也是行政公开法律的不可或缺的特定内容。我们必须转变观念，公开并不是“全部脱光衣服”，在不得不公开的前提下，严格保密规定，以不断增强国家安全机关的治理能力，从而从根本上维护和保障国家安全。

六、比例原则在国家安全行政法中的适用

（一）比例原则的含义及主要内容

行政法上的比例原则是“拘束行政权力在侵害人民权利时，虽然有法律依据（所谓的法律保留原则），但是必须选择侵害人民权利最小的范围内行使之。因此行政法意义上的比例原则自始即注重在实施公权力行为的‘手段’与行政‘目的’间，应该存在一定的‘比例’关系”。[①]“在法国人或者德国人谈及行政行为（administrative action）的比例性时，在他们心中实际上都有一个十分单纯的观念：即其为一原则，根据此一原则，政府不应当采取任何一个总成本（overall cost）高于总利益（overall benefits）的行为。”[②] 我国台湾学者认为应当将比例原则之名称改为“禁止过度原则”。[③] 比例原则包含哪些子原则学者们有着不同的看

① 陈新民著：《行政法总论》，三民书局股份有限公司，1995 年版。
② 法治斌著：《比例原则》，月旦出版社，1993 年版。
③ 吴庚著：《行政法理论与实用》，中国人民大学出版社，2005 年版。

法：有的认为比例原则应包含二个子原则，即合比例原则和必要性原则；有的认为比例原则应包含三个子原则，即适当性原则、必要性原则和狭义的比例原则。[①] 但学术界普遍接受的是后一种分法。

1. 适当性原则。又称之为妥当性原则。它是指行政行为对于实现行政目的、目标是适当的。也就是说，行政主体行使行政权的手段及其目的间具有的“可连接”的关系存在，所使用的手段必须能达到其所追求的目的。根据这一原则，行政主体采取的行政行为如果不能实现行政目的就属于行政不当。如国家安全机关为维护国家安全，而限制一定人的行为，如果这种限制不仅不能维护国家安全，反而使国家秩序更加混乱，这种行政行为就属于不妥当。以国家安全行政执法为例，违背适当性原则的情形主要有：一是手段不合法，如对轻微违反国家安全法的行为人使用手铐；二是手段达不到目的，对故意泄露国家安全工作秘密或者故意阻碍国家安全机关工作人员依法执行国家安全工作任务的人员给予警告处罚；三是手段超过了目的，如对轻微违反涉外项目安全审查的规定的行为人给予行政拘留。

2. 必要性原则。又称最小侵害原则，或称最温和之手段原则。它是指如有许多措施可以实现行政目的，则必须选择那些最有必要的，而所谓最有必要就是选择对公众不会造成损害或者损害最少的措施。可见，必要性原则是以适当性原则为存在前提的，即只有遵守了适当性原则的前提下才有必要考虑必要性原则。按照此原则，当实现行政目的的手段不只一个时，行政主体应当采取成本最小或损害最小的方式。以警察行政执法为例，人民警察为维护国家安全，制止违法行为，可以使用警械或者武器。警械是指人民警察按照规定装备的警棍、催泪弹、高压水枪、特种防暴枪、手铐、脚镣、警绳等警用器械；武器是指人民警察按照规定装备的枪支、弹药等致命性警用武器。根据必要性原则，如果能

---

① 城仲模著：《行政法之一般法律原则》，三民书局股份有限公司，1999 年版。

达到行政目的或者目的达成了，不需要使用警械或者武器，就不能使用；如果使用警棍就能驱逐、制服违法行为人，则不能使用高压水枪、特种防暴枪等；如果能用警械制服维护国家安全行为人的，则不能使用武器。行政主体在作出行政措施时如果只有单一的途径，除此别无选择的情况下，必要性原则就失去了存在的前提。如对不符维护国家安全要求的电子通信工具、器材等设备、设施，国家安全机关可以责令有关组织和个人进行必要的技术处理与封存、扣押两种选择时，则应当以采取进行必要的技术处理为必要。[①] 如果采取技术处理的方法就能达到维护国家安全的要求，而采用扣押或封存的手段，即为违背必要性原则。但如当不符合维护国家安全要求的电子通信工具、器材等设备、设施无法进行技术处理时，封存或扣押是唯一手段，别无选择了，这时采取封存或扣押方法就符合了必要性原则。

3. 狭义比例原则。又称比例原则、相称原则。它是指行政主体采取的措施所产生的害处，不可以超过所采取措施所带来的好处。即所谓手段不得与所追求之目的不成比例。可见狭义的比例原则实质上“是一种‘利益衡量’的方式，衡量的‘目的’与人民‘权利损失’两者有无成比例”。[②] 比例性原则是从价值上规范行政权力与采取行政措施之间的比例关系。在国家安全行政执法中，国家安全机关即使采取了适合且最小侵害手段以试图完成其追求的目的，但若该手段所侵害的人民利益，与所追求之目的下所保护的国家利益相比，受侵害的人民的权利所彰显的法益显然大于国家安全机关所欲加以保护的公共利益时，国家安全机关的该项措施则仍因违反比例原则构成违法。

---

① 日本学者田村悦一认为在追求国家安全或公共利益时，如果有多种等价的手段可选择时，除有紧急情况等个别情况外，一般应当将选择权让与相对人，因为通过选择权，更能保障相对人的选择权，这样能够将侵害在主观面上降至最小。参见城仲模：《行政法之一般法律原则》，三民书局股份有限公司，1999 年版。

② 陈新民：《论宪法基本权利的限制》，《宪法基本权利之基本理论（自刊本）》，第 239—265 页。

（二）比例原则理论上的生成演进

比例原则最早产生于19世纪德国的警察法，是为了限制警察权力的行使而提出的。在产生之初其基本含义是指警察只能在必要时才能行使行政权力限制人民的权利。

比例原则理论最早肇始于德国学者 Von Berg 在1802年出版的《德国警察法手册》一书，在书中他提出警察的权力只有在“必要时”才可以行使。之后经德国行政法学的鼻祖奥托·麦耶所倡导，确定了该理论在行政法学体系中的地位，其在1895年出版的《德国行政法》一书中认为“警察权力不可违反比例原则”。1911年德国的另一行政法学者 F. Fleiner 出版了《德国行政法体系》一书，在该书中提出了一个为学者们广为流传的名言：“警察不得以炮击鸟”，用以比喻警察行使权力的限度。1913年德国又一学者 W. Jellinek 发表了《法律、法律适用及目的性衡量》。在该书中他指出，警察的权力行使，不得有侵害性、不足性、过度性，同时也不可以违反妥当性。其所以主张的不可过度性的概念与现行学术界所主张的必要性原则含义已经比较一致。至此比例原则的理论已经基本成熟。

比例原则作为“帝王原则”从德国警察法中产生和发展起来之后而广泛的推行到几乎所有的行政管理领域，并在行政法治较为发达的国家和地区得到越来越广泛的运用。如1931年6月1日公布的《普鲁士警察行政法》，该法规定如果有多种方法足以维护国家安全和公共秩序，或者有效的防止对国家安全或者公共秩序有危害的危险，则警察机关得选择其中之一。但警察机关应当尽可能选择对关系人与一般大众造成损害最小的方法。[①] 除了德国外，1994年《荷兰行政法通则》第三章第三、四条规定：“在某个法律未做限制性规定时，行政机关制作命令仍然应当考虑直接相关的利益；某一个命令对一个或者更多的利害关系人

① 皮纯协著：《行政程序法研究》，中国人民公安大学出版社，2000年版。

产生不利后果，这不利后果须与目的相当。”[①] 在法国，比例原则虽然没有被明确提出，也没有成为调整整个行政活动的一项原则，但是在警察法和计划法等特定的行政领域中，比例原则得到了很好的体现和运用。[②] 1996 年葡萄牙《行政程序法典》规定：“行政当局的决定与私人权利或受法律保护的利益有冲突时，仅可在对拟达致的目标系属适当及适度的情况下，损害这些权利或利益。”[③] 在我国台湾地区，比例原则在立法、司法和学术上也得到了广泛的适用和重视。[④] 比例原则在我国大陆的立法、行政、司法以及学术上也引起了足够的重视，随着法治进程的推进和对正义诉求的提高，比例原则必将在行政法领域越来越显示它“帝王”的威力。

（三）国家安全与公民权利的比例分割

国家安全是一国保障其生存和发展并不受任何势力干扰、威胁或侵犯的状况，是国家安全行政法所实现的直接目的；而公民权利是社会中产生，并以一定的社会承认作为前提，由其享有者自主享有的权利和利益，它是国家安全行政法实现的最终目的。国家安全与公民权利具有一致性，然而由于社会生活的纷繁复杂以及人类利益的逐步发展，国家安全与公民权利常常发生冲突，如何协调两者关系，单靠国家安全政策是无济于事，还必须发挥法律的作用。法律是社会利益的调整器，能够以其特有的强制力和高效的运行机制，实现对各种互相冲突或者对立的利益关系进行评价、平衡，以最小的成本谋求最大多数人的最大利益。而

---

① 应松年主编：《外国程序法汇编》，中国法制出版社，1999 年版，第 457 页。

② 陈淳文：“比例原则”，载《行政法争议问题研究（上）》，台北五南图书出版有限公司，2001 年版，第 112—113 页。

③ 应松年主编：《外国程序法汇编》，中国法制出版社，1999 年版，第 475 页。

④ 参见 1999 年台湾地区的《行政程序法》，［台］陈新民著：《行政法学总论》，三民书局，1995 年版，第 64 页。

作为法律基本原则的比例原则就应该体现自己的独特价值。比例原则要求任何国家权力均应以追求公共利益或者国家安全为目的。如果国家权力不以国家安全或者公共利益为目的，则该国家权力就失去了正当性基础。而且比例原则要求国家安全机关在有多种方式达到同一目的时，在不违背或减弱所追求目的的效果的前提下，应尽可能选择损害最小的方法。“损害最小”就是对公民造成的损害最小，如果以国家措施干预公民自由为实现公共利益或者国家安全所不可少，那么这种干预应是最低限度的公共权力对公民一般自由权利的干预，只应发生在维护国家安全或公共利益所必需的程度。① 一个公共权力的行使虽然有必要，但该权力的行使不得与所追求的目的不成比例，或是手段必须与所追求的目的具有适当的比例关系。比例原则是一个具有价值追求的原则，表面上看调整的是公共权力的行使即手段与所追求的目的之间的关系，实际上它调整的是一种“直接目的与最终目的”关系，即“维护国家安全”与“保障公民权利”的权衡关系。这是比例原则的核心内容，它明确地体现了比例原则在国家权力和公民权利关系中黄金分割点的价值定位。②

（四）比例原则的政策思维

通过以上分析可见，比例原则实质上是法院在处理实际案件时，通过判例发展起来而逐步得到广泛承认的一般行政法原则，该原则的核心在于通过目的与手段间的考量，调整国家安全与私人利益的关系，寻求衡平的正义。然而，“警察只可以在必要时才能行使警察权”，什么是“必要”？什么样的“手段”才是侵害“最小”？事实上，任何一种行政权力或者手段的行使，都不可能让所有的人都感到满意；任何行政手段的行使都不可能是“最佳选择手段”。因为，行政执法者在选择“手段”时只是他们“眼中”最小的侵害手段，带有主观随意性；“最小侵害”

① 于安编著：《德国行政法》，清华大学出版社，1999 年版，第 29 页。
② 王名扬，冯俊波：“论比例原则”，《时代法学》，2005 年 4 月。

是手段行使的结果，行政执法者从众多的手段里选择“最小侵害”手段时，侵害的结果还未发生，怎么能选择到“最小侵害手段”；任何对国家安全有利的“手段”，同时也都会对少数人或者特定的人造成不利，即使是“最小侵害手段”也未必是“最佳选择手段”；即使选择到“最小侵害手段”，也可能与要达成的目的利益显失均衡。正如诺贝尔奖获得者亚罗认为，没有任何的政策选案是皆大满意的，也就是说天底下的所有政策选案不可能有办法让所有的使用者、受益人或者不得益人都感到满意。据此，其实天底下根本没有所谓侵害人民利益最小的手段这回事！立法者、执法者所称侵害人民利益最小的手段，只是他们眼中的最小侵害手段而已。因此，作为一般行政法“帝王条款”的比例原则只不过是国家安全行政法的一个可望而不可及的空想原则。

第二章

国家安全行政主体论

第一节 概 述

一、对一般行政主体的解读

行政主体（administrative subject）作为行政法学的一个核心概念，在不同的国家有着不同的法律意义。在法国，行政主体是一个法律概念，它是实施行政职能的组织，即享有实施行政职务的权力，并负担由于实施行政职务而产生的权利义务和责任的主体。主要有三类：国家、地方团体和公务法人。[①] 在日本，行政主体的概念是学术上的范畴，法律并没有明确规定。行政主体是指有权利和义务从事行政，并且能以自己的名义与责任从事行政的团体（法人）。主要有两类：国家和公共团体。[②] 在德国，行政主体概念的关键在于权利能力。行政主体是指被赋

① 王名扬著：《法国行政法》，中国政法大学出版社，1988年版，第39—133页。

② 杨建顺著：《日本行政法通论》，中国法制出版社，1988年版，第233页。

予权利能力，在行政法上享有权利、承担义务，实现行政任务的组织体。主要有五类：国家、具有权利能力公法团体、公法设施和公法基金会、具有部分权利能力的行政机构、被授权人（或被授权组织）和私法组织形式行政主体。① 在我国，行政主体是一个学理概念，20 世纪 80 年代末被我国学者引入。② 我国行政主体理论虽然经过 10 多年的发展，但核心内容并没有发生实质性的变化。就我国行政主体的种类而言，我国学者的认识也基本一致，主要有两类：国家行政机关，即“职权行政主体”和法律、法规授权的组织，即“授权行政主体”。近年来，由于我国行政体制改革突飞猛进的发展，社会结构也发生了巨大的变化，出现了一些承担公共行政职能的非政府组织，因此有些学者也提出：公共行政不再是单一的国家行政，还应当包括非国家的公共组织行政，传统的行政主体理论已凸显不足，需要也应当对行政主体概念予以适当的改造。由此认为，我国行政主体应当包括三种：国家行政机关、法律、法规授权的组织和公立公益组织。③ 由上可见，行政主体是指具有公共行政职能，以自己的名义从事公共行政活动，并能独立承担相应法律责任的组织。

二、国家安全行政主体的涵义

根据行政主体的一般含义，我们认为，国家安全行政主体是指具有国家安全行政职能权利能力，能够代表国家独立实施国家安全行政活动，并能独立承担相应法律责任的组织。在我国，国家安全行政主体主

① ［德］哈特穆特·毛雷尔著：《行政法学总论》，高家伟译，法律出版社，2000 年版，第 498—503 页。

② 在我国，行政主体概念最早出现在王名扬教授的《法国行政法》（中国政法大学出版社 1988 年版）一书中，在该书中王名扬教授第一次使用了“行政主体”的概念。

③ 李牧主编：《中国行政法学总论》，中国方正出版社，2006 年版，第 102 页。

要有两类：国家安全机关和法律、法规授权的组织。国家安全行政主体必须具备以下四个条件：

（一）国家安全行政主体首先是一定的组织

行政主体一般表现为组织形式。“组织”通常是由两人以上为了一定的目的而形成的组合体。组织在一定的条件下可以成为国家安全行政主体。尽管具体的国家安全行政管理行为大多是由国家安全公务员个人实施的，但是他们都是以国家安全机关或者一定的组织名义而不是以自己个人名义实施的。

（二）国家安全行政主体必须是具有国家安全行政职能权利能力的组织

并不是所有的组织都能成为国家安全行政主体，只有具有国家安全行政职能权利能力的组织才能成为国家安全行政主体。国家安全行政职能权利能力是指依法对国家安全事务进行管理时应当承担的行政职责和所具有的行政权能。一个组织要具有国家安全行政职能一是通过宪法和组织法的赋予而享有国家安全行政管理的职能，如国家安全部、各省级国家安全厅（局）；另一是通过法律、法规授权或认可而享有国家安全行政职能，如涉外项目审查办公室。不享有国家安全行政职能的组织即使是其他国家（行政）机关等，也不能成为国家安全行政主体。

（三）国家安全行政主体必须是有权代表国家独立实施国家安全行政活动的组织

所谓独立实施国家安全行政活动，是在法律规定的范围内，一定的组织在法律形式上以自己的名义进行活动，以自己的名义作出处理决定。“以自己的名义”是指能够以自己的名义对外行文、对外作出处理决定等。不以自己的名义实施行政活动的组织，不是国家安全行政主体；虽以自己的名义实施活动，但实施的不是国家安全行政活动，也不是国家安全行政主体。

（四）国家安全行政主体必须是独立承担相应法律责任的组织

要成为法律关系的主体，必须具有行为能力。行为能力包括承担法律责任的能力。[①] 行政主体作为法律关系的主体之一，当然应当具有独立承担相应的法律责任的能力。不能依法承担行政法律责任的社会组织，就不能成为行政主体。实际上，一个组织能够以自己的名义实施国家安全行政活动，往往就意味着该组织能够独立承担由此产生的法律责任。同时，能够独立承担法律责任也就意味着该组织能够成为国家安全行政复议、诉讼和赔偿的主体。

三、国家安全行政主体的资格及确认

（一）国家安全行政主体的资格

国家安全行政主体的资格是指作为国家安全行政主体应当具备的条件。国家安全主体资格要件并不等同于国家安全行政主体的成立要件，只有符合国家安全行政主体的成立要件，才属于国家安全行政主体。而国家安全行政主体资格要件只是组织成为国家安全行政主体的一种可能性，一个前提条件。国家安全行政主体资格的取得应当具备以下两个要件：

1. 组织要件。即作为国家安全行政主体的组织本身应当具备的基本条件。由于国家安全机关与法律、法规授权的组织的设立依据不同，因而其组织要件也不相同。国家安全机关的组织要件应当包括以下内容：(1) 国家安全机关的设立有法律依据；(2) 国家安全机关的成立已经有

① 张文显主编：《法理学》，高等教育出版社、法律出版社，1999 年版，第 115 页。

权机关批准，有必要的办公场所和办公条件；（3）国家安全机关已按照行政编制依法设立相应的机构，并配备了相应的人员；（4）国家安全机关及其工作人员的职权和职责已经有宪法、组织法和其他有关法律予以明确规定；（5）国家安全机关已经获得行政经费预算；（6）国家安全机关的成立已正式对外公告。

作为国家安全行政主体的被授权组织，其组织条件分为不同的情形。通常，国家安全机关所属的行政机构，如内设机构（地、市级以下的国家安全机构）、派出机构或派出局、掩护机构、[①] 联合机构或临时机构等，[②] 当它们作为国家安全行政主体时也被视为被授权行政组织。其组织构成要件应包括以下内容：（1）必须是与授权所管理国家安全行政事务相关的组织；（2）必须具有熟悉有关国家安全法律法规和国家安全业务知识的工作人员；（3）必须具有与承担的国家安全行政职能相适应的专门知识、技术和设备条件；（4）必须能独立承担因自己的行为而产生的法律责任。

2. 法律要件。即作为国家安全行政主体的组织在法律上应当满足的条件。从目前的行政主体理论看，国家安全行政主体资格的法律要件只有一项，即必须具有国家安全法律、法规的明确授权，没有法律法规的明确授权，任何组织和个人都无权对外行使职权，当然就不能成为国家安全行政主体。

（二）国家安全行政主体资格的确认和取得

一个组织体能否具备行政主体的法律地位，要从组织要件和法律要

---

① 这种机构名义上从事某种盈利或者管理活动，实际上是专门从事国家安全行政管理事务，如情报信息的收集、整理、境外人员的秘密管制等。

② 联合机构或临时机构是由国家安全机关和有关行政机关或部门的成员组成，成立的一个联合行政机构或临时跨部门的委员会，如涉外项目安全审查办公室。负责会同有关部门对涉外建设项目实施国家安全事项审查并制定有关规定，以便防范、制止和打击危害国家安全的行为。详见《俄罗斯国家安全法》第十七条规定。

件两个方面加以考量。由于我国目前的行政组织法很不完备，再者因国家安全行政工作的特殊性，国家安全行政主体需要具备哪些组织要件并没有明确的规定，因而实践中往往主要从法律要件上予以确认。也就是说，一个组织体要获得行政主体资格，关键就要看其有没有法律法规明确规定的行政职权。如果一个组织体的行政职权不是来源于国家安全法律法规的明确规定，则该组织体就不能成为国家安全行政主体。因此，一个组织体要取得国家安全行政主体资格必须具备严格的法定条件。又由于国家安全行政主体分为职权国家安全行政主体和授权国家安全行政主体。国家安全行政主体的类型不同，其条件也不尽相同。国家安全职权行政主体是国家安全行政主体的主要组成部分，一般情况下只能由各国家安全机关充任，它们是国家安全行政职权的主要行使者，在国家安全行政法律关系中具有决定性的地位。国家安全机关是根据一国宪法和组织法而设立的专门行使法律法规赋予的固有国家安全行政职权组织，它从成立时就当然地获得了国家安全行政主体资格。授权国家安全行政主体是国家安全行政主体的有机组成部分之一，是根据法律法规的特别授予或者有权国家安全机关的依法转予而行使非固有国家安全行政职权组织体。授权国家安全行政主体行使的行政职权是一种非固有职权，即按照组织法的规定本不应该由它们行使的职权。因此有关组织体欲取得国家安全行政主体资格，行使这种非固有职权，就必须获得有效授权，即有关法律法规直接授权或者由法律法规规定的有权国家安全机关依法授权。当然有关组织体在获得授权国家安全行政主体资格后，其只能根据法律法规的权限范围或者授权范围行使职权，超出了授予的权限范围，有关组织体便不具有授权主体资格。

（三）自然人成为行政主体的检讨

前面已经提及，“行政主体”在大多数国家和地区并不是一个法律用语，仅仅是作为法学术语存在。采用行政主体概念的国家主要有法国、德国和日本。法国行政主体是实施行政职能的组织，即享有实施行政职务的权力，并负担由于实施行政职务而产生的权利、义务和责任的主体。在公私法划分为基础的大陆法系国家法律中，法人可分为私法人和公法人。公法人系根据公法规定成立的法人，以公共事务为成立目的。行政主体是实施行政职务的主体，行政主体只能是公法人。德国行政主体概念的关键在于权利能力，凡属法律规范的调整对象，使其成为权利义务主体的人，即具有权利能力。我国台湾学者对德国行政主体的内涵进行了提炼，即“在行政法上享有权利、承担义务，具有一定职权且得设置机关以便行使，并藉此实现其行政上任务之组织体”。德国行政主体在理论上有别丁“公法人”，在概念外延上大于公法人概念。日本以德国行政法为基础，发展自己的行政法。认为行政主体是指行政法律关系当事人中拥有实现行政权能的一方当事人，简而言之，行政主体是行政权力的归属者。由上可见，法国和日本行政主体的内涵侧重于权利义务最终归属意义上的行政主体，即行政主体必须是公法人，并且是行政法上权利义务的归属主体；而德国行政主体的内涵却侧重于公法权利能力的归属意义上的行政主体，即作为行政主体，必须具有行政法上的权利能力，而不论权利义务的最终归属。由于法国、日本与德国对于行政主体内涵界定上的差别，导致其在行政主体的类型也有很大的差异。法国承认有三种行政主体即：国家、地方团体和公务法人。日本行政主体主要有三类：国家、地方公共团体和其他行政主体（如公共组合、地方公社等）。德国行政主体分为以下几类：国家、具有权利能力的行政机构、具有部分权利能力的行政单位和被授权人或者组织。

法国和日本等国的行政主体的概念被引入我国后，对我国行政主体理论产生了较大的影响，但也在一定的程度上限制了我国行政主体理论自身的进一步发展。由于行政主体概念引入之初的生吞活剥，加之伴随着行政的扩张以及实施行政的分散化，一方面，新的专门从事公务活动的公法人顺应现代行政的发展需要而不断涌现；另一方面，公法组织以契约等私法方式实施行政的情况日趋增多，甚至对于有些公法人而言，以私法方式实施公务成为其重要特征；再有一些私法组织或以特许、委任或授权等方式介入行政活动，执行一定的行政任务。这种“国家的社会化或者社会的国家化”现象，使得现行行政主体概念的内涵及外延都比较狭窄，无法与现代行政发展的趋势相适应，行政主体理论的缺陷已日渐显露出来。

我们认为，行政主体是指具有以自己的名义实施行政职能权利能力的组织或个人。行政主体必须是以自己的名义而不是以其他人的名义实施行政职能。所谓“以自己的名义”是指以自己的名义对外处理行政事务，实施行政活动。“以自己的名义”意味着行政主体与行政受托人有明显的区别，行政受托人虽然是行为的直接实施者，但并非以自己的名义作出，所以其不是行政主体。能否以自己的名义实施行政职能，反映了它是否享有独立的法律人格，只有具有独立的法律人格，才可能作为行政主体。行政主体必须具有权利能力。这种权利能力是指行政法意义上的权利能力，而不是民法上的权利能力。这种权利能力必须是行使行政职能的权利能力。行政主体表现形式有两种即组织或个人。组织不仅包括公法组织或者以公权力方式实施行政职能的组织，也包括私法组织或者以经营、服务等非权力方式实施行政职能的组织。正如哈特穆特·毛雷尔教授所说：“直接行政任务可以以私法形式执行，但只有特定范围内才具有可行性和适法性。”[①] 个人（自然人）是行政主体的另一种表现形式。这里的个人不是指实行首长负责制的行政首长，也不是指隶属于行政组织系统的公务员，而是有法律法规特别规定情形下的私人形态的行政主体。法律法规既然可以授权本来无行政职能权利能力的组织获得行政主体资格，法律法规当然也可以授权给自然人。个人（自然人）经过法律法规的授权而以自己的名义行使行政职能即获得了行政主体资

① ［德］哈特穆特·毛雷尔著：《行政法总论》，高家伟译，法律出版社，2000年版，第499—500页。

格而成为“公务人”。[①] 对于公务人不仅我国现有法律有明确的规定，[②] 外国的国家安全法律也有类似规定。如：美国 1982 年《情报人员身份保护法》就规定，国家安全法可以授权从事情报活动的官员、受雇人、在美国管辖范围以内或以外的给美国政府提供情报的美国任何公民，“从事情报的收集、整理、开展国家安全业务工作和接触美国机密情报的权利和权力”。[③] 1992 年罗马尼亚情报局组织法规定，根据国家安全工作需要，国家可以与私营部门中的自然人或法人签定合同，在合同范围和期限内，自然人或者法人可以从事与国家安全（利益）有关的研究或者开展国家安全活动。[④] 可见，国家安全公务人行政主体必须具备：1. 国家安全法律法规明确授权。2. 以自己的名义行使国家安全行政职能。能以自己的名义行使国家安全行政职能说明其具有权利能力，这种权利能力是通过国家安全法律法规授权而获得。3. 公务人不是组织而是法律上的自然人。国家安全公务人与国家安全公务员的区别在于：公务人是国家安全法律法规明确授权作为独立行政主体行使行政职能；而公务员却只能以所属国家安全行政（组织）机关的名义行使行政职能。

第二节 国家安全机关

一、国家安全机关的概念和特征

国家安全行政主体主要是国家安全机关，由于国家安全机关不像其他国家行政机关那样“透明”，因而在人们心目中国家安全机关始终带

① 梁凤云：“关于行政主体的几个问题”，《研究生法学》，2004 年 2 月。

② 参见我国《海商法》第三十五、三十六条规定、《民用航空法》第四十五条规定等等。

③ 参见 1982 年《美国情报人员身份保护法》第六百零六条规定。

④ 参见 1992 年《罗马尼亚情报局组织法》第五条规定。

有神秘的色彩。因此，本节专门介绍国家安全机关。国家安全机关是指依据宪法、法律的规定设立的，以自己的名义行使国家安全行政职能的国家机关。它包括中央国家安全机关和地方国家安全机关。其特征：1.国家安全机关在职能性质方面是行使国家安全行政职能的国家机关。这一点不仅使国家安全机关与国家立法机关、国家司法机关和军事机关相区别，也使国家安全机关与其他国家行政机关相区别。2.国家安全机关是在组织体系上实行“垂直领导、层级管理”的国家机关。一般来说，地方国家安全机关不属于地方人民政府的工作部门，而是属于各省、自治区和直辖市国家安全厅（局）的直属机构，地方国家安全机关的主要负责人，也不是经所在市的人大常委会任命，而由省、自治区或者直辖市的国家安全厅（局）直接任命和管理。3.国家安全机关在活动方式上具有相对“隐蔽性或保密性”。行政活动公开这是现代法制的必然要求，但是由于国家安全行政工作的特殊性，使得国家安全机关在实施国家安全行政活动时，有时只能以其他国家行政机关或者组织的名义开展工作，其行政执法多具有隐蔽性、“欺骗性”或者谋略性，即“谋略行政”。如果一味强调国家安全机关行政活动的公开性，那么国家安全机关与其他行政机关就没有区别，也失去了其存在的基础和必要。

二、我国国家安全机关

我国国家安全机关是随着中国共产党、人民军队和人民政权的建立而逐渐发展起来的。在中国共产党成立初期，虽然我们党有情报安全工作，但没有建立情报保卫工作机构。1927 年大革命失败后，党中央机关由武汉迁往上海，党组织和党的活动被迫转入地下状态。1927 年 5 月中共中央军委成立了“特务工作处”，这是我们党最早建立的情报保卫专门机构。同年 11 月，党中央决定成立“中央特别工作委员会”，简称“中央特委”，下设“中央特科”作为中央特委的办事机构。1931 年 11 月，中华苏维埃共和国中央工农民主政府在江西瑞金成立，在临时中央政府下设立了国家政治保卫局，各苏区和军以上单位成立了政治保卫分局。1935年下半年，中央为实现全国联合抗日的目标，在陕北成立了“中央联络局”，负责对外统战联络工作，在国统区建立秘密交通。1939年2月18日，针对国民党积极反共和消极抗战的严峻情势，中共中央书记处决定成立“中央社会部”，其职责是：有领导、有系统地与敌探、汉奸、奸细作斗争，防止其混入党内，保证党的政治、军事任务的执行和组织的巩固；有计划地秘密派遣，打入敌人内部，加强敌人内部工作；收集敌特、汉奸阴谋活动的情报；管理机要部门的工作，保障秘密工作的执行，以及选择和教育情报保卫干部，等等。1941年9月，中共中央和中央军委决定成立“中央情报部”，主要任务是收集军政战略情报。为适应国内外新的情势特点，党中央决定将情报工作与安全保卫工作分开管理。1949年7月，以中央社会部的部分机构、人员为基础，成立了中央军委公安部，承担原中央社会部的保卫、反间职能。1949年10月设立中央人民政府公安部。1951年，国家在政务院党组下设立了保密委员会，负责领导政府各部门的保密检查工作。这是新中国成立后中央政府成立的第一个保密机构。1954年12月，公安部设立了政治保卫局，负责政治保卫、侦查、预审工作。1955年，中央军委联络部改建为“中共中央调查部”，主要任务是主管对外情报工作。“文化大革命”时期，我国政治保卫机关遭到了灾难性的破坏。1976年，我国进入了社会主义建设的新时期，改革开放，市场经济，对外交往，与此同时境外势力（包括友好的、敌对的或者中间的势力）也乘机纷纷加强了对我国进行间谍情报活动和各种破坏活动，严重危害我国国家安全。1983年7月1日，中华人民共和国国家安全部正式成立。承担原公安机关主管的反间谍和对外情报工作。与此同时，各省、自治区和直辖市及其所属市、县也先后设立了地方国家安全机关。

根据我国国家安全法律、法规的有关规定，我国中央国家安全机关的主要职责有：

1. 根据宪法和法律，规定行政措施，制定国家安全规章，维护国家安全；

2. 揭露、防范和制止外国情报机关对我国的情报和破坏活动；

3. 规定情报反间工作和维稳工作的基本原则，组织、指导和实施国家安全机关的情报反间活动和维稳工作；

4. 统一领导全国地方国家安全机关的工作，指导、协调和管理其他国家机关、组织和个人的有关的国家安全活动，并在其职权范围内监督其依法履行维护国家安全的义务；

5. 依照法律的规定，任免、培训、考核和奖惩国家安全机关工作人员；

6. 对涉及国家安全事项的涉外项目、广播影视、设施、器材等实施行政管理；

7. 在职权范围内保守国家秘密；

8. 同外国情报机构建立联系和合作，以保障国家安全和人民的权益；

9. 法律、行政法规规定的其他职责。

第三节 主要国家的国家安全机关

一、美国主要的国家安全机构

作为当今世界唯一超级大国的美国，拥有一个由众多谍报机构组成的庞大而又组织严密的情报安全系统。主要由以下国家安全机构行使着美国的国家安全行政职能：

（一）美国国家安全委员会（NSC）

它是根据1947年《美国国家安全法》而成立的，后于1949年正式划归总统行政办公室。美国国家安全委员会的成员由四部分组成——法定成员、法定顾问、非法定成员以及国家安全委员会工作人员。[①] 美国国家安全委员会由总统亲自领导，法定成员包括总统、副总统，国务卿、国防部长；法定顾问包括参谋长联席会议主席（委员会法定军事顾问)、中央情报局局长（委员会情报顾问)；非法定成员包括：财政部长、驻联合国代表、美国贸易代表、白宫办公室主任、行政管理预算局局长、总统科学顾问等。司法部长和国家毒品控制局局长参加有关司法方面的会议。其他官员根据需要参加会议。总统国家安全事务助理（又译为总统国家安全顾问)、总统经济政策助理出席所有会议。国家安全委员会的日常工作由总统国家安全事务助理、总统国家安全事务副助理和一名行政秘书负责。根据美国《国家安全法》的规定，国家安全委员会的主要功能是“就有关内政、外交和军事政策向总统提出建议，从而使各军兵种及其他政府部门更有效地合作。就与我们实际的和潜在的军事力量有关的国家目标、义务和风险做出评估，从而向总统推荐可行的选择；考虑涉及与国家安全有关的政府部门共同关心的事务和政策，并向总统推荐可行的方案”。但随着时间推移，国家安全委员会已从一个纯军事安全领域的顾问委员会发展到军事、安全、政治、外交兼而有之的综合性顾问机构。其主要职能包括：1. 向总统提供建议和意见；2. 作为总统长期计划的工具；3. 促进国家安全程序的协调和统一。小布什总统上台后，开始对国家安全委员会进行了调整，他注重加强国务院的职能，而对国家安全委员会的职能有所弱化。[②]

（二）中央情报局（CIA）

根据1947年《美国国家安全法》规定，中央情报局于当年9月18日正式成立。它由国家安全委员会直接领导，是美国对外情报活动的主

① 王汉国：《美国国家安全会议之沿革与评析》，台湾黎明文化出版公司，1991年版。

② 万伽：“美国国家安全委员会议之回顾与前瞻”，《中华战略学刊》，1984年。

要机构，被视为美国政府的“耳目”和“总统的第三只手”。经过几十年的整改、扩充和完善，其权力、职能和规模不断扩大和膨胀，触角延伸到世界各个角落，活动范围则涵盖人类发展和生活的各个领域，成为世界上声名显赫的情报组织。中央情报局的主要职责是：就有关国家安全情报活动向国家安全委员会提出咨询意见；协调政府各部门的有关国家安全情报活动，并向国家安全委员会提出建议；对有关国家安全的情报进行分析和鉴定，并在政府机构内适当传递情报；收集、撰写、整理和编发国外情报、反间情报和毒品走私以及恐怖活动情报；在国外从事情报、反间谍活动，并协调其他机构的反间谍活动；执行总统和国家安全委员会下达的其他任务等。[①] 另外，根据 1981 年里根总统的“12333”行政命令，中央情报局可以在美国境内收集“重要”的外国情报，经过批准可以进行“特别行动”或“隐蔽行动”。而《美国国家安全法》明确规定，中央情报局不同于警察，不享有（行政）执法权力，也没有国内安全保卫的职能。中央情报局的行政机构总部设局长办公室和五个业务部。[②]

（三）联邦调查局（FBI）

1908 年时任司法部部长的查尔斯·J. 波拿巴在该部内组建一支“特工队”，翌年将其更名为“调查局（BOI）”。1935 年根据美国国会通过的《联邦调查机构作用及职权法》，调查局蜕变成“联邦调查局”。该局不仅是美国历史最悠久的安全执法机构，也是美国反间谍侦察、打击恐怖活动和侦办国内重大案件的职能部门，一直被视为国家安全的重要支柱之一。[③] 联邦调查局内部机构设置分三个层次：总部机关，由局长

---

① Ray S. Cline 著：《中央情报局内幕》，马龙译，台湾大众书局，1975 年版，第 81—82 页。

② 赵明义著：《当代国家安全法制探讨》，台湾黎明文化出版公司，2005 年版。

③ 向志进：《情报战》，台湾觉圆出版社，1982 年版。

办事与指挥机构、业务指导和管理部门以及综合服务与支援部门组成；地方机构又分为分局（Field Office）和支局（Resident Office）和境外派驻机构。其主要职责是：负责调查违反联邦法律的案件；在国内从事外国情报的收集活动，对情报界其他机构的外国情报需求给予支持；对外国使馆和驻美机构进行渗透活动，窃取密码和其他情报；负责协调国内的反间谍任务。①

（四）国家安全局（NSA）

美国国家安全局前身是陆军安全局（ASA）和三军安全局（AFSA）。1952年11月根据杜鲁门总统的一项秘密指令改编成国家安全局。它是美国最神秘的窃听与电讯译码机构，执行加密和解密的任务，也是通信资料处理的高科技组织。国家安全局下设五个处：行动处，负责信号情报的收集和处理；科技与系统处，负责研发信号情报收集和处理的科技；资讯系统安全处，负责国家安全局的通讯安全；规划政策与计划安全处，负责提供幕僚支援与一般指导；支援服务处，提供后勤与行政支援事项。② 其主要职责：根据中央情报主任制定的整体情报工作目标、要求和重点，开展以电子信号拦截为主要手段和途径的情报收集、筛选和初加工活动；破译其他国家政府、军队和工商机构所使用的值得破译的密码，同时保护自己加密通讯的安全；协调和指导从事信号情报业务部门的工作，向相关部门下达带强制性的信号情报收集任务书；编制和落实国家统一的通讯安全计划任务书；审批各部门提交的通讯安全保障程序，为政府部门编制专用密码，以保护政府部门的通讯安全；保证国家战略武器系统的通讯安全等。

---

① http//www. fbi. gov/fbinbrief/todaysfbo/corevalues. htm 联邦调查局。

② http//www. nsa. gov/about nsa/index. html 国家安全局。

二、俄罗斯主要的国家安全机构

（一）俄联邦安全会议

1991年“8·19”事件后，苏联政府先是对克格勃（KGB）进行改组，同年12月22日，苏联国务委员会决定撤销克格勃，各共和国的国家安全机关由各主权共和国管辖。在原克格勃的基础上建立了三个平行的机构：跨共和国安全局、苏联中央情报局、苏联保卫国界委员会及边防军联合司令部。为加强它们之间的联系和协调，1991年10月25日，又在这三个独立的机构之上成立了跨共和国国家安全协调委员会，主要在情报收集、反间谍、情报信息交流、情报综合分析研究及采取重大措施时进行协调。1992年1月，俄罗斯又撤销了所有的情报安全机构，组建了俄罗斯联邦国家安全部。为负责协调各情报安全机构的工作，1992年6月，叶利钦参照美国“国家安全委员会”等西方国家的模式，建立了俄联邦安全会议。国家安全会议依照宪法、总统法和国家安全法组建。国家安全会议由主席、秘书、常务成员和成员组成；国家安全会议主席由总统兼任；常务成员包括副总统、最高苏维埃第一副主席、部长会议主席。“国家安全会议是为总统准备有关保障安全方面的决定的宪法性机构，审议有关安全方面的对内、对外政策问题和国家经济、社会、国防、生态、保健、防止紧急情况及消除其后果、确保稳定和法律秩序等方面的战略问题，并在保障个人、社会和国家重大利益不受来自国内外的威胁向最高苏维埃负责。”① 其主要职责：对涉及社会和国家的重大利益进行定义，并确定对俄罗斯联邦安全构成威胁的内外因素；制定保障俄罗斯联邦安全的基本战略以及有关联邦安全的规划；就内政外交领域的重大安全和实施紧急状态的问题，向总统提出书面建议；拟定预防和制止各种危机的行动方案；在执行安全保障决策时，就联邦行政

① 参见1992年《俄罗斯国家安全法》第十三条、十四条规定。

机关和联邦主体行政机关的协调问题提出建议；负责安全保障机构的改革，并健全安全体系等。

（二）俄联邦对外情报局（CBP）

1991 年 12 月成立，它是俄罗斯对外情报活动的最高权力机构。根据 1996 年 2 月发布的《俄罗斯情报结构白皮书》介绍，对外情报局直通国家最高领导人，可以把不带有意识形态色彩的、未经中间机构处理的客观信息直传给总统和政府的主要领导人。该局总部按地区和专门问题划分业务司局，每个司局由针对某个国家集团或单独国家的几个处组成。对外情报局的主要任务：维护多民族的国家，制止国内民族冲突的发生和发展，制止外国势力利用俄罗斯的弱点搞分裂；保障经济安全，促进经济发展；参与反对国际恐怖主义的斗争；防止大规模杀伤武器的扩散；打击走私武器、毒品；掌握外国研制的新式武器、技术装备及其使用情况等。①

（三）俄联邦安全局

为适应国内外斗争形势的需要，1995 年 4 月 3 日，叶利钦签署命令，将俄联邦反间谍局改组为俄联邦国家安全局。它是前苏联克格勃的主要继承者之一，是俄联邦安全系统最高权力结果，直属总统领导。其行政机构设置，总部机关设六个司，即反间谍司，反恐怖活动司，经济安全司，分析、预测和战略规划司，组织人事司以及活动保障司；六个局即军事反间谍局、宪法安全局、内部安全局、侦察局、条约法规局和总务局；一个处即军事动员处以及一系列直属机构如行动搜索局、行动技术措施局和社会联络中心等。联邦安全局的主要职能任务包括：向总统、总理、联邦国家权力机关及联邦主体的国家权力机关通报有关威胁俄联邦安全的情报；调查并打击外国情报机构和个人损害俄联邦安全的

① 张殿清著：《情报与反情报》，台湾，时英出版社，2001 年版。

情报及其他活动；为保障国家安全，提高经济、科技和国防潜力，而获取侦察情报；发现、预防和制止恐怖、毒品走私等活动；保障军队和国家机关的安全；在职权范围内保护国家秘密，并对国家机关、组织的保密状况进行监督；与对外情报局合作，保障境外俄罗斯机构和公民的安全；与内务部合作，保障俄境内外国代表机构的安全；与边防军合作，参与国籍管理，保卫国家边界；与其他国家机构合作，保障社会政治、宗教和其他群众性活动的安全等。

（四）俄联邦政府通讯与信息局

1991 年 12 月成立，该局（简称法普西）是在总统直属的政府通讯委员会、国家信息与计算中心、莫斯科自动化科研生产联合体电子技术研究院的基础上组建而成，同时吸收了前克格勃主要技术部门的专家。该局直属总统领导，下设五个局和两个学院（奥廖尔军事学院和密码科学院）等。其主要职责：负责政府部门的通讯安全，包括密码通信中的密码和工程技术安全；负责通讯领域的侦察活动；为政府高级部门提供通讯保障；负责管理国家重要的人造卫星、无线电中继和电话的通讯；控制国家一些最重要的计算机系统和通讯网络；以俄罗斯某些公司的名义收集情报；调查是否可能把互联网和其他数据传递方式用于刺探情报和其他活动，如散布假情报或者破坏性计算机病毒等。

三、英国主要的国家安全机构

英国情报安全系统历史长、机构多、分工细。根据 2007 年 12 月英国《每日电讯报》报道，英国首相戈登·布朗计划对国家安全体系进行重大变革，成立一个类似美国国家安全委员会的机构。计划中的“国家安全委员会”成员将由内阁大臣、情报部门主管和军方高官组成。目前，英国主要有五大情报安全系统，履行英国的国家安全行政职能。现仅介绍以下三个情报安全机构。

(一)秘密情报局(SIS)

秘密情报局(The Secret Intelligence Service)原称军情六处(MI6),对外称“英国外交部常务次官办公室”。该局是西方间谍情报机关的鼻祖。1922年,被英国官方承认,1994年《英国情报机构法》确立了其法律地位。其工作受“联合情报委员会”的指导和“议会情报与安全委员会”的监督。秘密情报局下设人事行政部、支持服务部、社会联络部和业务部等。其主要任务是在国外收集他国的政治、经济、军事情报,从事间谍情报和反间谍活动。为收集有价值的情报,该局特工人员可以采取任何手段,包括使用秘密手段收集情报、提供秘密通讯联络、开展反情报行动及其他隐蔽活动等。它是英国唯一可以使用非法手段在国外收集秘密情报的机构。为适应新的国家安全情势,近年来秘密情报局对其国家安全行政管理的方式、领域作了一些调整,如重新确定重点监视地区、重新加强人力情报、通过立法将情报机构纳入法制范围、逐渐实行有限的公开化等。

(二)秘密保安局(SS)

秘密保安局(The Security Service),原称军情五处(MI5),受内政部领导。1909年10月,英国成立了特工局,下设国内处和国外处。国内处主要负责英国国内的反间谍活动,这就是秘密保安局的前身。1916年1月,国内处成为新成立的陆军军事情报部的一部分,并被命名为军情五处,即MI5。1931年10月15日,评估英国国家安全面临的所有威胁的任务交给了军情五处,这一天标志着秘密保安局正式形成。1989年《英国安全机构法》首次将秘密保安局纳入法制范围,赋予秘密保安局应有的法律地位。秘密保安局下设五个处:情报收集、制作及信息管理处,反间及安全保卫处,反对与北爱尔兰有关的恐怖活动处,反对国际恐怖主义活动、防止大规模杀伤性武器扩散处和人事、安全、财务及设施管理处。此外,秘密保安局还设有法律顾问处和专门负责清除国家安全机构内双重间谍的“鼹鼠委员会”。根据《英国安全机构法》规定，秘密情报局的行政职能主要有：收集情报、对付间谍活动、恐怖主义和破坏活动的威胁，保卫国家安全，确保英国经济利益不受来自海外的威胁。同时，该局还具体负责调查违反《英国官方保密法》的事件，防止英国核武器、化学武器及生物武器技术的扩散，保卫宫廷及左派的活动等。①

（三）政府通讯总部（GCHQ）

政府通讯总部（Government Communication Head-quarter），前身是第一次世界大战时两个负责破译密码的部门——海军情报科的 40 号房间和军情处的 MI-16。1919 年这两个部门的遗留人员组建了政府密码学校，受海军部领导，1923 年由秘密情报局接管。1943 年该密码校划归外交与联邦事务部领导。1946 年改名为政府通讯总部。该部下设六个局：信号情报行动与需求局、通讯安全局、组织与行管局、信号情报规划局、联合技术语言局和混合信号组织局。英国政府通讯总部的主要职责是：监听并分析、破译所有进出英国的无线电、电讯、电话等通讯信号，包括所有驻英国的外国使领馆、金融和工业公司以及安全机构感兴趣的私人通讯，从中获取情报；编制密码，以保护政府各部门及英国驻外使领馆的通讯安全。此外，还负责处理密码程序，指挥所有监听站的活动。监听的范围包括大西洋卫星两万对线路、八个国家电缆上的五千对线路。监听的手段包括窃听电话、截获无线电报、有线电传、微波通讯和卫星通讯等。政府通讯的情报收集活动受联合情报委员会指导。②

---

① 张中勇：《各国安全制度——英国情报体制》，台湾：三锋出版社，1993 年版，第 119 页。

② Tony Bunyan，“The Political Police in Briton”，(New York：ST. Martin's Press，1976，(104).

四、澳大利亚主要的情报安全机构

澳大利亚的情报安全机构受英美情报安全机关的影响，它由十多个主要的收集、评估和使用情报的组织构成。现主要介绍以下几个机构。

（一）国家评估局

国家评估局是澳大利亚最高的间谍情报机关，1977年5月成立。该局的主要职能是：汇编对澳大利亚的政治战略或者经济有着重大关系的情况作出评价，包括对具有现实意义的事态提出报告；根据情况需要，不断对那些带有全国意义的情况作出评价，并将作出的估评提供给有关部长和其他有关人士；对与澳大利亚有重要意义的国际进展情况连续作出估评；不断地考察澳大利亚参与的国际性情报活动，提醒有关部门和英联邦当局注意在性质、范围或者协调安排方面有哪些不足，注意哪些活动日益暴露以及提出改进方案来弥补那些不足。该局设有两个处即经济处和政治战略处，以及一个时局情报组和一个管理供应科。

（二）秘密情报局

秘密情报局又称为MO9，是澳大利亚海外情报安全机构。虽然该机构成立于1952年5月，但是直至1977年10月才得到官方的承认。其主要职能有四个方面：通过秘密渠道收集情报；反情报，即专门研究外国情报机构的颠覆和其他活动；联络同该局友好的情报机关保持联系，交换观点和情报；秘密的隐蔽的活动，即执行特别的政治行动和在战争期间的紧急情况下筹划和准备一切形式的秘密活动。秘密情报局在形式上隶属外交部，但它的总部一开始就设在墨尔本的维多利亚兵营；从业务角度看它是个独立的机构，该局的规模从未公开过。该局除总部外，秘密情报局在国内有四个部门：一个是“悉尼站”，以外交部为掩护进行情报活动，另外三个是以国防部为掩护进行秘密情报活动。该局在海外还有十个站，在国外招募情报人员和情报收集活动。其派遣在国外的人员都以外交官或使馆一般工作人员的身份进行情报活动。此外，还负责对其他情报机构进行指导、协调，对来自不同部门的情报进行分析研究。

（三）安全情报局

安全情报局是澳大利亚主管国内安全保卫和反间谍业务的机构。1949 年 3 月 19 日成立，隶属于司法部，在业务上接受秘密情报局协调。它的职责是在司法部的领导下，保卫澳大利亚联邦政府、领土及其人民的安全，监视国内反政府团体和外国来澳人员的活动，开展反间谍侦察工作，打击间谍活动、暴力破坏活动、政治颠覆活动和外国侵略及国际恐怖主义的袭击。主要任务是收集、评价和分析有关安全的情报，通报和交流安全情报，在被授权时可以利用其特殊权力和手段收集对外情报，包括跟踪监视、有线或者无线通讯侦听、邮件检查和秘密搜查等，并按照规定上报所获活动情报。

（四）国防信号总署

国防信号总署是澳大利亚最大、最机密的情报机关。它是由二战期间的几个监听站和信号情报密码小组发展起来的。二战结束后，这些业务由国防部统一领导，成立了国防信号局，后来改称为国防信号处。皇家情报和安全委员会提议要提高国防信号处的地位，1977 年 10 月，重新命名为国防信号总署。该总署设有两个主要机构即：通讯安全处和情报处。前者负责保护澳大利亚的国防、外交及情报通讯不被国外情报机构窃听或泄露，后者负责监听、截收外国通讯信号和其他电子信号，进行分析、破译和研究处理，为政府及有关部门提供情报。此外，该署还在特殊信号情报工作方面为澳大利亚其他情报机构提供服务。

五、日本和韩国的情报安全机构

（一）日本的情报安全机构

日本的情报安全机构主要有：联合情报会议、内阁情报调查室、外务省国际情报局、防卫厅“情报本部”、科学技术情报中心、综合商社的情报组织、法务省的公安调查厅、警察厅警备局、东京警视厅公安部、东京警视厅警备部等。上述机构根据各自的职责和任务，广泛收集政治、经济、外交、军事和国内安全情报。在此我们择其中几个机构作一考量。内阁情报调查室，1952年4月成立，当时称为“内阁总理大臣官方调查室”，同年8月，改为内阁调查室。1986年7月，日本政府为加强情报的综合管理，将内阁调查室改为内阁情报调查室。内阁情报调查室是日本各情报机构中唯一每周向首相直接汇报情况的责任机关。该机构的主要任务是收集和分析国内外政治、军事和国内安全情报，供内阁制定政策时参考；配合美国对中国进行情报收集活动等。内阁情报调查室在组织体制上分为七个部、两个课，即总务课和会计课和一个中心即内阁情报汇集中心。公安调查厅，1952年7月成立。它是当前日本负责国内安全与反间谍主要机构之一。公安调查厅的业务范围十分广泛，不仅收集有关国家共产党、国内在野党的情报，监控执政党内部的派系斗争，还收集外国特工的反间谍情报。公安调查厅下设总务部、调查一部（负责国内安全情报收集工作）、调查二部（承担外国间谍在日本活动的监控工作以及对外情报工作）和研修所。[①] 据日本2007年4月6日共同社报道，日本内阁6日通过一项议案，计划建立新的国家安全保障会议，其职责类似于美国国家安全委员会，目的是加快决策速度、加强首相在外交和防卫事务上的领导力。日本新组建的国家安全保障会议将由首相领导，主要由首相、

---

① 张中勇：《各国安全制度》，台湾三锋出版社，1993年版，第242页。

内阁官房长官、外务大臣和防卫大臣组成，取代目前由九名成员组成的安全保障会议。

（二）韩国的情报安全机构

韩国的情报安全系统是第二次世界大战后在美国的直接影响和扶持下建立起来的，历史不长，却名声远扬。其情报安全系统主要由两大部分组成，一是属于政府、由文职人员组成的国家情报院；另一是军方的情报机构。这里我们仅就作为国家安全行政主体的国家情报院作一阐述。国家情报院的前身是国家安全企划部。1980年全斗焕出任总统后，对《韩国中央情报法》进行了修改，同时将中央情报院更名为“国家安全企划部”。1994年金泳三就任总统后，修改了《韩国国家安全企划部法》，并对安企部进行了改革和改组，明确规定安企部的任务是主管海外情报工作和反间谍工作。1997年12月18日，金大中成为韩国有史以来的首位民选总统。他认为，“继续保留安企部仍有必要”，但必须进行“坚决且谨慎的改造”。1999年1月，金大中下令将“国家安全企划部”更名为“国家情报院”。国家情报院的主要职责有：负责对韩国军政各谍报部门的情报、保安业务的协调、监督工作；收集、汇总、分析和通报境外情报和国内安全情报；确保属于国家秘密的文件、器材、设施和地区的安全；对有关危害国家安全和社会稳定的行为进行调查；对宣传舆论工具进行监督检查；规划并协调国家级情报机构的任务、行动及保安业务等。国家情报院由四室九局组成。四个室是企划协调室、秘书室、监察室和保安室。九局分别是：一局海外情报局、二局国内情报局、三局反间谍侦察局、四局科技情报局、五局国内保安局、六局国内搜查局、七局对朝工作局、八局海外工作局和九局南北协调局。

第四节　国家安全公务人员

一、国家安全公务人员的界定及范围

简单地讲，国家安全公务人员是指专门从事国家安全工作或国家安全行政管理工作的人员。它包括国家安全公务员和国家安全公务人。国家安全公务员，一般是指依据国家法律的规定履行国家安全职责，纳入国家行政编制、由国家财政负担工资福利，除工勤人员以外的工作人员。它包涵三个要素：国家安全公务员必须是履行国家安全公务的人员。只有在国家安全机关担任正式职务的人员才有可能属于公务员，而在此工作的工勤人员或其非担任正式职务的人员则不是国家安全公务员；国家安全公务员是纳入国家安全行政编制的工作人员。非纳入国家安全行政编制或者没有编制的人员，即使履行公务，也不属于国家安全公务员；国家安全公务员是由国家财政负担工资福利的工作人员。上述三个条件同时具备，才是国家安全公务员。国家安全公务人是指经过国家安全法律法规的授权而以自己的名义行使国家安全行政职能的自然人行政主休。自然人成为国家安全公务人也必须具备三个要素：必须有国家安全法律法规明确的授权，这是自然人成为国家安全公务人的先决条件；以自己的名义行使国家安全行政职能，如果不是以自己的名义，而是以国家安全机关或者其他组织的名义也不是公务人；国家安全公务人是法律上的自然人而不是组织，如果是组织那就是一种公务组织或“法律法规授权的组织”。

国家安全公务员与国家安全公务人虽然都是自然人，都行使国家安全行政职能，但是两者也有明显的区别：国家安全公务员纳入国家行政编制，工资等由财政负担；而国家安全公务人一般不纳入国家安全行政编制，其工资等由一定的国家安全机关负担或者由一定的组织负担；国家安全公务员因“受托”行使国家安全行政职能时只能以所属国家安全机关的名义行使，因而不具有行政主体资格；国家安全公务人是因“授权”以自己的名义作为独立的国家安全行政主体行使国家安全行政职能。此外两者在产生的方式、招募条件、职能范围、涉密程度、任用期限、法律地位等方面有很大的不同。

二、国家安全公务人员的管理

（一）国家安全公务员的管理制度

国家安全公务员是指依法履行公职、纳入国家安全行政编制、由国家财政负担工资福利除工勤人员以外的工作人员。根据我国《公务员法》的规定，对一般国家公务员的管理制度基本上也适用国家安全公务员的管理，但是由于国家安全公务员与一般国家公务员的职业性质有别，因此对国家安全公务员的管理上又与其有所不同。如在招募、录用的原则、标准、条件、程序等都有很大的区别。我国一般国家公务员的录用标准是“德才兼备”。而国家安全公务员的录用条件除此之外，还必须符合下列条件如：对党绝对忠诚、忠于祖国；热爱国家安全事业、甘当无名英雄；服从领导、听从指挥；有较高的文化和专业知识；讲究道德、品德高尚、精明干练；身体健康等。此外，国家安全公务员与一般国家公务员在福利、考核标准、培训等方面也有很大的区别。

（二）国家安全公务人的管理检讨

国家安全公务人因为不是具有国家安全机关“正式编制”的人员，但其又从事着大量的国家安全行政事务，而且这些国家安全行政工作大多带有“保密性”或“隐蔽性”，对其管理相对于国家安全公务员而言就比较复杂。世界各国国家安全机关对这部分人员的管理制度及其管理理念等都因各国的国情、工作的性质不同而相异。如在国家安全公务人的招募和训练上，美国等西方国家的间谍情报机关与俄罗斯等国家的间谍情报机关的看法是完全不同的。西方国家的间谍情报机关认为："优秀的间谍（公务人）人才是天生的"，他们认为训练不是主要的。美国、法国和德国等在录用国家安全公务人时，一般都比较注重个人的"天赋"和"多才多艺的素养"。德国国家安全机关就认为："间谍的养成学校训练一切收集情报的技术是必要的，但是对于任何情报人员来说，最重要的还是他（她）们的头脑。在进行间谍活动时，随时都会面临必须立即作出决定的状况。去完成某项任务或采取某种适当的应变措施，都要靠间谍人员的独立判断。这不是经年累月的严格训练可以办得到的。"[①] 相反，俄罗斯国家安全机关则认为间谍不是天生的，关键在于进行训练。并认为，国家安全公务人的天才因素不重要，重要的是训练，只要训练就可以造就第一流的间谍人才，"只要她或他具备了适于从事这项需要高度熟练的职业素质，就可以成为优秀的间谍"。由于美国等西方国家与俄罗斯等国的国家安全机关在公务人的管理理念上的不同，因而在公务人的招募、训练的基本条件等方面也不一样。如西方国家安全机关对公务人的训练的期限一般不超过一年，从训练的内容看，体能训练只占极少的一部分。训练的课程主要有：一般知识，包括世界形势，对政治、经济的综合研究；特别知识，包括工业组织形态，各国农民和工人概况，各国军力、警保安情况及其他等；谍报技能，就是从事国家安全活动时所需要的地埋知识、密码、无线电、照相、情报联络，以及外国的有关法律法规规定，使用的证件，并要进行谍报心理训练。而俄罗斯国家安全机关设立了专门的训练学校，对公务人的训练一般要花费八到十年的时间，在训练期间，受训练的人不像西方国家那样"不加任何限制"，而是与外面绝对隔离，进行训练时，先经过思想考核、政治训练，然后是间谍情报知识、技能训练。

---

① 焦希武主编：《国际间谍》，群众出版社，1988年版，第33页。

三、国家安全公务人员的法律地位

国家安全公务人员的法律地位指的是国家安全公务员的法律地位和国家安全公务人的法律地位。国家安全公务人员的法律地位的内容可以概括为两部分：一是国家安全公务人员具有普通公民的权利和义务；二是国家安全公务人员与其职务有关的权利和义务，即公权力和义务。由于第一部分涉及到作为公民的国家安全公务人员在宪法和国家安全行政法以外的其他部门法中的法律地位问题，不属于本书讨论的问题。因此重点在于第二部分的内容。

各国的国家安全法律为了使国家安全公务人员顺利实施所从事的公务活动而赋予其公权力和义务。公权力和义务可以分为国家安全公务员的公权力和义务与国家安全公务人的公权力和义务。国家安全公务员的公权力和义务又可以分为两类：第一类是为所有的国家公务员规定的一般的权力和义务，如我国《公务员法》第十二条规定的我国公务员应当履行的九项义务和第十三条规定的八项权利；第二类是与具体的职务相联系的专门的权力和义务。国家安全公务员专门的权力和义务的性质和范围取决于其所从事职务的法律地位。例如：国家安全公务员在国家安全工作中有验证、调查权、进入有关场所和查档权、优先使用和通行权、查验电子通信设备权、免除检查权、进入住宅权等，以及保守国家安全工作秘密、个人隐私秘密的义务，① 如“国家安全部专职人员在侦查结束，对未完成的涉及政府、机关、个人的并由法律确定保密的事项，不准对公众宣传；调离、免职后三年内，没有本部门许可不准到国外旅游”；②“情报机关和国家安全领域职能机构中的工作人员不得参加

① 参见我国《国家安全法》第二章规定。

② 参见《蒙古国家安全法》第二十条规定；《哈萨克斯坦共和国民族安全机关法》第六条规定；《阿根廷国家情报体制法》第十九条规定。

政党或其他具有政治或者秘密性质的组织，也不得被政党的目的所利用"[①] 等就是专门的权力和义务。国家安全公务人的公权力和义务与国家安全公务员的公权力和义务有很大的区别，主要表现在：不仅国家安全公务人不享有一般国家公务员公权力和义务，也不完全享有国家安全公务员的公权力和义务，而其公权力和义务的性质和范围仅仅依据国家安全法律的授权。

当然，各国国家安全法律都对国家安全公务人员实施其公权力和履行其义务提供了法律保障。如：我国《国家安全法》第十四条规定："国家安全机关工作人员依法执行职务受法律保护。"1982 年《美国情报人员身份保护法》明确规定："美国政府保护从事机密情报工作的官员、行为人、提供情报人员和提供消息来源人员的人身安全"，"有可能损害或者妨碍美国政府的情报工作活动的"，"企图识别、暴露情报人员身份，或推测情报工作机密，向任何未授权的人泄露美国政府的情报工作机密，将被处一千五百美元的罚款"。《俄罗斯联邦对外情报机关法》第二十二条规定："对外情报机关工作人员及其家属的社会保障由俄罗斯联邦的法律予以保护"；"对外情报机关的所有基干人员或者家属在收集情报的过程中健康受到损害时要给予赔偿，赔偿额为超过退休金部分的全部，赔偿金从俄罗斯联邦的联邦预算中支付。同时，根据上述人员丧失工作能力的程度，给予 1—7 年生活费用的补助金，所需费用也从俄罗斯联邦的联邦预算中支付"；"对秘密帮助过对外情报机关的非俄罗斯联邦公民可以取得这个国家的公民资格"；"已经取得俄罗斯联邦公民资格的人，他们同对外情报机关合作的时间计入工龄"，他们享受对外情报机关基干人员或家属的社会保障。《蒙古国家安全法》也规定："国家安全机关认为有必要时，可以对特工人员和其他职员采取保护措施"；"其他机关职员对特工人员和其他职员的工作，在未经蒙古国家安全总

① 参见《罗马尼亚国家安全法》第二十六条规定；《哈萨克斯坦共和国民族安全机关法》第五条规定；《俄罗斯联邦对外情报机关法》第十七条规定。

局局长批准的情况下，不得擅自检查”；“禁止伤害曾经和正在为国家安全机关工作、辅助的特工人员、助手、辅助工作人员（包括他的家庭成员）的生命、身心健康和荣誉等”；“长期在国外定居执行特别公务的特工人员倘若遭到暗杀，其家庭成员身心受到伤害并已经退休，对其家庭成员，经政府批准，由国家安全部发给补助退休金”。俄罗斯联邦《国家安全机关法》规定：“联邦国家安全机关工作人员执行任务时是政权机关代表，受到国家保护”；“妨碍联邦国家安全工作人员履行公务的，或因履行公务而侮辱其荣誉和尊严的，威胁、反抗、使用暴力或侵害其生命、健康和财产的，依法追究法律责任”。

第三章

国家安全行政受体论

第一节　概　　述

行政受体是与行政主体相对称，有的称之为行政相对人，也有称行政受体。它是指在行政法律关系中与行政主体相对应一方的公民、法人或者其他个人、组织。本书之所以称其为行政受体或者行政相对方而不称之为行政相对人，是因为行政受体与行政主体相对称，它是行政法律关系中在“受”行政主体的行政行为影响的“主体”，它不仅受行政主体的“管理”，也受行政主体的“给付”、“服务”和“指导”等，两者相辅相成；受行政主体的行政行为影响的且与行政主体相对称的不仅仅是行政“相对人”，还有“第三人”以及其他关系人；行政相对人并非法律用语；行政相对人概念容易使人产生歧义，仅仅理解为自然人或者个人；且行政相对人外延不确定，在学术界又有广义和狭义之争。因此，所谓国家安全行政受体，是指在国家安全行政法律关系中与国家安全行政主体一方互有法定权利义务关系的相对一方公民、法人或者其他个人、组织。

在研究国家安全行政受体的含义时，应注意其以下基本特征：

1. 国家安全行政受体是相对的，而不是绝对的。相对于在国家安全行政活动中具有并行使国家安全行政权力的行政主体而言，国家安全行政受体是不具有、也不能行使国家行政权力的一方；国家安全行政受体只存在于国家安全行政法律关系中。

2. 国家安全行政受体是与国家安全行政主体相对应的一方“当事人”，既可以是公民，也可以是法人，还可以是其他个人、其他组织或者国家。

3. 国家安全行政受体作为行政法律关系主体的一方，既承担义务，又享有权利。行政法学理论引进行政受体概念的重要意义在于，不再把行政主体行使职权所针对的一方作为单纯的管理对象、管理客体，而是作为法律关系主体一方，从而赋予其行政法律关系主体地位。

第二节　国家安全行政受体的分类及范围

一、国家安全行政受体的分类

学术界对行政受体的分类见仁见智。[①] 对一事物的分类目的是为了进一步加深对其的认识，同时分类可以发现该事物在不同的情形下其法律地位或法律意义不同。我们对行政受体可以从不同角度作出如下分类：

1. 根据行政受体所对应的行政主体的类型来划分，与内部行政主体相对应的是内部行政受体；与外部行政主体相对应的是外部行政受体。

---

① 学术界对行政受体的分类从其存在形态、权益是否受行政主体行政行为的实际影响、权益受行政行为影响的性质以及影响行政受体的行政行为的存在方式等方面曾作过分类。

这种划分的意义在于，这两种行政受体构成不同行政行为的对象，同时他们享有行政法权利和承担行政法义务不尽相同，如根据我国现行法律规定，内部行政受体不能成为行政诉讼的原告。

2. 根据行政受体的状态来划分，我国公民、其他个人属于个人类行政受体；国家机关、企业事业单位、社会团体、其他组织属于组织类行政受体。个人行政受体是自然人形态的行政受体，以其个人的名义成为行政主体的受体，它是行政受体中最常见的形态。如在国家安全行政处罚、行政强制、行政许可等国家安全行政关系中，自然人都可以成为行政受体。组织行政受体是指以一定的组织形态存在的行政受体。组织行政受体包括法人和非法人两种形式。这种划分的意义在于，在一定条件下，不同类型的行政受体对行政主体的行政行为具有对应关系，如限制人身自由的行政行为只能针对个人，而不能针对组织；同时也有利于确认责任的承担者。个人行政受体是自然人直接以自己的名义，通过自己的行为与行政主体发生关系，应由自己承担相应的法律责任；而组织行政受体是以组织的名义与行政主体发生关系，法律责任由组织承担，而不是由组织中的法定代表人或其他任何成员个人承担。

3. 根据行政受体的涉外因素来划分，中国的各种组织、公民和个人是国内行政受体；在中国境内的外国组织、外国人，以及境外组织、境外个人是国（境）外行政受体。这种划分的意义在于，从总体上讲，所有行政受体，包括国内的、国（境）外的都平等地受我国行政法律规范的制约，但在个别情况下，有的行政行为是针对国内行政受体，而有的行政行为针对国（境）外行政受体，如驱逐出境、限期离境只适用于国（境）外行政受体。

二、国家安全行政受体范围的检讨

从各国国家安全法律规定可见，可以成为国家安全行政受体的个人和组织有：公民、其他个人、法人、其他组织（包括间谍组织、敌对组

织、邪教组织等)。分述如下:

(一)公民

公民是指具有本国国籍,并依本国法律享有权利和承担义务的人。根据我国《宪法》第三十三条第一款的规定,中华人民共和国公民是指具有中华人民共和国国籍的人。公民在行政法律关系中一般以行政受体身份出现。我国现行《国家安全法》第一章总则和第三章公民和组织维护国家安全的义务和权利中,对公民维护国家安全的义务和权利作出多处规定。从这些权利和义务的关系中可以看出,公民在国家安全行政法律关系中的身份一般是以外部行政受体出现的。

(二)其他个人

除公民以外的其他个人,也可以成为国家安全行政受体。我国《国家安全法》第四条第一款规定:“任何组织和个人进行危害中华人民共和国国家安全的行为都必须受到法律追究”;第五条规定:“国家对支持、协助国家安全工作的组织和个人给予保护,对维护国家安全有重大贡献的给予奖励”;第十一条规定:“国家安全机关为维护国家安全的需要,可以查验组织和个人的电子通信工具、器材等设备、设施。”《罗马尼亚国家安全法》第十二条规定:“任何个人都无权泄露关于国家安全的秘密工作,不得不受限制地接触情报,无权传播情报和任意使用表达言论的自由。”《蒙古国家安全法》第九条第三款规定:“外国人、无国籍人依据法律规定为保护自己的利益、兴趣,可以要求国家安全机关提供帮助或者为该部门提供协助。”以上所及“个人”,除了具有中华人民共和国国籍的公民外,主要包括外国公民、无国籍人以及华侨和港、澳、台地区的人员。这些人员在国家安全行政活动中,也可以成为行政受体。

（三）法人

法人是具有民事权利能力和民事行为能力，依法独立享有民事权利和承担民事责任的组织。具有法人资格的组织，包括具有法人资格的国家组织、社会组织以及在中国境内的具有中国法人资格的外国组织，可以成为国家安全行政受体。

1. 国家组织

国家组织是国家机关和国家机构的合称，它们在一定条件下可以成为国家安全行政受体。我国《国家安全法》第三条第二款规定："一切国家机关和武装力量……都有维护国家安全的义务。"在国家安全行政活动中，或者当国家行政组织和其他国家组织（如国家权力机关、审判机关、检察机关、军事机关）进行非职权性活动，而这些活动又属于作为行政主体国家安全机关的管辖范围时，则成为国家安全外部行政受体。

2. 社会组织

社会组织包括企业单位、事业单位、社会团体，它们在一定条件下也可以成为国家安全行政受体。企业法人是指以营利为目的的经济组织。企业法人广泛分布于国民经济的各个行业、各个部门，从事工业、农业、商业、交通运输、建筑、金融等行业的各种工厂、公司、商店等都属于企业法人的范畴。事业单位法人是指社会各项事业，拥有独立经费或者财产的各种社会组织。如中央和地方的新闻、出版、广播、电影、电视机构、图书馆、博物馆、艺术团体、各级各类学校、各种科研机构以及医药卫生、体育等单位。社会团体法人是指除企业法人、机关法人、事业法人以外的，拥有独立财产或者经费的各种社会组织。如各种群众团体，包括工会、共青团、妇联、行业协会、学术研究团体、宗教团体、各种基金会组织等。我国《国家安全法》第三条第二款规定："……各社会团体及各企业事业单位组织，都有维护国家安全的义务。"

3. 在中国境内具有中国法人资格的外国组织、境外组织

在中国境内具有中国法人资格的外国组织包括外国政治组织、经济组织和文化组织等。按性质划分主要有两大类：一类是国家组织，如外交机构；另一类是包括经济组织和文化组织在内的社会组织，如境外在华投资企业、境外在华的商社、金融保险机构，以及境外在华的律师事务所、会计事务所等信息、中介、服务机构。外国组织成为我国行政受体通常以其在我国境内为前提条件。所有在我国境内的外国组织都必须遵守我国的宪法和法律，服从我国政府的管理和监督，因而在国家安全行政活动中，它们属于国家安全行政受体。

（四）其他组织

1. 不具有法人资格的组织。包括不具有法人资格的中国组织和不具有中国法人资格的外国组织、境外组织，也可以成为国家安全行政受体。尽管社会团体的分支机构、代表机构、民办非企业单位等不具有法人资格；国际组织、境外非政府组织在华常驻机构，境外在华商会组织，境外在华常驻新闻机构，境外在华办事处、培训中心等组织也不具有法人资格，但这些组织在国家安全行政活动中，可以成为国家安全行政受体。

2. 境外间谍组织。对这类组织危害我国国家安全的活动，国家安全机关应进行刑事侦查，对入境并有现实危害我国国家安全活动的境外间谍组织人员，在侦查取证的前提下，有的要予以刑事打击。但是，根据危害程度以及隐蔽斗争的需要，国家安全行政主体也可以对其进行行政处置。在这种情形下，境外间谍组织及其人员则成为国家安全行政受体。

3. 敌对组织。即敌视中华人民共和国人民民主专政的政权和社会主义制度，危害国家安全的组织。这类组织在境内往往处于隐蔽的地下状态，或者是以社会团体、企业事业单位为掩护进行敌对活动；在境外往往以各种社会团体为名，进行反华活动。同敌对组织的斗争，既需要运

用刑事手段，又需要利用行政法律武器。因此，敌对组织也可以成为国家安全行政受体。

4．民族分裂组织。即从事煽动民族仇恨和民族歧视、分裂祖国活动的组织。民族分裂组织在活动的特征上往往表现为境内外相勾结，对这类组织，国家安全机关要依法开展刑事斗争，同时也要根据个案和具体人员的危害程度以及分化、争取的需要，不予刑事追究，而进行行政处置。在这种情形下，被处置的对象则成为国家安全行政受体。

5．“会道门”。是对我国旧社会遗留下来的打着宗教信仰的幌子，从事秘密政治活动的组织的总称。如一贯道、青红帮、大刀会等。这些秘密组织一般以某某会、某某道、某某门为名者居多，故各取其中最后一个字，统称为“会道门”。其特点：一是封建性，即会道门产生于我国封建社会，发展于半殖民地、半封建社会，是封建社会制度下意识形态的产物。其内部实行封建家长制的统治机制，等级森严；一般以师徒传承方式结成，以宗教信仰为掩护，用封建戒律和门规控制门徒。二是政治性，即会道门打着宗教信仰的幌子，在一般封建迷信活动的掩护下，进行秘密的政治活动和各种违法犯罪活动。对参与会道门组织及活动的人员应当根据不同的情况区别对待，对其活动已构成犯罪的依法追究刑事责任；不构成犯罪的给予国家安全行政处罚。

6．邪教组织。即冒用宗教、气功或者其他名义，采用各种手段扰乱社会秩序，危害人类、危害社会的组织。当前，“法轮功”等邪教组织已成为境外敌对势力进行反华活动的重要政治工具。邪教组织和会道门都打着宗教的旗号，都具有迷信色彩，其活动都是以公开掩护秘密，但其历史渊源和具体活动内容有所不同。在我国，邪教组织和会道门都不属于宗教派别，都是非法的组织，必须依法坚决取缔。根据全国人大常委会关于取缔邪教组织、防范和惩治邪教活动的决定，对邪教组织，国家安全机关要履行职责，依法开展刑事斗争。同时，也要运用国家安全行政法的武器与之作斗争。在这种情形下，邪教组织及其人员则成为国家安全行政受体。

7. 境外宗教组织中的反华势力和宗教极端势力。对于这些宗教势力，国家安全机关同样要运用刑事与行政的法律武器开展斗争。

除以上组织外，凡国家安全行政主体根据职责需要对其开展工作的其他组织，都可以成为国家安全行政受体。

第三节 国家安全行政受体的法律地位

行政受体的法律地位是通过其在行政法律关系中的权利和义务体现出来的。国家安全行政受体的权利和义务分为两类：一类是国家安全行政受体作为普通的自然人或者组织所具有的法定权利和义务；另一类是国家安全行政受体作为国家安全行政主体的相对方所具有的专门的权利和义务。前一类不是本书研究的范围，国家安全行政受体的法律地位是通过其在国家安全行政法律关系中的权利和义务体现出来的，所以我们主要论述国家安全行政受体的后一类权利和义务。

一、国家安全行政受体的权利

国家安全行政受体的权利是指由国家安全行政法律规范规定的，在国家安全行政法律关系中能为一定行政行为和要求行政主体履行一定义务的权利，这种权利是宪法赋予当事人的基本权利在国家安全行政法律关系中的具体体现。在国家安全行政法律关系中，国家安全行政受体的权利同时表现为行政主体的义务。因此，行政受体的权利和行政主体的义务是相辅相成的。

根据我国有关行政法律规范以及行政法的发展趋势，国家安全行政受体享有以下行政法的权利：

（一）行政参与权

国家安全行政受体有权依法参与国家安全行政管理，并有权依法参与相应的行政程序活动。如：1974年《捷克和斯洛伐克保安法》第二节规定，保安局在执行自己的任务时，要与公民进行合作，并争取他们依照本法的规定积极参加完成任务；保安局机构和人员在行使自己的权力时，有权要求国家机构、国家和集体组织予以协助，有权要求社会组织和其他社会机构予以协助。1991年《罗马尼亚国家安全法》第十七条规定，为保障国家安全，各部、其他所有国家机关、公共和私人部门中的组织应国家安全领域中的职能机构要求，在他们履行职责时提供必要的支持，允许他们接触所拥有的能够提供有关国家安全方面情报的资料。我国《国家安全法》第三条第三款规定："国家安全机关在国家安全工作中，必须依靠人民的支持，动员、组织人民防范、制止危害国家安全的行为。"国家安全机关在维护国家安全的工作中不能只靠自身的力量，而要始终注意发动和组织人民群众，让人民群众自觉地同危害国家安全的行为作斗争，从而有效、及时地防范、制止危害国家安全的行为。国家安全行政受体在国家安全行政活动中的参与权主要表现于三个方面：其一，发现有危害国家安全的行为或者违反国家安全行政法的行为，行政受体有权向行政主体——国家安全机关报告；其二，行政受体有权制止正在实施的危害国家安全的行为；其三，在国家安全机关的指导下，健全组织内的保密安全防范机制，加强教育管理，防范危害国家安全行为，并且在国家安全机关开展专门工作时，行政受体有权提供协助与配合。

（二）行政申请权

国家安全行政受体有权依法律规定提出申请审核。例如，涉及国家安全的建设项目的建设单位和使用单位有权依法向主管部门——国家安全机关或授权组织申请给予审核。

（三）行政监督权

国家安全行政受体有权依法对国家安全机关及其工作人员的违法失职行为提出建议、批评、控告、揭发。我国《宪法》第四十一条规定："中华人民共和国公民对于任何国家机关和工作人员，有批评和建议的权利；对于任何国家机关和工作人员的违法失职行为，有向有关国家机关提出申诉、控告或者检举的权利，但是不得捏造或者歪曲事实进行诬告陷害。"由此可见，对于国家安全机关和工作人员的活动进行监督是宪法赋予公民的一项基本权利。依据这一宪法精神，我国《国家安全法》第二十二条第一款规定："任何公民和组织对国家安全机关及其工作人员超越职权、滥用职权和其他违法行为，都有权向上级国家安全机关或者有关部门检举、控告。上级国家安全机关或者有关部门应当及时查清事实，负责处理。"《俄罗斯国家安全法》第二十一条也规定："社会组织和公民有权依照法律的规定了解有关国家安全机关活动的情况。"1992 年《哈萨克斯坦共和国民族安全机关法》规定，劳动集体、舆论界和新闻界有权了解民族安全机关的维护国家安全的情况。

（四）行政保护权

国家安全行政受体有权要求国家安全机关在其职责内保护自己的合法权益。我国《国家安全法》第五条规定："国家对支持、协助国家安全工作的组织和个人给予保护"；第二十二条第二款规定："对协助国家安全机关工作或者依法检举、控告的公民和组织，任何人不得压制和打击报复。"《国家安全法实施细则》第十七条规定："公民和组织支持、协助国家安全工作，有权要求国家安全机关、公安机关采取有效措施，防范、制止侵犯其合法权益的行为。"1991 年《罗马尼亚国家安全法》规定，在获取国家安全所需资料中偶然了解到有关私人生活、个人名誉或者声望的情报不得公开。1992 年《哈萨克斯坦共和国民族安全机关法》规定，民族安全机关在自己的活动中必须尊重公民的宪法权利和自由；为维护国家和社会安全，只有在法律规定的情况下才能按程序限制公民的权利和自由；在非法限制公民权利和自由的情况下，民族安全机关有责任采取措施恢复公民的权利和自由，赔偿损失和追究有关人的责任；民族安全机关有责任应公民的要求对限制其权利和自由的理由作出解释；对民族安全机关及其工作人员的行动，可向上级机关、检察长和法院申诉。1992年《蒙古国家安全法》第九条规定："外国人、无国籍人依据法律规定为保护自己的利益、兴趣，可要求国家安全机关提供帮助或者为该部门提供协助。"

（五）行政受益权

国家安全行政受体有权依据法律从行政主体中获得利益。这里的利益包括财产利益、人身利益和其他利益，既可以是现实的利益，也可以是可得利益。行政受体的受益权在各国的国家安全法律中都有明确的规定。如：我国《国家安全法》第五条规定："……对维护国家安全有重大贡献的给予奖励。"《捷克和斯洛伐克保安法》第四十三条规定："如果受法庭或者人民委员会委任的人员因生命或者健康受到威胁不能执行公务并要求保护时，有关保安机关应向其提供保护。"《俄罗斯联邦侦缉行动法》第十六条规定："公民由于协助侦查机关而使本人及其亲属的生命、健康或者财产受到现时威胁时，侦查机关有责任采取必要措施，以制止这些违法行为"；"与侦查机关合作的人员有权获得报酬"；"国家保护与侦查机关签订合同并履行合同义务的人员的利益"；"合作者在签定合同期间，如果以此为主要职业，则应计入其工龄，还有权领取养老金"。《哈萨克斯坦共和国民族安全机关法》第二十八条规定："公民因参与维护国家安全工作而受伤或者死亡的，经民族安全机关申请，由国家财政拨款给予残废抚恤金或给予其被供养者发放养老金，其家庭和被供养者同样获得一次性补助。"

（六）行政救济权

国家安全行政受体认为国家安全机关及其工作人员的具体行政行为侵犯了其合法权益，有权依法申请行政复议、提起行政诉讼，并有权依法申请行政赔偿或补偿。我国《国家安全法》第三十一条规定："当事人对行政拘留决定不服的，可以在一定期限内，向作出处罚决定的上一级国家安全机关申请复议；对复议决定不服的，可以在一定期限内向人民法院提起诉讼。"《国家安全法》第九条第二款规定："国家安全机关为维护国家安全的需要，必要时，按照国家有关规定，可以优先使用机关、团体、企业事业组织和个人的交通工具、通信工具、场所和建筑物，用后应当及时归还，并支付适当费用；造成损失的，应当赔偿。"《蒙古国家安全法》规定，工厂、行政部门、机关及公民在保障国家安全中，有权向有关部门和国家安全机关提出意见或申诉。《前苏联国家安全机关法》第四条规定："国家安全机关在进行各项活动时，必须严格尊重公民的权利和自由。为维护国家安全利益而限制公民权利和自由时必须严格执行苏联和各共和国法律的规定"；"对国家安全机关及其工作人员侵害公民权利的违法行为可以向上级国家机关控告，或者按照法律程序向法院起诉"。

二、国家安全行政受体的义务

国家安全行政受体作为国家安全行政法律关系的主体一方既享有一定的权利，同时必须承担一定的义务。国家安全行政受体在行政法上应承担的义务具体表现为：

（一）遵守国家安全行政法律规范的义务

行政法律规范是形成行政法律关系的前提，国家安全行政法律规范对国家安全行政受体的义务有明确的规定，包括禁为性义务和必为性义务。如：我国《国家安全法》第二十条规定："任何个人和组织都不得非法持有属于国家秘密的文件、资料和其他物品"；第二十一条规定："任何个人和组织都不得非法持有、使用窃听、窃照等专用间谍器材"。《俄罗斯国家安全机关法》第十七条规定：国家安全机关的合作者"不得故意提供假情报和诽谤性情报"；"不得泄露在支援国家安全机关过程中获悉的受法律保护的机密"。《蒙古国家安全法》第九条规定：蒙古公民在保障国家安全中，"不得泄露法律确认的国家、机关、个人的机密"；等等。这些规定就属于禁为性义务。而我国《国家安全法》第十五条到第丨九条规定，即"机关、团体和其他组织应当对本单位的人员进行维护国家安全的教育，动员、组织本单位的人员防范、制止危害国家安全的行为"；"公民和组织应当为国家安全工作提供便利条件或者其他协助"；"公民发现危害国家安全的行为，应当直接或者通过所在组织及时向国家安全机关或者公安机关报告"；"在国家安全机关调查了解有关危害国家安全的情况、收集有关证据时，公民和有关组织应当如实提供，不得拒绝"；"任何公民和组织都应当保守所知悉的国家安全工作的国家秘密"。《蒙古国家安全法》规定，蒙古国公民"如国家安全遭受各种意外事件时要及时向国家安全机关报告"；"必要时对国家安全机关人员执行公务给予帮助"。这些规定就属于必要性义务。因此，只有国家安全行政受体自觉遵守国家安全行政法律规范，才能保持正常的国家安全行政秩序。

（二）接受和服从国家安全行政管理的义务

国家安全行政受体对行政主体——国家安全机关的行政行为必须服从，即使认为行政主体的行政行为不合法或不合理，在经过法定程序变更或撤销之前，行政受体不得拒绝执行。接受管理还包括依法接受国家安全行政处罚、人民法院行政裁判以及执行有关行政决定等。

（三）协助执行国家安全行政的义务

国家安全行政受体对行政主体——国家安全机关依法实施的行政行为有义务支持并配合。我国《国家安全法》第十六条规定：“公民和组织应当为国家安全工作提供便利条件或者其他协助”；该法第十七条、第十八条还规定，公民和组织在发现危害国家安全行为，或者在国家安全机关调查了解危害国家安全的情况、收集证据时有及时报告、如实提供的义务。与《国家安全法》所规定的有关国家安全机关在国家安全工作中的职权相对应，国家安全行政受体都有提供便利条件和其他协助的义务。《蒙古国家安全法》第九条也规定，蒙古国公民在保护国家安全中，必要时对国家安全机关人员执行公务给予帮助。《捷克和斯洛伐克保安法》第四十七条规定：“保安局机构和人员在行使自己的权力时，有权要求国家机关、国家和集体组织予以协助”；该法第四十八条规定：“保安局机关和成员在执行任务时，有权要求社会组织及其机构予以协助”，“保安局成员在遇到危险时，有权向任何人要求帮助，被要求者有义务提供帮助”。

（四）保守国家安全工作的国家秘密的义务

国家安全行政受体有保守国家秘密和国家安全工作秘密的义务。我国《宪法》明确规定，公民必须保守国家秘密。根据宪法精神，我国《保守国家秘密法》进一步明确规定，一切国家机关、武装力量、政党、社会团体、企业事业单位和公民都有保守国家秘密的义务。《国家安全法》第十九条规定：“任何公民和组织都应当保守所知悉的国家安全工作的国家秘密。”国家安全工作国家秘密是指在国家安全工作中，关系到国家安全和利益，在一定时间内限部分人员知悉，并经法定程序确定的事项。任何公民和组织对于从各种渠道得知的，无论因工作得知的，还是偶然得知的国家安全工作的国家秘密，都不得以任何方式扩散、传播，对所经管的国家安全工作的国家秘密事项应当严格依照保密法的规定办事。《俄罗斯对外情报机关法》规定，大众传播工具掌握的有关对外情报机关活动的材料中不应含有涉及国家秘密或其他受法律保护的机密材料；不得泄露对外情报机关的活动情况，给对外情报机关及工作人员造成物质和精神损失的应当赔偿。《蒙古国家安全法》也规定，蒙古国公民在保障国家安全工作中，不得泄露法律确认的国家、机关、个人的机密。当然，不是所有的国家安全工作都是国家秘密。在国家安全工作中，只有关系到国家安全和利益，在一定的时期内限部分人员知悉，并经过法定程序确定为国家秘密的事项，才属于国家安全工作的国家秘密。国家安全工作秘密不仅包括国家安全行政活动（工作计划、手段等），也包括国家安全人员的身份。国家安全行政受体如果将国家安全人员，尤其是情报人员的身份泄露出去，也构成泄露国家安全工作秘密，应当承担相应的国家安全法律责任。①

① 参见1982年《美国情报人员身份保护法》第六百零一条规定。

第四章

国家安全行政行为论

第一节 概 述

一、行政行为的概念

行政行为的概念最初出现在法国。法国资产阶级在大革命后确立了“三权分立”原则的政治体制，把行政机关在行政管理活动中针对具体事项作出并对行政受体具有法律上的约束力的处理决定称为行政行为。在法国，行政行为起初仅指行政机关的单方面处理行为，到19世纪中叶，行政行为受到公共服务理论的影响，它才作为“一种本质上为行政受体或者更广泛的社会公众提供服务为目的的公务行为，不能因为它的权力因素将其定义局限为主权者单方面的命令”。[①] 自1826年起，德国法学家引入了法国行政行为这个概念，并且将其发展成为一个德国的概念。根据德国行政法学的开山始祖奥托·迈耶（Otto Mayer）的理解，行政行为是指行政机关于个别事件中决定某个权利主体的权威性宣告。

① ［法］狄骥著：《宪法论》，钱克新译，商务印书馆，1962年版，第469页。

由于这一界定并不明确，致使嗣后的德国行政法学者引发了很多争论和思考。[①] 为尽可能地统一对行政行为概念的认识，德国于 1976 年颁布了《联邦德国行政程序法》，以法律的形式将行政行为定义为行政机关规范公法领域的个别情况采取的具有直接的对外效力的处分、决定或者其他官方措施。[②] 日本早在明治维新时期就引入德国行政行为概念，但对行政行为概念的理解最后形成了“最广义说”、“广义说”、“狭义说”和“最狭义说”等多种学说。目前“最狭义说”为日本的通说，即“行政行为是行政厅依法或基于职权针对具体情况单方强制作出并直接处分国民权利与义务的具体行为”。[③] 这一概念将立法行为，公法上契约、合同行为等排除在行政行为的概念之外。可见，日德两国在行政行为的理解上基本一致。我国台湾地区承袭日本，对行政行为概念的理解也存在“最广义说”、“广义说”、“狭义说”和“最狭义说”，但行政行为是一个特定的概念，而且行政行为是行政处分这一法律用语的上位概念，而行政处分的概念则与德日行政行为概念的表述基本一致。

综上所述，行政行为作为一个学术概念无疑是一个具有争议的概念，多视角对它的认识、理解，对我国行政行为概念的认识也产生了直接的影响。

“行政行为”的概念引入我国之后，国内学者们对行政行为的界定各抒己见，而我国目前对之又尢立法上的界定，因而我国对行政行为概念的理解分歧较大，也存在“最广义说”，又称为“行政主体说”，即行政行为是指行政机关所采取的全部行为；“广义说”，又称为“行政权说”，即运用行政权所作的行为；“狭义说”，又称为“公法行为说”，即

① 翁岳生著：《行政法与现代法制国家》，台湾大学法学丛书编辑委员会，1979 年版。

② 应松年主编：《外国行政程序法汇编》，中国法制出版社，1991 年版，第 178 页。

③ 胡建淼著：《比较行政法：20 国行政法评述》，中国法制出版社，1998 年版，第 177 页。

行政行为是具有行政法意义或者效果的行为。[①] 我国行政法学界对行政行为的界定，无论是“广义说”，还是“狭义说”，由于知识限度、认识视角等因素，都不免存在一定的缺陷。“最广义说”虽然从形式上将行政机关的行为与立法机关和司法机关的行为有所区分，但是该说并不能说明行政机关作出的不同性质的行为，遗漏了作出行政行为的法律法规授权组织以及其他行政主体。“广义说”虽然说明了行政行为与行政权有一定的联系，但是行为总是一定主体的所为，享有行政权的主体除了行政机关外，还有其他国家机关和社会组织。“狭义说”虽然将私法行为和事实行为排除在行政行为的范围之外，但是将行政行为归结为应当是行政主体的一种合法行为，显然违背法理。我们认为，行政行为作为行政法学的一个专有概念对其存在不同的理解或者表述是理论研究的必然，通过百家争鸣，才能揭示行政行为的本质内涵。随着行政法学的发展，特别是行政程序法典化的兴起及其行政诉讼法制的健全，行政行为从一个法学概念日渐成为具有确定内涵和外延的专门的法律用语，因此对此界定或者理解就不应当是随意的，必须符合行政法制精神和行政活动的客观规律，遵循同一律，否则对行政行为的界定各行其是，随意解释，就失去其理论研究价值，同时必将对司法实务界带来灾难性后果。我们的理解是：行政行为首先是行政主体的行为，行政主体不仅包括行政机关，还包括法律法规授权的组织或个人；行政行为与行政职权密不可分，这里的职权不仅指国家行政权，而且还包括法定社会组织和一定的个人享有的公行政权。

二、国家安全行政行为的含义

基于上文理解，行政行为实质上是行政主体依其职权实施行政管理的行为，包括行政法律行为、行政事实行为和准法律行为。

---

① 李牧主编：《中国行政法学总论》，中国方正出版社，2006 年版，第 172 页。

所谓国家安全行政行为，是指国家安全行政主体为实现国家安全行政目的、行使行政职权所实施的行为。国家安全行政行为是行政行为的一种，是行政行为概念在国家安全行政法学中的具体体现。它具备行政行为概念的基本要素，同时也具有自身的不可覆盖、不可代替的特点。

国家安全行政行为的基本特征是：

1. 国家安全行政行为是国家安全行政主体所作的行为，这是国家安全行政行为的主体要素。一般情况下，只有国家安全机关才能作出国家安全行政行为，社会团体、企事业单位所作的行为不能称为行政行为。只有那些为了国家安全和利益，依法行使国家安全行政权的国家安全机关，或者被法律法规授权的组织或者个人在其被授权的范围内才可以作为国家安全行政主体。

国家安全行政行为的主体专属性，确定了国家安全行政管理权的归属，只有行政主体的行为才可归属于行政行为。

2. 国家安全行政行为是国家安全行政主体行使职权、实施行政管理的行为，这是国家安全行政行为的职能要素。国家安全机关的活动可以分为两大类：其一是民事活动，这是国家安全行政主体以平等的民事主体出现，遵守民事法律规则，不能享受行使行政职权的权力，如国家安全机关采买办公用品等；其二是实施国家安全行政管理活动，这种活动才能称之为国家安全行政行为。国家安全行政行为，体现了国家安全行政主体的职能特点。

3. 国家安全行政行为是法律行为，是国家安全行政主体依据法律规定所作的直接或间接产生行政法律后果的行为，这是国家安全行政行为的法律要素。国家安全行政行为是国家安全行政主体代表国家所实施的行为，法律性是国家性的体现。国家安全行政主体必须依法行政，由此产生的法律效果，应得到国家强制力的保障。

国家安全行政行为的法律后果，有时是直接、有时是间接地表现出来的。一般而言，具体行政行为是国家安全行政主体与行政受体直接产生权利义务关系，直接产生法律后果。而创制行政规范的行为的法律后果，在绝大多数情况下，需要通过国家安全行政主体的执法活动才可以实现。

三、国家安全行政行为的分类

我国行政法律学界对行政行为的分类由于出发点不同以及所采用的标准不同而划分出各种不同类型的行政行为。[①] 考虑到行政法制的实践和行政行为分类的实用性，按照行政行为分类的一般理论标准，我们对国家安全行政行为进行分类，这种分类的目的在于明确不同行政行为的性质。

（一）行政规范创制行为和具体行政行为

以国家安全行政行为的方式方法为分类标准，可以将国家安全行政行为分为行政规范创制行为和具体行政行为，这是行政法学上最重要的分类之一。

行政规范创制行为是指国家安全行政主体，主要是国家安全机关为维护国家安全而制定和发布普遍性行为规范的行为。在我国，主要指国家安全机关制定行政规章、发布具有普遍约束力的决定、命令等。它一般不针对特定对象，而是规定在特定情况和条件下，国家安全机关和行政受体的行为规则和权利义务关系，它具有普遍约束力，也被称为行政立法行为。

具体行政行为是指国家安全行政主体针对特定对象，并对其权利义务产生影响的行为。具体行政行为在我国行政程序法（草案）中又称为“行政决定”。在最高人民法院关于行政诉讼的司法解释中，对具体行政行为作了如下界定：具体行政行为是指国家行政机关和行政机关工作人

---

① 在行政行为的分类上，其种类多达二十多种。参见许崇德、皮纯协主编：《新中国行政法学研究综述》，法律出版社，1991年版，第190—195页。

员、法律法规授权的组织、行政机关委托的组织或个人在行政管理活动中行使行政职权，针对特定的公民、法人或其他组织，就特定的具体事项，作出的有关公民、法人或其他组织权利义务的单方行为。对象的特定性、直接影响个人或组织的权利义务，是具体行政行为的两大特点。

行政规范创制行为与具体行政行为都属于行政行为的范畴：一方面，前者为具体行政行为提供了依据和准则；另一方面，后者使行政规范创制行为所设定的普遍性规则得以贯彻和实施。当然，两者也有一些明显的不同。①

（二）内部行政行为和外部行政行为

以国家安全行政行为作用的对象为标准，可以将国家安全行政行为划分为内部行政行为和外部行政行为，这也是行政法学上重要的分类之一。

内部行政行为是行政主体对隶属于自身的组织、人员和财务的一种管理，如上级公务员对下级公务员发布命令、指示；上级行政机关对下级行政机关报告的审批等。外部行政行为也被称为公共行政行为，是行政主体对社会行政事务的一种管理。内部行政行为体现为国家的自我管理，外部行政行为则体现了国家对社会的管理；内部行政行为发生在行政主体内部或行政机关与其公务员之间，外部行政行为则发生于行政主体与行政受体之间。

我国目前只对外部行政行为引起的行政争议，行政受体才可以申请行政复议或者提起行政诉讼，对于内部行政行为引起的行政争议，尚不能通过行政救济途径来解决。因此，行政行为的这种分类，对国家安全行政复议、行政诉讼或者行政赔偿的理论研究以及实践具有一定的实在意义。

---

① 杨解君主编：《行政法学》，中国方正出版社，2002 年版，第 189 页。

（三）羁束行政行为和自由裁量行政行为

以国家安全行政主体主观意志参与程度为标准，可以将国家安全行政行为划分为羁束行政行为和自由裁量行政行为。

羁束行政行为是指法律在对行为适用条件有明确而详细规定的条件下，行政主体严格依照法律作出的行政行为。羁束行政行为的特点在于行政主体无法参与主观意志，没有自由裁量的余地。自由裁量行政行为是指法律规定了行为的原则或行为的幅度，行政主体可以在法律规定的范围或者幅度内自由裁量作出行政行为。如我国《国家安全法》第二十六条规定，对于明知他人有间谍犯罪行为，在国家安全机关向其调查有关情况、收集有关证据时，拒绝提供的，可以由其所在单位或者上级主管部门予以行政处分，或者由国家安全机关处十五日以下拘留。国家安全机关给予多少日的拘留处罚，应由国家安全机关视具体情况而定，因而国家安全机关的这种处罚行为属于自由裁量行政行为。

划分羁束行政行为和自由裁量行政行为的意义在于：其一，羁束行政行为只发生违法与否的问题，不发生适当与否的问题，而自由裁量行政行为一般只发生是否合理的问题；其二，羁束行政行为接受行政审查和司法审查，而自由裁量行政行为一般只接受行政审查。根据我国现行《行政诉讼法》规定，人民法院只对具体行政行为的合法性进行审查，而对具体行政行为是否合理问题一般不予审查。

（四）要式行政行为和不要式行政行为

以法律对国家安全行政行为的形式要求为标准，可以将国家安全行政行为划分为要式行政行为和不要式行政行为。

行政行为是通过一定的形式而存在的，行政行为赖以存在的形式有口头形式、书面形式和默示形式。当法律法规对行政行为采用什么形式有特别要求时，这类行政行为即属于要式行政行为。如国家安全机关的行政处罚行为必须要有行政处罚决定书，并应当符合行政处罚决定书的格式、加盖国家安全机关的公章或者国家安全行政首长签署及日期等。当法律法规对行政行为采用什么形式没有特别要求时，这类行政行为即属于不要式行政行为。如国家安全机关的工作人员对违反国家安全法律的人员给予口头警告的行为等。

要式行政行为必须遵守法律法规对其形式上的要求，否则便构成形式违法，而不要式行政行为则不会发生形式违法问题。这样的划分在今天仍很有意义，在行政行为内容合法的条件下，形式违法同样能直接损害行政受体的合法权益。因此，行政行为形式违法应当构成法院审查范围和撤销的理由。

四、国家安全行政行为的效力

（一）国家安全行政行为的效力

行政行为的效力是行政行为的生命，符合生效要件的行政行为才能在法律关系中发生作用，并获得国家强制力的保障。因此，对行政行为的效力的研究，不仅有助于行政行为理论体系的健全与完善，而且还能为我国行政程序法的制定提供理论支撑。对行政行为的效力的界定过去一直缺乏深入的探讨和研究。近年来，随着行政法学理论研究的深入以及行政法制实践的需要，法学界对行政行为的效力的研究已引起重视，对行政行为的效力的界定存在着“法律效果说”、[①] “约束力说”[②] 和“作用力说”。[③]“法律效果说”将行政行为的效力等同于行政行为的法律效果，忽视了两者在本质、表现形态等方面的差异。正如有些学者所言，行政行为的效力与法律效果之间有着密切的关系：前者是后者实际

① 应松年主编：《比较行政程序法》，中国法制出版社，1999 年版，第 132 页。

② 熊文钊著：《现代行政法原理》，法律出版社，2000 年版，第 266 页。

③ 杨海坤、章志远著：《中国行政法基本理论问题研究》，北京大学出版社，2004 年版，第 215 页。

产生的保障，后者是前者的直接目的。但是，两者之间的区别也是十分明显的：法律效果指权利义务关系的设定、变更或者消灭，其本质是一种状态，这种状态是由于效力作用的结果，具有直观性；而效力则是促成一定效果产生的力量，其本质是一种作用力，这种作用力始终蕴涵在行政行为过程之中。可见，行政行为的效力不能与法律效果简单的等同。[①]“约束力说”将行政行为的效力的部分内容来代表全部，并用“合法成立”来限定行政行为的效力，犯了语意重复的错误。“作用力说”克服了上述两种学说的不足，但是“作用力说”将行政行为的效力界定为“具有产生一定法律效果的特殊作用力”并不能揭示这种作用力所产生影响的全部内容或全部结果。因为，行政行为的效力作为一种特殊的作用力，作为一种效果产生的力量，其产生的效果不仅仅是“法律后果”，而且还有可能产生“事实后果”。因此，我们认为，行政行为的效力是指对行政主体及外界所发生的一种具有一定效果的影响力。国家安全行政行为的效力是指对国家安全行政行为及外界发生的一种具有一定效果的影响力。

关于行政行为具有哪些法律效力的问题，我国法学界学说纷呈，有“三效力说”、“四效力说”和“五效力说”。[②]无论是哪种学说，我国学者对其都提出了质疑，这说明我国行政行为的效力理论仍不成熟，我们

① 杨海坤、章志远著：《中国行政法基本理论问题研究》，北京大学出版社，2004年版，第216页。

② “三效力说”是我国早期行政法学界的通说，即行政行为的效力包括确定力、拘束力和执行力。“四效力说”是目前行政法学界的通说，即行政行为的效力包括公定力、确定力、拘束力和执行力。参见罗豪才主编：《行政法学》，北京大学出版社，1996年版，第112页。也有主张“四效力说”包括公定力、不可改变力、执行力和不可争力。参见杨海坤、章志远著：《中国行政法基本理论问题研究》，北京大学出版社，2004年版，第218页。“五效力说”包括先定力、公定力、确定力、拘束力和执行力。参见叶必丰著：《行政法学》，武汉大学出版社，2003年版，第194页。也有的主张“五效力说”包括公定力、拘束力、执行力、不可争力和不可变更力。参见胡锦光等著：《行政法专题研究》，中国人民大学出版社，1998年版，第56页。

认为，行政行为的效力概括为下列四方面的内容，即公定力、确定力、拘束力和执行力比较科学。

1. 公定力

行政行为公定力的概念在我国大陆、台湾地区以及日本早有学者论述。我国学者大多认为行政行为公定力是指行政行为一经成立，不论是否合法对任何人都具有被推定为合法有效而予以尊重的效力。[①] 台湾学者和日本学者一般都认为行政行为公定力是指行政行为一经作出，除无效的情况或原则上在被有权机关撤销之前，任何人都应当承认其效力。[②]以上对行政行为公定力代表性的界定虽有表述上的差异和一定的理念上的分歧，但其基本的实质的内涵是一致的，即行政行为一经作出，任何组织或者个人都具有服从、不可抵抗的效力。行政行为公定力的这一特质根源于行政活动以及行政主体地位的特殊性。因此，我们认为行政行为的公定力指的是行政行为一经作出，除经法定程序被撤销或宣告无效，对任何组织或者个人都具有尊重、服从和不可抵抗的效力。公定力实质上是一种假定或者推定为合法有效的法律效力。行政行为一经作出应当首先视为具有合法有效的法律效力。即使行政行为事实上是违法的或者自始是无效的，在未经过法律程序被撤销或被认定无效前，行政受体都不得否定其效力，并有服从和不可抵抗的义务。同时，公定力又是一种对世的法律效力，它不仅是对行政主体与行政受体双方而言的一种法律效力，而且是对其他组织或者个人而言的一种法律效力，即要求其他机关、组织或者个人对行政主体所作出的行政行为予以尊重，不得任意否定。

2. 确定力

行政行为的确定力又称不可变更力，它是指已经生效的行政行为对

---

① 姜明安主编：《行政法与行政诉讼法》，北京大学出版社，1999 年版，第 155 页。

② 陈秀美著：《行政诉讼法上有关行政处分之研究》，司法周刊社印行，1994 年版，第 131 页；［日］南博方著：《日本行政法》，杨建顺译，中国人民大学出版社，1988 年版，第 33 页。

行政主体和行政受体所具有的不受任意改变的效力，即行政行为一经作出就有相对的稳定性，不经法律程序不能改变或撤销。行政行为的确定力与公定力不同，行政行为的公定力是确定力的前提，没有公定力就没有确定力；公定力是一种推定的法律效力，而确定力是一种实际的法律效力；公定力是一种对世（对任何人）的效力，而确定力只对行政主体与行政受体的效力。行政行为具有确定力或不可变更力，并不是说行政行为绝对不可以变更。行政行为依法可以改变的情况主要包括：(1) 行政复议。基于行政受体的行政复议申请，复议机关作出行政复议决定，对原具体行政行为予以撤销或变更具体行政行为。(2) 行政诉讼。人民法院依照行政诉讼程序判决撤销或变更具体行政行为。(3) 其他方式。因具体行政行为确属违法或不当，有权机关可以主动撤销或变更，如上级行政机关、同级或上级国家权力机关对行政行为的撤销或变更等。

3. 拘束力

行政行为的拘束力也称约束力，是指行政行为一经作出，对行政主体和行政受体均有约束的效果。行政行为的拘束力包括对行政主体的拘束力和对行政受体的拘束力。对行政主体的拘束力表现在行政行为生效后，行政主体同样受其拘束，如国家安全机关对企业实施国家安全行政许可后，国家安全机关就不得对该企业在许可范围内的事项进行干涉。行政行为首先是针对行政受体作出的，因此行政行为的拘束力首先是针对行政受体。对于生效的具体行政行为，行政受体必须严格遵守、服从和执行，不得违反或拒绝，否则要承担相应的法律后果。如国家安全机关对行政受体作出处罚决定生效后，行政受体必须履行，否则国家安全机关可以加重处罚或者强制执行。

4. 执行力

行政行为的执行力又称为实现力，是指已经生效的行政行为要求行政主体和行政受体对其内容予以实现的法律效力。行政行为的执行力是行政行为内在的一种法律效力，是行政行为效力不可缺少的内容。行政行为的执行力表现为自行执行力和强制执行力。自行执行力是指行政行为具有的要求义务主体自行履行所负义务的法律效力；强制执行力是指行政行为具有的强制义务主体履行所负义务的法律效力。这里的义务主体不仅指行政受体，也指行政主体。当行政主体不履行行政行为设定的义务时，行政受体可以经过法定程序要求有权机关责令其履行；当行政行为为行政受体设定义务，行政受体不履行该项义务时，行政主体可以依法直接强制执行或者申请人民法院强制执行。

（二）国家安全行政行为的生效要件

生效是行政行为自身运行过程中的重要一环，是指行政行为在符合一定的条件时开始产生效力。生效包括形式生效和实质生效。形式生效是指行政行为一旦作出对行政主体或者行政受体产生形式效力；实质生效是指行政行为的内容在现实中得到履行而产生的实质效力。学术界将生效分为：即时生效，即行政行为一经作出就立即生效的情况；告知生效，即行政行为必须告知行政受体以后才能生效；受领生效，即行政行为经过行政受体受领之后才能生效；附款生效，即行政行为自附款的法律事实发生之时生效。无论是哪种生效情形，行政行为的生效必须符合一定的要件，就是行政行为能否产生法律效力的必要条件，只有符合生效要件的行为才是能产生法律效力的行政行为。主要包括以下四个要件：

一是主体要件。主体要件是指作出行政行为的主体必须合法，作出行政行为的行政主体必须是依法成立、享有行政管理权能的主体。主要指：由人民代表大会产生或列入国务院编制序列的国家安全机关、被法律特别授权的机关或组织以及个人等。

二是职权要件。职权要件是指作出行政行为的行政主体，必须享有作出该行政行为的法定职权。作出不在该主体法定职权范围以内的行政行为，就是超越职权。

三是内容要件。内容要件是指该行政行为的内容必须合法。制定行政规范时，规范的内容必须与法律法规和上级行政规范的规定和精神相一致，不得超越。作出具体行政行为时，必须依据法律法规或者规章以及合法的其他规范性文件。

四是形式要件。形式要件包括两个方面：一是要求国家安全机关或者其他行政主体作出行政行为应当符合法律法规规定的形式要求；二是要求国家安全行政主体作出行政行为的程序必须合法，符合法律规定的步骤、方式、方法、时限和顺序。

（三）国家安全行政行为的撤销、变更、废止和终止

行政行为一经作出即具有法律效力，将对行政主体和行政受体发生作用。但是，有些行政行为在作出之后，由于情况变化必须变更或废止；有些行政行为由于违法或有瑕疵，必须撤销或变更。

1. 行政行为的撤销

行政行为的撤销，是指已经发生法律效力的行政行为，经有权机关依法定程序予以撤消使其失去效力。撤销的原因一般是由于该行政行为本身含有违法或不当的因素。如主要证据不足，适用法律、法规或者规章错误，违反法定程序，超越职权或滥用职权等。因此，撤销不仅将使该行政行为往后失去效力，而且大都具有溯及力。被撤销的行政行为自始至终不具有法律效力。

2. 行政行为的废止

行政行为的废止是指有权机关依据法定程序废止已经生效的行政行为，使其往后失去法律效力。废止的原因一般是由于形势的变化，原行政行为已经不能适应新的情况。如国家安全机关将一些不适应新情势的规范性文件予以废止。

3. 行政行为的变更

行政行为的变更是指对已经生效的行政行为的部分内容加以改变，而并非将全部行政行为予以撤消或废止。变更的原因是由于某行政行为基本上合法，但有部分违法或不当；或者是由于形势的变化，已经生效的行政行为有一部分不适应新形势的要求。

4. 行政行为的终止

行政行为的终止也称行政行为的消灭，是使行政行为失去效力，不同于废止的是，终止一般是自然失去效力。终止的原因主要是对象消失、行政受体不再存在、期限届满以及任务完成等因素。

第二节 国家安全行政立法

一、国家安全行政立法的涵义及特征

行政立法是指国家行政机关依法定权限和法定程序制定行政法规、规章的活动。“行政立法”的“行政”，是指立法的主体是行政机关；“行政立法”的“法”，是指所立之法为行政法规和行政规章。[①] 国家安全行政立法，主要是指国家安全机关依照法定权限和法定程序制定行政规章的活动。

行政立法既具有立法的性质，是一种从属立法行为，即相对于具体行政行为而言，行政立法是设定行为规则模式、具有普遍约束力并能够产生法律效力的行为；其又具有行政性质，立法主体、立法内容和立法程序都具有典型的行政特性。行政立法是一种创制行政规范的行为，必须依照法定权限和法定程序进行。

行政立法包括行政法规、部门规章和地方政府规章。这些行政立法在法律效力上并不处于同一层级，行政法规是由国务院制定颁布的，其法律效力高于部门规章和地方政府规章。行政级别高的行政机关制定的规章的效力，通常高于行政级别低的行政机关制定的规章的效力。相同

① 在我国法学界，行政立法有四种界定。参见应松年主编：《行政行为法》，人民出版社，1993年版，第40页；罗豪才主编：《行政法学》，北京大学出版社，1996年版，第142页。

级别行政机关制定的规章，应根据职权划分的原则，各行政机关只能就自己管辖的事务制定规章。相同级别行政机关制定的规章如果相互发生冲突，由国务院裁决。

国家安全机关制定的规章的效力低于行政法规。国家安全机关制定的规章如果与其他部委规章或地方规章发生冲突时，应报请国务院裁决。

二、国家安全行政立法的分类

按照不同的标准，可以对行政立法作不同的分类。

（一）职权立法和授权立法

行政立法就其实质而言，均是授权立法。但依所授权力来源的不同，可以分为职权立法和授权立法。行政机关直接依据宪法或者组织法所赋予的立法权制定行政法规和规章即为职权立法；行政机关依据特定法律、法规的授权，或依据国家权力机关通过的专门决议的授权，制定行政规范性文件即为授权立法。如 1999 年 10 月 7 日国务院颁布了《商用密码管理条例》第二十六条规定："国家密码管理委员会可以依据本条例制定有关的管理规定。"即属于此类立法。

（二）中央行政立法和地方行政立法

依据行使行政立法权的主体的不同，可以将行政立法划分为中央行政立法和地方行政立法。在我国，国务院制定行政法规和国务院各部委制定部门规章的活动，被称为中央行政立法；中央行政立法在全国范围内具有法律效力。各省、自治区、直辖市人民政府，省、自治区人民政府所在地的市人民政府，国务院批准的较大的市以及某些经济特区市的人民政府制定地方规章的活动，被称为地方行政立法；[1] 地方行政立法只在该行政区域内发生法律效力。

（三）执行性立法和创制性立法

行政立法依照其内容不同可以划分为执行性立法和创制性立法。行政机关就基本法律或一般法律规定实施办法、实施细则，明确具体法律规范的确切含义和适用范围的，被称为“执行性立法”。这种立法是对法律、法规的具体化和明确化，便于实际操作，一般称为“实施条例”、“实施细则”或者“实施办法”等。由于它是执行性立法，执行特定的法律法规，具有寄生性或附属性，因此当法律法规失效时，该执行性立法也同时失去法律效力。行政机关就法律尚未规定的事项制定行政法规或规章的行为，被称为“创制性立法”。创制性立法由于是一种产生新的法律法规的活动，要为行政受体创设法律法规未作规定或者与法律法规规定不同的权利义务关系，因此创制性立法必须有权力机关的特别授权。

比照于上述行政立法的理论分类以及根据我国国家安全行政立法的实际，我们可以看出，国家安全机关行政立法属于中央行政立法，并在大多数情况下属于一般授权立法和执行性立法。

三、国家安全行政立法的程序

我国目前尚未制定统一的行政立法程序法，国务院曾制定颁布了《行政法规制定程序暂行条例》，在其中规定了制定行政法规的基本程序，国家安全机关在制定与国家安全工作相关的规章时，可以参照执行。

① 参见《中华人民共和国立法法》第六十三条规定。

（一）编制立法规划

编制立法规划，又称立项。它是指国家安全机关事先把需要制定的立法项目列入立法计划，以克服国家安全行政立法中的盲目性。行政立法所调整的社会关系广泛而复杂，可以进行行政立法的部门机关很多，立法不能一哄而上，必须分轻重缓急，分阶段、分步骤地进行，无论是中央立法还是地方立法均需要编制行政立法规划。国务院行政法规五年规划和年度规划，由国务院法制办公室编制。国务院各部委的规章制定规划，由相应部委的法制部门编制，并报部委首长审定。国家安全部隶属于国务院，其规章制定规划应由其法制部门编制，并由国家安全部部长审定。

（二）起草

行政立法一般由相应政府主管部门起草。立法起草小组可以吸收有关的学者专家或社会团体的代表参加。国家安全机关起草国家安全规章，应当深入调查研究，总结国家安全工作中的实践经验，应当抛弃那种陈腐的、机械的“保守保密”观念，广泛听取有关机关、组织和公民的意见；涉及国家安全机关和其他部门的职责或与其他部门关系密切的，国家安全机关应当充分征求其他部门的意见；国家安全机关与其他部门有不同意见的，应当充分协商，经过协商不能取得一致意见的，起草单位或者国家安全机关应当在上报规章草案送审稿时说明情况和理由。

（三）征求意见

为了使行政立法反映人民的意志和利益，应该在立法过程中充分听取执法工作者的意见，充分听取人民的意见，特别是利害关系人的意见和有关法律专家的意见；应建立相应的征求意见的制度，包括听证制度、咨询制度、立法草案公布制度等。

（四）审查和审议

行政立法草案经部门主要负责人签署后应报行政立法机关审议。在正式报审前，立法草案应交相关法制部门审查，审查范围应包括立法的必要性和可能性、立法草案的内容以及立法起草程序等。

（五）发布

经政府会议审议通过或政府首长审定的行政法规和规章，应由行政首长签署发布令，在政府公报或通过新闻报道媒介发布。国家安全规章应当经过部务会议或者委员会会议决定。审议规章草案时，由国家安全部法制办（局）或者起草小组作说明。法制机构或者起草小组应当根据有关会议审议意见对规章草案进行修改，形成草案修改稿，报部门首长（部长）签署予以公布。公布国家安全规章的命令应当载明该规章的制定机关、序号、规章名称、通知日期、施行日期、部门首长署名以及公布日期。国家安全部与其他部门联合制定的规章应当由有关联合制定的部门首长共同署名公布，使用主管机关的命令序号。国家安全行政规章公布后，部门公报或者国务院公报和全国范围内发行的有关报纸应当及时予以刊登。

四、境外国家安全行政立法考量

一般意义上，国家安全行政法就是有关国家安全行政管理的法，其目的是建立或者维护符合广大人民利益和意志的国家安全行政法律秩序。国家安全行政法不仅要保证国家安全机关对公民及国家安全行政事务进行有效的管理，而且要保证其必须依法进行管理。因此，世界各国都十分重视国家安全行政立法。下面就一些国家的国家安全行政立法作一阐述。

在美洲，美国开展国家安全行政立法早于其他国家，1947 年 7 月，美国就颁布了《国家安全法》。该法主要规范美国国家安全机构的组织体制和职权范围。根据该法设立了中央国家安全行政主体即“美国国家安全委员会”和“中央情报局”；为了规范美国国家安全局组织机构和达到其他目的，1959年经参、众两院联席会议批准通过，又颁布了《美国国家安全局法》；1978年颁布了为获得外国情报，规范在美国国内以外国情报为目标的电子侦察的《外国情报侦察法》；为加强对外国驻美外交人员的监视，1982年颁布了《外交使团法》、《12333号总统行政命令》和保护从事机密情报工作人员的《情报人员身份保护法》；1983年颁布了联邦调查局关于主管在国内从事情报收集活动，负责和协调国内的反间谍工作的国内安全调查新准则；为加强对外国势力的监控，还制定了《对外情报监视法》。巴西在1953年颁布了《国家安全法》；1964年颁布了《巴西国家情报法》；1988年颁布了《巴西国家情报局条例》。1989年加拿大颁布了《建立加拿大安全情报局法》。1992年阿根廷颁布了《国家安全法》以及为确立国家情报体制、组织和职能的《阿根廷国家情报体制法》。

在欧洲，前苏联为制止苏联公民向外国提供情报，于1984年颁布了一项《关于禁止向外国提供情报的法令》；1987年前苏联开始制定《国家安全法》和《国家安全委员会条例》；1991年颁布了《苏联国家安全机关法》。苏联解体后，俄罗斯接管了前苏联的国家安全机关，建立了俄罗斯国家安全部和对外情报局。俄罗斯不仅重视国家安全机构的建设，而且十分重视国家安全行政立法，仅在1992年一年里就颁布了四部有关国家安全行政方面的法律法规：3月5日的《俄罗斯联邦国家安全法》、3月13日的《俄罗斯联邦行动侦缉法》、7月8日的《俄罗斯联邦国家安全机关法》和《俄罗斯联邦对外情报机关法》；1994年俄罗斯颁布了《反间谍局条例》；1996年俄罗斯又颁布了《俄罗斯联邦国外情报法》；2004年，俄罗斯还制定了12个国家安全行政法规，如《国家安全部组织条例》和《对外情报局组织条例》。英国于1985年颁布了《英国通信监听法》；1988年颁布了新的《官方保密法》；1989年颁布了《国家安全机构法》。德国在1986年颁布六项国家安全行政法律法规，包括联邦宪法保卫局法、情报合作法、联邦军事反间谍局法等；1989 年又颁布了几项关于国内安全的法令，如《关于游行和恐怖分子法》，《禁止蒙面人参加游行法》；《邮政改革法》规定将电话监听的范围扩大到私人电话和图像电话。罗马尼亚 1991 年颁布了《国家安全法》；1993 年颁布了《罗马尼亚情报局组织法》。前南斯拉夫于 1984 年颁布了《国家安全制度基本法》。1977 年意大利颁布了《安全情报机关组织条例和关于国家秘密的规定》。

在亚洲，各国都为保障其安全颁布了各种形式的国家安全法律。日本于 1985 年颁布了《日本防谍法》、《日本秘密保护法》。韩国有关国家安全行政立法比较完备，1961 年制定了《中央情报部法》；1980 年将中央情报部改称为国家安全企划部，并将《中央情报部法》也改称为《国家安全企划法》；为规定危及国家安全的反国家活动，以确保国家安全和国民的生存和自由，1980 年 12 月颁布了《韩国国家保安法》；1981 年颁布了《韩国情报及保安业务的计划、调整规程》。此外，泰国于 1974 年颁布了《国家安全条例》。蒙古于 1992 年颁布《国家安全法》。印度也于 1980 年公布了《国家安全法》。

第三节　国家安全行政执法

一、国家安全行政执法的含义及特征

行政执法作为一个法学概念已经被人们普遍接受，但对其含义，在我国学术界又有不同的理解。[①] 我们认为，行政执法是指行政机关执行

① 参见许崇德、皮纯协主编：《新中国行政法学研究综述》，法律出版社，1991 年版，第 293 页；罗豪才主编：《行政法学》，中国政法大学出版社，1999 年版，第 172 页；姜明安著：《行政执法研究》，北京大学出版社，2004 年版，第 8 页；杨惠基著：《行政执法概论》，上海大学出版社，1998 年版，第 3 页。

法律、法规及规章的行为。国家安全行政执法是指国家安全机关依法作出的直接影响行政受体的权利义务，或对行政受体权利义务行使和履行情况进行监督检查的行为。其基本特征：

1. 国家安全行政执法的主体主要是国家安全机关，国家安全行政执法活动是国家安全机关行使职权的活动，属于国家安全机关的具体行政行为。

2. 国家安全行政执法的主要内容是依法行使职权维护国家安全。其具体执法方式可以分为两类：一是由国家安全机关依法作出决定，直接影响行政受体的权利义务；二是对行政受体是否依法正当行使权利和履行义务的情况进行监督检查。

3. 国家安全行政执法是国家安全机关与行政受体之间发生的法律关系，是一种双方关系，一般以国家安全机关单方意思表示为特点。

国家安全行政执法对国家安全机关而言是实施国家安全行政管理的手段和方式，对行政受体来说，其是否合法直接影响行政受体的合法权益。因此，科学地规范国家安全行政执法无论对国家安全行政主体，还是对行政受体都有重要意义。

二、国家安全行政执法的依据、冲突及解决原则

国家安全行政的特殊性决定了国家安全行政执法的依据。作为国家安全行政执法依据的“法”，我们必须从广义上来理解，即除了法律形式的“法”以外，还包括决定、指示及其他规范性文件。[①] 国家安全行政执法的依据之间经常发生矛盾或冲突的情形，寻求解决国家安全行政执法依据的冲突规则，对国家安全机关正确适用执法依据，维护国家安全和社会稳定有着重要的现实意义。

国家安全行政执法是国家安全机关对危害国家安全和社会稳定的境

---

① 周佑勇等著：《保密执法的理论与实践》，法律出版社，1996 年版。

内外或境内外相勾结的各种社会力量，依法实施侦察、情报信息搜集及处置的一项专门活动。国家安全行政执法作为一种执行“法”的活动，必须要有被执行的“法”即执法依据，同时还必须正确的适用执法依据。因此，明确执法的依据及其适用规则是国家安全行政执法的前提和基础，也是实现国家安全机关依法行政的关键。

（一）国家安全行政执法的依据

国家安全行政执法就是将事先制定的有关维护国家安全和社会稳定方面的法律、法规、规章等规范性文件适用于特定的人或事项的活动。这些事先制定的行为规范即是国家安全行政执法的依据。它们是国家安全行政执法活动借以成立的依据，也是衡量国家安全行政执法行为是否合“法”的标准。

国家安全工作的特殊性决定了国家安全行政执法的依据。在对象上，主体多元化，不仅有境内，还有境内外相勾结破坏国家安全和社会稳定的各种社会力量；在性质上，矛盾复杂化，不仅有敌我矛盾，还有人民内部矛盾，且人民内部矛盾和敌我矛盾往往交织在一起。鉴此，国家安全行政执法的“法”并不是单纯指法定的法律形式，而是一个包括有关国家安全方面的各种规范性文件的大概念。故国家安全行政执法的依据土要有：

1．国家安全法律。法律有广义和狭义之分，这里仅指狭义上的法律，即国家最高权力机关制定的规范性文件，包括全国人民代表大会制定的基本法律和全国人民代表大会常务委员会制定的一般法律。国家安全法律是指国家最高权力机关制定的有关维护国家安全和社会稳定方面的法律，目前在我国主要有两类：一类是国家安全法典，即《中华人民共和国国家安全法》。该法规定了我国维护国家安全和社会稳定方面的问题，是我国第一部国家安全法典，也是我国国家安全行政执法的基本依据。另一类是具有国家安全条款的其他法律。这些法律中包含的主要是其他方面的法律规范，仅仅部分内容是有关国家安全方面的法律规范。如《中华人民共和国行政许可法》、《中华人民共和国人民警察法》、《中华人民共和国行政处罚法》、《中华人民共和国集会游行示威法》、《中华人民共和国戒严法》等。这些法律中关于维护国家安全和社会稳定的法律规范，也是我国国家安全行政法律的重要组成部分，成为国家安全行政执法的依据。

2. 国家安全法规。法规通常也有广义和狭义之分，这里所讲的国家安全法规仅指狭义上的法规，即行政法规和地方性法规。行政法规专指国务院制定的规范性法律文件，其效力低于宪法和法律，但高于地方性法规和规章。国务院制定的行政法规，其中有关国家安全方面的行政法规就是国家安全行政法规。它主要也有两类：一是专门的国家安全行政法规，目前主要有《国家安全法实施细则》，该行政法规是对《国家安全法》各项法律规定的具体化，是国家安全行政法规体系中的主干部分。二是具有国家安全行政法性质的其他单行行政法规。如《中华人民共和国集会游行示威法实施条例》、《宗教活动场所管理条例》、《社会团体登记管理条例》、《卫星电视广播地面接收设施管理规定》、《商用密码管理条例》、《行政执法机关移送涉嫌犯罪案件的规定》、《计算机信息系统安全保护条例》等。地方性法规是指特定的地方国家权力机关制定的规范性法律文件。有权制定地方性法规的特定的地方国家权力机关包括省、自治区、直辖市的人民代表大会及其常务委员会，省、自治区人民政府所在地的市和经国务院批准的较大市的人民代表大会及其常务委员会。地方性法规通常也包括民族自治地方即自治区、自治州和自治县的人民代表大会制定的自治条例和单行条例。地方性国家安全法规主要有专门的地方性国家安全法规和有国家安全条款的其他地方性国家安全法规。如四川省人民代表大会常务委员会制定的《四川省涉外建设项目国家安全事项管理条例》等。地方性法规的效力低于宪法、法律和行政法规，且只能在本行政区域内有效。

3. 国家安全规章。规章分为部门规章和地方规章两类。部门规章又称专门规章，一般指国务院各部门制定的规章。地方性规章一般是有关地方人民政府，包括省、自治区、直辖市人民政府以及省、自治区人民政府所在地的市和国务院批准的较大城市的人民政府制定的规章。部门国家安全规章，即中央国家机关各部门制定的规章，它包括：一是国家安全部单独制定的或者会同中央国家有关主管部门制定的在全国广泛适用的国家安全规章，如广电部、公安部、国家安全部《卫星地面接收设施接收外国卫星传送电视节目管理办法》、《全国无线电管理委员会、国家安全部关于生产、进口、销售、使用无绳电话机的暂行管理规定》等；二是国家安全部单独制定的在国家安全系统内适用的规章，如《国家安全部机关开展反恐怖工作规定》、《关于执行紧急任务的车辆配置、使用“特别通行”标志和警灯、警报器的管理规定》、《关于国家安全机关办理行政案件程序规定（试行）》、《国家安全机关监察部门对侦察证的使用实施监督检查的规定（试行）》等；三是中央国家机关其他部门在业务主管方面制定的国家安全规章以及制定的其他规章中的有关维护国家安全和社会稳定规定的条款，如国家保密局《关于查处泄露国家秘密案件中密级鉴定工作的规定》，国家保密局、海关总署《关于国家秘密文件、资料和其他物品出境的管理规定》，中国人民银行关于《金融机构协助查询、冻结、扣划工作管理规定》等。地方性国家安全规章，数量不多，有专门的，也有分散在其他地方性规章中规定的有关国家安全和维护社会稳定的条款。

4. 国家安全规范性文件。它一般是指为维护国家安全和社会稳定，保障国家安全法律、法规、规章的有效实施而制定的决定、指示等各种规范性文件。如通知（国家安全部关于转发公安部《对不准入境人员审批、通报和处置办法》的通知）、决定（民政部《关于取缔法轮大法研究会的决定》）、指示等。对于国家安全行政规范性文件的性质，学者们有不同的看法。有的认为，国家安全行政规范性文件本身具有法律的性质，应当作为国家安全行政执法的依据；也有人认为，国家安全行政规范性文件不具有法律的性质，非经国家制定认可的规范性文件，不能与法相提并论，没有法律效力，自然也就不能作为国家安全行政执法的依据。[①] 国家安全行政规范性文件从本质上讲不属于“法”的范畴，但在国家安全行政执法中起着不可否认的作用，特别是国家安全工作的特殊性以及在当前国家安全法律、法规和规章缺乏明确的规定或者规定得“比较原则、空洞”的情况下，可以起到具体指导国家安全行政执法的作用。它们当然成为国家安全行政执法的依据。我们认为，国家安全规范性文件，尤其是行政规章以下的规范性文件，虽然不是严格意义上的法律，但在国家安全行政执法的实践中起着不可替代的实证作用，应当成为我国国家安全行政执法的依据。“规章以下的规范性文件，只要是有权机关制定的，且不与高层级的法律文件相抵触，亦可以在执法中予以参照适用。否则，相应国家机关制定这些规范性文件还有何意义呢。”[②] 可见，抛开国家安全行政规范性文件谈国家安全行政执法，就等于打仗丢掉了手中的武器。

5. 法律解释。法律解释是指对法律规范的含义以及所使用的概念、术语、定义所作的说明和解释。它分为有权解释和无权解释。有权解释是指能够发生法律效力的解释，如全国人大常委会关于国家安全机关行使行政拘留权的解释；无权解释是指不发生法律效力的解释，如学者、律师等对有关国家安全法律所作的解释。无权解释不能成为国家安全行政执法的依据。有权解释分为四种：一是立法解释，指全国人大常委会对有关国家安全法律条文本身进一步细化、明确、补充而作的解释。如1997年全国人大常委会对《中华人民共和国行政处罚法》第十六条中“限制人身自由的行政处罚只能由公安机关行使”，而国家安全机关能否行使行政拘留权的解释，即“行政处罚法第十六条规定：‘经国务院或者国务院授权的省、自治区、直辖市人民政府可以决定一个行政机关行

① 彭贵才主编：《行政执法理论与实务》，北京大学出版社，2005年版，第168页。

② 姜明安主编：《行政诉讼与行政执法的法律适用》，人民法院出版社，1995年版，第20页。

使有关行政机关的行政处罚权，但限制人身自由的行政处罚只能由公安机关行使。’同时，行政处罚法第九条第二款规定：‘限制人身自由的行政处罚，只能由法律规定。’国家安全法第二十六条、第二十七条、第二十八条规定了国家安全机关对违法当事人可以处十五日以下的行政拘留。据此，国家安全机关自然可以依照国家安全法的规定依法行使行政拘留的职权”。二是司法解释，指最高人民法院和最高人民检察院对审判和检察工作中如何具体适用国家安全法律和法规的解释。如1987年3月最高人民法院、最高人民检察院等部门发布的《关于依法限制外国人和中国公民出境问题的若干规定》以及1987年8月《关于处理涉外案件若干问题的规定》等。三是行政解释，指国务院及国家安全部和其他主管部门对有关国家安全法律法规的适用问题所进行的解释。如1990年1月国务院对《外国记者和外国常驻新闻机构管理条例》有关规定所作的解释。[①] 四是地方解释，即有关国家安全事务的地方性法规和地方性规章中需要解释的，由各级人民代表大会以及地方人民政府主管部门进行的解释。

6. 政策。执政党的政策或者国家政策作为一定时期的治国方略，能否作为国家安全行政执法的依据，学术界看法不一。有人认为，国家安全机关如果把政策作为执法依据，这与当前的依“法”治国相悖，混淆了政策与法律的界限，容易造成执法的随意性。也有人认为，如果相应的问题没有法律规范调整，可以直接以国家政策作为依据；相应政策如果既有法律规范调整，又有国家政策规定，可以同时以相应的法律规范和政策规定作为依据。[②] 我们认为，政策的存在是任何社会的客观必然，无论是法治国家，还是“人治”国家。政策与国家安全行政法律相比有其自身的特点，政策不像法律规范那样死板，而对客观社会的反应快

---

① 参见1990年1月20日国务院关于加强外国记者管理问题的通知。

② 姜明安主编：《行政诉讼与行政执法的法律适用》，人民法院出版社，1995年版，第20页；彭贵才主编：《行政执法理论与实务》，北京大学出版社，2005年版，第168页。

速、灵活。国家安全事务复杂易变，国际间谍情报工作变化多端，作为惰性死板的国家安全法律一经制定就比较稳定，它不可能及时适应瞬息万变的客观情势；而天生反应灵敏的政策面对客观变化的情势，它能够快速、及时地作出应变。由于国家安全行政执法的特殊性、国家安全工作的特别性，国家安全行政法律不可能对国家安全事务规范得事无巨细，一些国家安全法律规范的“失控区”必须要由一定的规范调整，而国家安全行政执法的实践证明：政策正是能适应这种特殊的情势的能够弥补法律漏洞的规范。政策是国家安全行政法律的雏型，也是国家安全法律生成和实施的一种重要手段。

7. 国际条约和国际协定。国际条约和国际协定都是国家与国家之间关于双方政治、经济、文化、军事等方面规定相互权利和义务协议的总称。国际条约一般由国家元首签订，而国际协定一般则由政府首脑签订。我们国家和政府一旦与其他国家和政府签订了条约或者协定，除我国保留的事项外，国际条约或协定对国内的机关、组织和公民具有法律约束力。其中有些国际条约和国际协定涉及国家安全行政事务，成为调整国家安全行政主体与行政受体之间行政执法法律关系的行为准则。因此，在我国，国际条约和国际协定同样也是国家安全行政执法的依据。

（二）国家安全行政执法依据冲突的实证分析

国家安全行政执法依据的冲突，是指国家安全机关在适用国家安全法律、法规或者规章等行政执法依据实施国家安全行政执法行为时，由于不同的国家安全行政执法依据的规定不一致，相互矛盾，致使国家安全机关在适用这些执法依据时无所适从，出现困难。国家安全行政执法依据的冲突问题，在我国不仅客观存在，而且随着《行政处罚法》、《行政许可法》、《行政诉讼法》等法律的实施以及国家安全立法的不断发展，将表现得更加明显和突出。导致我国国家安全行政执法依据冲突的因素是多方面的，主要有：

一是立法主体广泛性。按现有法律授权，有权制定行政执法依据的主体有：全国人大及其常委会、国务院各部委、省级人大及其常委会、省政府、自治区人大及政府、国务院批准的较大城市的人大及政府、经济特区人大及政府、有行政规范性文件制定权的各级政府机关，立法主体相当广泛。由于没有对以上主体的立法权限进行明确划分，没有对各自的立法内容和范围进行明确的界定，各个立法主体之间又缺乏相应的沟通，各自立法，这势必导致法律规范之间的内容冲突或重复。

二是部门立法的本位性。从我国行政立法的程序看，一项行政法律、法规的出台，一般首先是由相关部门起草，草案出来后交国务院或者有关主管机关审核，再由国务院或者有关主管部门下发相关部门征求意见，将有关的征求意见稿返回到原起草部门，由起草部门根据所征求的意见进行修定，最后形成正式法律草案上报有权机关审议通过。作为法律、法规的起草部门出于本部门的利益，在有关法律法规的起草过程中，不可避免地要从本部门的利益出发，同时立法程序又缺少监督，对一些规定权力的法律规范体现得特别的明确、充分或者扩张，而对一些规定义务职责内容的行政法律规范，则尽力地掩埋、缩略或者限制，对一些应当承担的职责相互推托。这在最高人民法院对行政案件的审判实践中已得到了证实。另外，我国现行《人民警察法》第二章的规定则淋漓尽致地反映了部门立法的本位主义倾向十分浓厚，笔者认为应予修正。我国《人民警察法》规定，人民警察包括公安机关、国家安全机关、监狱、劳动教养管理机关的人民警察和人民法院、人民检察院的司法警察。我国人民警察法的立法目的是加强整个人民警察队伍建设，保障整个人民警察队伍依法行使职权，而不仅仅是保障公安机关一个部门的警察行使职权；整个人民警察的任务是维护国家安全，维护社会治安秩序，保护公民的人身安全、人身自由和合法财产，保护公共财产，预防、制止和惩治违法犯罪活动，不是公安机关一个部门警察的任务。权力与责任相统一，负有相应的责任或者义务，必然赋予相应的职权。从内容上看，我国《人民警察法》第二章中职权的规定仅仅是对公安机关人民警察职权的规定，享有留置盘问权的人民警察，只有公安机关的人民警察，其他机关的人民警察并无此项权力，这显然与人民警察法的内容、名称、立法目的等不相吻合，同时也暴露了起草部门立法的本位性。

三是政策性因素的影响。由于国家安全工作的变化万端，突发事件随时发生，面对新的情势，作为国家安全行政执法部门必须随即作出决断，为一时一事或者为解决某一个问题或者加强某一项工作而做出的规定有可能会导致与有关法律规范的冲突。

由于我国国家安全行政执法依据冲突的客观存在，因此寻求解决执法依据冲突的万全之策是我们法学工作者当然职责。我国目前虽然没有完整的解决执法依据冲突的体系，但已经有不少法律规定和法律原则可以适用。在审判实践中，也有一些处理惯例可以借鉴。我国国家安全行政执法依据的冲突大致有下列几种情形：

1. 属性冲突

即不同性质的国家安全行政执法依据规定不一致，在处理同一法律关系时相互冲突。主要有两类：一是专项法律规范与一般法律规范的冲突。专项法律规范与一般法律规范的冲突是指直接调整相应部门相应事项的法律规范和非直接调整该部门该事项的法律规范之间的冲突。在这种情况下，在同一等级的法律规范中一般应适用专项法。二是特别法规范与普通法规范冲突。国家安全行政执法机关在执法活动中，应当遵循特别法优于普通法的原则，优先适用特别法的规定。普通法与特别法之间的冲突。如我国《民法通则》第五条规定："公民、法人的合法的民事权益受法律保护，任何组织和个人不得侵犯"；第一百二十一条规定："国家机关或者国家机关工作人员在执行职务中，侵犯公民、法人的合法权益造成损害的，应当承担民事责任"。而我国《国家安全法》第九条规定，国家安全机关为维护国家安全的需要，可以优先使用机关、团体、企业事业组织和个人的交通工具、通信工具、场地和建筑物；第十六条规定："公民和组织应当为国家安全工作提供便利条件或者其他协助。"民法通则属于普通法，而国家安全法属于特别法。

2. 层级冲突

不同层次的国家安全行政执法依据之间的规定不一致，较低层次的执法依据与较高层次的执法依据相抵触。主要包括：一是国家安全法律、国家安全行政法规、地方性法规与国家安全规章之间的冲突。如：根据1996年10月1日《中华人民共和国行政处罚法》第九条、第十条规定，法律可以设定各种行政处罚，行政法规可以设定除限制人身自由以外的行政处罚；限制人身自由的行政处罚，只能由法律设定。可见，行政法规不得设定限制人身自由的行政处罚。而1999年7月国务院《商用密码管理条例》属于行政法规，却在该条例第二十三条规定，对泄露商用密码技术秘密、非法攻击商用密码或者利用商用密码从事危害国家安全和利益的活动不构成犯罪的，由国家安全机关依法处以行政拘留。二是国家安全规范性文件与国家安全法律、国家安全法规和国家安全规章之间的冲突等。

3. 时际冲突

同一制定机关在不同时期制定的国家安全行政执法依据之间的规定前后矛盾，即通常称为"旧法"与"新法"的冲突。如：根据1993年2月22日《中华人民共和国国家安全法》第二十七条和二十八条规定，故意阻碍国家安全机关依法执行国家安全工作任务，未使用暴力、威胁方法，情节较轻的；故意或者过失泄露有关国家安全工作的国家秘密的，国家安全机关都可以处十五日以下行政拘留。据此，国家安全机关享有行政拘留的权力。而1996年10月1日《中华人民共和国行政处罚法》却只规定公安机关才有权行使行政拘留权。根据该法第十六条规定："国务院或者国务院授权的省、自治区、直辖市人民政府可以决定一个行政机关行使有关行政机关的行政处罚权，但限制人身自由的行政处罚权只能由公安机关行使。"又如：《国家安全法》第三十一条规定："当事人对拘留决定不服的，可以自接到处罚决定书之日起十五日内，向作出处罚决定的上一级机关申请复议"；而1999年10月1日颁布的《中华人民共和国行政复议法》却规定行政复议的期限为六十日而不是十五日。根据《行政复议法》第九条规定："公民、法人或者其他组织认为具体行政行为侵犯其合法权益的，可以自知道该具体行政行为之日起六十日内提出行政复议申请。"

4. 同级冲突

即制定机关不同但效力层级相同的国家安全行政执法依据之间的规定不一致。主要包括：一是中央各部门制定的国家安全规章之间的冲突。如：1995年6月29日《公安部警车管理》第七条规定，公安机关、国家安全机关、监狱、劳动教养管理机关和人民法院、人民检察院的警车应当分别喷涂白色简称汉字"公安"、"安全"、"司法"、"法院"和"检察"；第十九条规定，对私自喷涂警车外观标志的，依据人民警察法或者治安管理处罚条例的规定处罚，并责令取消警车外观标志。可见，国家安全机关的警车应喷涂白色汉字为"安全"。而1995年10月28日国家安全部第X号通知却规定，根据《公安部警车管理》规定，国家安全机关的警车应当喷涂白色简称汉字"安全"；但是由于"安全"两字与国家安全机关现用简称"国安"不一致，为了统一使用部门简称，现决定将国家安全机关警车喷涂简称汉字改为"国安"。二是各地方人民政府制定的国家安全规章之间的各种冲突。三是各地方权力机关制定的国家安全法规之间的各种冲突。四是不同部门、不同地方但同一级别的机关制定的国家安全规范性文件之间的各种冲突等。

（三）国家安全行政执法依据冲突的解决规则

在国家安全行政执法依据发生冲突时，实践中，有些国家安全行政执法人员感到束手无策。理论上还是有一定的解决规则可寻，根据一定的行政执法规则，选择适当的执法依据加以适用，便能作出相应的合法和合理的执法行为。其选择适用国家安全行政执法依据的一般规则有：

1. 属性冲突——特别法优于普通法的规则

普通法又称一般法，是指在一国范围内，对一般的人和事均可适用的法律，如民法等；特别法是指仅限于特定的人、特定的事项或者对某一个事项作出专门的、特别的规定的法律，如国家安全法。从世界范围看，无论在法理学上，还是在法律实践中，一般都确认了“特别法优于普通法”的原则。凡对于同一事项，若同时规定于两种不同的法律，而其规定彼此又不相同即发生冲突时，应优先适用特别法的规定。如：法律就维护国家安全与公民权益同一事项作了规定，民法的目的是保障公民、组织的合法权益；而国家安全法的目的是维护国家安全，两者在不同的法律中作了不同的规定，此种情况下应先适用特别法即国家安全法的规定。“公民、组织应当为国家安全机关提供便利条件和其他协助”；“公民行使自己的权利时不得危害国家安全和利益”，即特别法排斥普通法而优先适用。但适用这一原则的前提是这两个法律规范必须是同一等级效力的，如果这个普通法是高一层级的法律，则应按照层级冲突规则，即应适用高层级的普通法。

2. 层级冲突——就高不就低的规则

就高不就低的规则，是指不同层级的国家安全行政执法依据即国家安全法律、法规和规章之间的规定发生冲突时，国家安全机关一般优先适用效力层级较高的执法依据，而不适用效力层级较低的执法依据。因此，作为国家安全行政执法机关必须弄清楚国家安全行政执法依据之间的效力等级关系（一般来说，首先必须查清楚该执法依据的出处，确定该执法依据的法律形式）. 各种国家安全行政执法依据之间的效力高低依次是国家安全法律、国家安全行政法规、国家安全地方性法规、国家安全规章。如我国《行政处罚法》第九、十条关于国家安全行政处罚权的规定与《商用密码管理条例》第二十三条规定发生了冲突，行政处罚法是全国人大颁布的，属于法律，而商用密码管理条例是国务院颁布的，属于行政法规，根据就高不就低的原则，法律的效力高于行政法规，即应当适用行政处罚法而不适用商用密码管理条例的有关规定。

3. 时际冲突——新法优于旧法的规则

又称后法优于前法的规则，是指同一制定机关在不同时期制定的国家安全行政执法依据发生冲突时，一般应优先适用颁布时间在后的执法依据，而不应该适用颁布时间在前的执法依据。按照一般的法理，新法废除旧法，调整同一问题的新法颁布实施后，相应的旧法同时失去效力；如果新法与旧法所调整的并非同一个问题，在这种情况下，新法颁布，旧法并不同时失效，而是新旧法并存，这时适用新法优于旧法的规则。如：1993 年颁布的《国家安全法》相对于 1996 年颁布的行政处罚法而言，国家安全法属于旧法，行政处罚法属于新法，《国家安全法》第二十六条、第二十七条和第二十八条关于行政拘留的规定与《行政处罚法》第十六条的规定相冲突，应适用新法即行政处罚法，而不适用国家安全法。但是，就国家安全机关行政拘留这个同一问题，1997 年全国人大常委会作出专门规定，行政处罚法虽然规定了限制人身自由的行政处罚只能由公安机关行使，然而，行政处罚法第九条同时规定，限制人身自由的行政处罚，只能由法律规定。国家安全法第二十六条、第二十七条和第二十八条规定了国家安全机关对违法当事人可以处十五日以下的行政拘留，据此，国家安全机关自然可以依照国家安全法的规定依法行使行政拘留的职权。就 1996 年行政处罚法相对于 1997 年全国人大常委会的规定而言，行政处罚法属于旧法，而 1997 年全国人大常委会的有关规定则属于新法，按照新法优于旧法的规则，国家安全机关仍然享有行政拘留的职权。同理，关于国家安全行政复议期限的规定，应当适用《行政复议法》第九条的规定，而不适用《国家安全法》第三十一条的规定。

4. 同级冲突——报请有权机关决定的规则

在同级冲突的情形下，应当如何适用国家安全行政执法依据作出相应的执法行为，目前理论界尚存争议，我国法律也无相应的规定。实践中，由于国家安全部的有关规定与中央其他部门的规定不一致，也经常发生国家安全行政执法人员与其他部门的执法人员相冲突的现象。但根据我国行政诉讼法规定，人民法院应将相互冲突的规范呈请国务院决定。那么在国家安全行政执法过程中，国家安全机关遇到有类似情况，也可按此原则办理。据此，当国家安全机关制定的有关国家安全行政执法依据与公安机关以及其他国务院各部门制定的有关规定发生冲突时，应当报请国务院决定。

三、完善我国国家安全行政执法的理论思考

国家安全行政执法必须与一国的情势相适应，针对客观现实的情势开展行政执法活动。在此仅就我国在加入 WTO 后，面对新的情况如何开展我国国家安全行政执法略陈管窥。我国加入 WTO[①] 标志着改革开放进程中的又一个里程碑，同时又进一步促进我国行政法律制度的改革，使有关行政法律制度逐步与世界接轨。然而，人们注重的只是经济、贸易、投资等经济活动的法律制度的完善，而对与 WTO 有关要求密切相关的国家安全行政法制，特别是国家安全行政执法的规范和完善仍然缺乏足够的认识。不少学者认为 WTO 只是对我国的经济、贸易、投资等经济活动的法律制度产生一定的影响，对 WTO 与国家安全工作虽有论涉，然而对 WTO 与国家安全行政执法到底有何关联、有何影响，国家安全行政执法在 WTO 背景下作哪些变革或完善却论之空泛或无所论涉。从本质上讲，WTO 协议是一种契约，[②] 目的是约束世界各成员政府将其贸易政策限制在议定的范围内，从而建立一种“非歧视的、自由的、可预见的、更具竞争性的”多边贸易体制。[③] 从法律上讲，WTO 协议直接约束的对象是政府和政府的行为，因此作为政府的职能部门，国家安全机关及其行政执法行为与 WTO 及其相关原则必然存在着紧密的关联性。WTO 框架下的多边贸易体制对国家安全行政法律理念和制度提出了一系列新的要求，而这必将进而对国家安全行

---

① 中国加入 WTO 主要以 Protocol on the Accession of China 和 Working Party Report on China's Accession 等一系列法律文件为标志。

② WTO 协议主要包括：GATT1994、GATS 和 YRIPS 等规则。

③ 世界贸易组织秘书处：《贸易走向未来》，法律出版社，1999 年版，第 3 页。

政执法提出一系列新要求。从最本质意义上，WTO规则所提出的一系列新要求，对进一步规范国家安全行政执法既是一种挑战，同时又是一种机遇。在此仅仅以规范或完善国家安全行政执法为视角，结合WTO所规定的透明度原则，对我国国家安全行政执法中几个亟待解决的问题略陈管窥。

（一）透明度原则对国家安全行政执法的基本要求

透明度原则（Transparency）是WTO的基本原则之一，GATT、GATS和TRIPS等均有明确的规定。其总的要求是，成员方在对外贸易管理方面增强透明度，政府管制机构（执法主体）与管制程序公开、中立性，要公布具有普遍适用性质的法律、法规、贸易协定以及行政决定，WTO的许多协议都要求成员方政府在其国内公开法律、法规和做法（administrative practices），或者将政策和做法通知WTO。WTO通过贸易政策审查机制对成员方进行定期的监督，以保证成员方切实履行公开义务和通知义务。关于透明度的基本要求，在《中国加入世界贸易组织的议定书》（Protocol on the Accession of China）和《世界贸易组织中国工作组报告》（Working Party Report on China's Accession）中规定了以下几方面的内容：第一，中国应当公布所有与贸易有关的法律文件和行政措施，并依请求向所有的WTO成员方提供这些文本。除非在特殊情况下，法规的公布和提供都必须在其实施之前的合理时间内进行；如果不能公布，也应当将此信息予以公布；并且应将对上述各方面的任何修改立即向贸易理事会进行“通知”（notification）。第二，中国应当设立一个定期出版的官方公报（an official journal）公布所有与贸易有关的法律、法规以及其他措施，公布行为应当在法律、法规实施之前的合理时间内进行，以便相关的当事人发表评论。第三，中国应当明确建立或指定“咨询点”（an enquiry point），使个人、企业和其他成员方能够获取这些与贸易有关的法律文件和行政措施的所有信息；这些信息一般应当在提出申请后30天内提供。在特殊情况下，答复应当在收到申请后的

45天内作出。[①]

从行政法治和透明度原则的基本要求看，我国国家安全行政执法在一些基本的理念和规范方面需要进一步与国际接轨。就国家安全行政法治背景而言，需要进一步强化国家安全高于一切和保障行政受体合法权益的理念；需要强调国家安全法制的权威性、公开性和可预测性，抛弃“以言代法”、“权大于法”的陈腐观念；需要加强国家安全法律和各种管制性规范内容的理性化。就透明度原则基本要求而言，需要增加国家安全法律与各种规则制定过程的透明度；需要国家安全行政执法主体的公开、规范，执法依据的公开性；需要国家安全行政执法过程的合理化、效率化和规范化等等。因此，WTO情形下我国国家安全行政执法需要在理念、方式、程序等方面作相应完善或变革。

（二）国家安全行政执法的完善或变革

根据以上透明度原则的具体要求，我国国家安全行政执法的完善或变革应当侧重以下几方面：

第一，国家安全行政执法主体的规范化。要使国家安全行政执法行为接受法律的调整和约束，不仅需要为这种行政执法行为设定权利义务的法律规范，而且需要进一步明确承担这些权利义务的主体。世界各国因政治制度法律文化等各异，因而对行政执法主体的理解也不同。在德国，行政执法主体“是通过赋予特定行政组织以权利能力从而使其成为行政法权利义务的归属主体”。据此，行政执法主体可包括行政组织和自然人。[②] 在法国，行政执法主体与其是否能够独立实施行政职务所产生的责任相联系。据此，行政执法主体包括国家、地方团体和公务法人。[③] 在日本，行政执法主体指有权利义务从事行政，并能以自身的名

---

① Protocol on the Accession of the People's Republic of China. [s]. Section2 (c).

② ［德］哈特穆特·毛雷尔著：《行政法总论》，高家伟译，法律出版社，2000年版，第499页。

③ 王名扬著：《法国行政法》，中国政法大学出版社，1998年版，第31页。

义与责任从事行政的团体。它包括国家、地方公共团体和行政法人及公合组织。[①] 我国理论界对行政执法的主体作了较为严格的限制，只有行政机关和被法定授权的组织才可能作为行政执法主体，从而将国外不认同的国家和地方的主体以及个人排除在行政执法主体之外，这与国际上通行的行政执法主体的概念不一致，也在法律主体、责任主体的确立和法律制度的构建上留下了诸多的漏洞。我国加入 WTO 后，国家安全机关作为 WTO 规则和行政法律制度的主要执行者之一，其行政执法主体资格范围必须明确、规范。1983 年以来，国家安全部和地方国家安全厅、局作为“原始的行政执法主体”独立开展国家安全行政执法活动，为维护国家安全和社会稳定起到了重要的作用。前几年，国家安全机关内部进行调整，形成了垂直领导、两级管理体制，地、市级国家安全机关整合后归于省级国家安全机关的“直属机构”、“派出机构”、“工作站(处)”，县级国家安全机关大多被撤销。进行调整之后的“直属机构”、“派出机构”或“工作站（处）”有的仍然以原地、市级国家安全机关名义对外开展行政执法活动，有的却以省国家安全机关的名义对外执法；以地、市国家安全机关名义执法的“直属机构”、“派出机构”或“工作站（处）”以为自己是“派生的行政执法主体”，仍有执法主体资格（因为原地市国家安全机关的名称、办公场所、人员以及相关法律文书仍然存在)；而以省国家安全机关名义开展行政执法的“直属机构”、“派出机构”或“工作站（处）”以为经过国家安全机关内部体制变革后自己丧失了执法主体资格。造成国家安全行政执法主体实践上的混乱，是因为理论上对国家安全行政执法主体资格的认识不清，以及对这些“直属机构”、“派出机构”或“工作站（处）”缺乏明确的法律规范。从行政法制理论上，这些“直属机构”、“派出机构”或“工作站（处）”是否具有国家安全行政执法主体资格，就要看其能否以自己的名义行使行政

① ［日］室井力著：《日本现代行政法》，吴微译，中国政法大学出版社，1995 年版，第 272 页。

职权，并能否独立承担因实施国家安全行政权而产生的法律责任。行政执法主体资格的取得途径主要有两个：一是依照组织法的规定，即依照宪法或组织法而设立的社会组织；二是依照组织法以外的法律法规授权。一般来说，除非有明确的法律规定或者法律法规授权，国家安全机关的“派出机构”、“内部机构”、“直属机构”以及“工作站（处）”一般都不具有国家安全行政执法主体资格，都不能直接以自己的名义对外开展国家安全行政执法活动。即使这些“直属机构”、“派出机构”或“工作站（处）”接受具有行政执法主体资格的国家安全部或省级国家安全机关的委托并在受委托的范围内开展国家安全行政执法活动，这些“直属机构”、“派出机构”或“工作站（处）”仍然不能以自己的名义独立行使国家安全行政执法权。因为“委托的结果是：受委托的组织要遵守委托的行政主体的指令，其决定和活动直接归属于委托的行政主体”，这一点对国家安全行政诉讼或者赔偿具有特别重要的意义。从法治和透明度原则的基本要求看，“徒法不足以自行”，国家安全行政法律和WTO有关规则的有效实施离不开相应的行政执法主体。传统体制下的国家安全行政执法主体由于处在神秘的氛围中而保持着权威，许多活动都处于不公开的状态，从机构设置、人员安排、职责权限，到权力的运行规则和方式，以至执法程序都不为外人所知，虽然这种神秘产生了所谓的权威，但也同时产生了距离和隔膜。很显然，要适应WTO的新形势，透明国家安全行政执法主体，按照法律和科学管理的规律要求国家安全行政执法主体科学、合理配制和分配权力，准确定位地方国家安全行政执法主体的地位，设置符合现代国家安全行政管理科学的行政体制，理顺纵向关系、授权关系与委托关系以及内部关系，规范国家安全行政执法行为是新时代构建“阳光政府”和走进法治的强烈要求。这不仅合乎国家安全行政执法的“自身利益”，而且符合人们的普遍诉求，改善国家安全行政执法环境，保证有关国家安全法律、法规和措施以“统一（uniform）、公正（impartial）和合理（reasonable）的方式”实施。

第二，国家安全行政执法依据的公开性。国家安全行政执法就是将有关国家安全法律规范性文件适应于特定相对人或事项的活动。国家安全行政执法作为一种执行“法”的活动，首先必须有被执行的依据“法”，如果没有“法”，国家安全行政执法如同空中楼阁而无基点。因此，明确执法的依据是行政执法的前提。从法理上讲，作为“法”就应当“布之于百姓”，让人们明确其权利和义务，知道哪些是法律提倡的，哪些是法律禁止的。目前，在国家安全行政执法过程中，还存在很多的“信息禁区”，诸如“内部指示”、“内部措施”和“内部批复”等文件，这些所谓的“内部文件”往往冠之以“秘密”、“机密”或“绝密”名义而不得外传，却作为执法依据。这些做法与国家安全法治的基本精神和WTO规则以及透明度原则不相符，也容易产生“神秘感”。诚然，这些“内部文件”具有“国家意志性”和“强制性”，在我国目前国家安全法制还不够完善的情况下，虽然对国家安全法律法规起到了一定的补充细化作用，但它们在内容、程序、名称、结构和效力等方面与国家安全法律法规有着本质的区别。为改变这种状况，我国《立法法》和《行政诉讼法》从宏观上已经做了一定的努力，但仍很不够。在保守国家安全工作的国家秘密的前提下，需要修订我国有关国家安全工作的保密法规，建立相关的国家安全行政信息公开的一系列制度。具体而言，除了国家安全法律、法规必须在专门的公报上公布外，有些以前作为国家安全行政执法的“秘密武器”，对外具有普遍约束力的其他行政规范性文件应当公开的必须公开。当然透明度并不是绝对的“脱光全部衣服”，根据外国的做法，WTO成员在公布及向WTO有关机构报送本国贸易法律资料时有一定的取舍，透明度原则须公布的仅限于具有普遍适用效力的法律文件，而不包括个案处理结果及不具有普遍适用性质的文件，对于涉及国家安全、商业秘密、个人隐私等的资料可不予公布。

第三，国家安全行政执法程序的有序性。透明度原则不仅要求国家安全行政执法依据的公开和通知，而且必然要求实施这些依据时所应经过的步骤、阶段、顺序及时限等过程也必须公开有序。如果缺乏有序的行政执法程序，透明度原则的要求就很难落到实处。国家安全行政执法的公正性必然要求执法程序的有序性，行政执法程序在国家安全行政法治中起着不可忽视的作用，国家安全行政执法的依据更多的是依据程序法，依法行政实质上是依照程序法行政，“程序先于权利”（remedies precede rights）。“程序过程合法的理念显得比实体合法更重要，从而确保行政权力的正当行使。”[①] 有序的执法程序是正确选择和适用国家安全法律，从而也是执法公正的根本保障。因为有序的程序可以排除在选择和适用国家安全法律过程中的不当偏向；有序的程序本身就意味着它具有一套能够保障国家安全法律准确适用的措施和手段，并且由此能够形成保障国家安全法律适用的常规机制。[②] 国家安全行政法制和 WTO 规则要求，国家安全行政执法程序必须遵循一定的“游戏规则”，从案件的受理、立案、调查取证、裁决到告知权利、时效、救济等过程都必须有序，要改变中国封建法律文化遗留下来的重实体、轻程序执法理念，要纠正当前国家安全行政执法中以刑事程序开始立案，而以行政程序处理结案这种不合法的状况，加强国家安全行政执法程序立法，填补行政执法程序真空与漏洞。如果国家安全机关在行政执法过程中，遵循正常有序的程序……又如果存在某些措施防止这个机构滥用权力，那么这个国家（机构）就有一个有效的行政法律制度。[③]

应当指出的是，适应 WTO 所规定的透明度原则要求规范和完善国家安全行政执法，并不仅仅是为了保障我国政府履行 WTO 所规定的义务。从根本上讲，保障国家安全行政执法一定的透明度，是维护国家安全和社会稳定，保护行政受体的合法权益，避免腐败，提高国家安全行政执法质量，达到“谋略执法”的必由之路。从国际角度看，透明度可

---

① ［美］伯纳德·施瓦茨著：《行政法》，徐炳译，群众出版社，1986 年版，第 67 页。

② 顾培东著：《社会冲突与诉讼机制》，四川人民出版社，1991 年版，第 3 页。

③ Edgar Bodenheimer. Jurisprudence the Philosophy and Method of the Law. U. S. A：Harvard university Press，1997.

以使我们的国家安全行政执法活动更好地吸取国外有益的经验和做法，扬长避短，增强其他国家对我国国家安全法律制度的理解程度；从国内角度看，透明度可以使公众对国家安全行政执法有更清楚的理解，消除神秘感，增强国家安全意识，创造良好的外部行政执法环境，维护国家安全。

第四节 几种国家安全具体行政行为检讨

一、国家安全行政检查

（一）国家安全行政检查的含义

国家安全机关要开展国家安全工作，必须了解情况，获取信息。为适应这一要求，国家安全机关就必须具有获取信息或调取有关材料的权力，这一权力即是通常理解的行政检查。行政检查是行政机关在行政执法活动中经常采用的一种手段。在国外，行政检查与“行政调查”相似。[①] 在我国，行政检查作为一种制度，一方面有利于国家安全机关开展国家安全工作；另一方面，它又可能影响行政受体的合法权益。因此，必须对这一制度进行规范调控。行政检查是指行政机关为实现行政管理职能，对行政受体是否遵守法律和具体行政处理决定所进行的检查。国家安全行政检查，是指国家安全机关为了维护国家安全，对行政受体是否遵守法律和国家安全行政处理决定所进行的检查。

国家安全行政检查的意义在于：其一，行政检查是国家安全行政执法的重要手段之一。不严格进行检查，实际上就是将法律法规或行政处

① ［日］盐野宏著：《行政法》，杨建顺译，法律出版社，1999年版，第183页；王名扬著：《美国行政法》，中国法制出版社，1995年版，第325页。

理决定处于无人过问的状态，建立国家安全行政法律秩序也就无从谈起。其二，行政检查是作出正确的行政强制执行和行政处罚决定的前提和基础。在这种情况下，行政检查就是调查研究，不进行检查或不严格进行检查，就无法了解行政受体的守法情况，对于积极守法者无法表彰，对于违法者也无从处理，国家安全机关也就无法进行行政执法活动，在行政执法领域里维护国家安全也就成为空谈。

（二）国家安全行政检查的内容

国家安全行政检查是国家安全机关重要的执法手段之一，是国家安全机关对行政受体是否遵守国家安全法律法规和国家安全行政处理决定所进行的检查。国家安全行政检查从内容上讲，主要包括以下几个部分：

第一，调查、询问有关情况及查验身份证明。我国《国家安全法》第七条规定，国家安全机关的工作人员依法执行国家安全工作任务时，经出示相应证件，有权查验中国公民或者境外人员的身份证明；向有关组织和人员调查、询问有关情况。1992 年《蒙古国家安全法》第十三条规定，国家安全机关为完成基本任务，防止国家安全遭受损失，根据本法规定，可以深入机关、居民住宅，在公务员和居民中进行调查、取证。1991 年《前苏联国家安全法》第十四条规定，国家安全机关有权向各部、国家委员会、部门、企业、机关、组织和社会团体查询和获取为维护国家安全的职责所必需的信息资料。

第二，检查身份不明的嫌疑人员及其随带物品。如 1974 年《捷克和斯洛伐克保安法》第二十一条规定："如果无法用其他方法确定陌生人的身份，保安局成员有权要求他（她）容忍对其采取必要的行动，如印下指纹、拍照、自外部测量身体及某个部位，以及检查特殊的身体标志。"1992 年《蒙古国家安全法》第十三条规定，国家安全机关在特殊情况下，可以对人身、物品和运输物品进行检查，检查和拘留审查与案件牵连的人；检查制止未经批准、未予登记的电台和利用其他技术设备同外国机关和人员进行联系的活动。我国《国家安全法实施细则》第十一条规定，国家安全机关工作人员依法执行国家安全工作任务时，对发现身份不明、有危害国家安全行为的嫌疑人员，可以检查其随带物品。

第三，查验组织和个人的电子通信工具、器材等设备、设施。如：1991年《前苏联国家安全法》第十四条规定，国家安全机关为完成其职责，有权查验苏联境内发布未登记和违反规定的资料或者违反保密规定泄露国家秘密的广播电台。我国《国家安全法》第十一条规定，国家安全机关为维护国家安全的需要，可以查验组织和个人的电子通信工具、器材等设备、设施。对查验中发现的不符合维护国家安全要求的电子通信工具、器材等设备、设施，可以责令有关组织和个人进行必要的技术处理。

（三）国家安全行政检查的形式和程序

国家安全行政检查从形式上讲，可以是一般检查和特别检查。一般检查包括实地检查和书面检查，国家安全机关在实施行政检查时，可以询问行政受体或其他相关的人员，可以查阅和调阅相关的文件和资料。特别检查是对某些特殊内容进行的国家安全事项检查，如对身份不明、有危害国家安全行为的嫌疑人员及其随带物品的检查等。特别检查往往会涉及到公民、组织的重大权利，因此必须要有法律的明确授权和明确的程序性规定或特殊的批准，并要求执法机关必须严格执法、依法办事。国家安全行政检查的程序应包括立项、出具执法身份证明、说明有关情况和执法依据并出具相关法律文书等环节。

二、国家安全行政许可

（一）国家安全行政许可的含义

行政许可是行政机关依据行政受体的申请，依法准许行政受体从事某种活动的行政行为，通常是通过授予书面证书的形式赋予行政受体以某种权利能力，或确认具备某种资格。[①] 国家安全行政许可，是指国家安全机关依据行政受体的申请，依法准许行政受体从事某种与国家安全相关活动的行政行为。

行政许可的法律特征在于：第一，行政许可是一种赋权行为，即行政许可是赋予行政受体一定的权利或资格，免除一定义务的行政行为。行政受体因获得某种特定的资格和权利，同时特定的义务也被免除。第二，行政许可以“行政禁止”为前提，对一般人禁止而对特定人解除禁止的做法就是行政许可。行政许可是以法律的禁止为前提而存在的，许可就是对禁止的解除。第三，行政许可是一种依申请行政行为，即没有行政受体的申请，行政机关不得主动给予。第四，行政许可通常为要式行政行为，即在大多数情况下，法律要求行政许可采用书面形式，如持枪证、出入境证等。

实行行政许可证制度的意义在于，国家可以通过行政许可制度建立经济秩序、进行宏观控制；对于国家安全机关而言，通过对行政许可的适用可以加强对特种行业和特种器材的控制和管理。

（二）国家安全行政许可的内容

行政许可制度是一种有效的管理和控制手段，但国家安全机关参与利用行政许可制度进行国家安全事项管理的规定较少，参与许可的范围较窄、程度不深。从相关行政规章和国家安全执法实践看，主要包括以下两个方面：

第一，卫视管理。包括对卫星地面接收设施接收外国卫星传送电视节目的管理，也包括对卫星电视广播地面接收设施的管理。《卫星地面接收设施接收外国卫星传送电视节目管理办法》第六条规定，由广播电

---

① 学术界对行政许可一般含义的界定见仁见智。可参见杨海坤、章志远著：《中国行政法基本理论问题研究》，北京大学出版社，2004年版，第314—318页。

视厅（局）核准颁发《卫星地面接收设施接收外国卫星传送电视节目许可证》，并由审批单位报广播电视部、公安部和国家安全部备案，国家安全机关负责对卫星地面接收设施的技术检查。从法学的角度来分析，国家安全机关并不具备完全意义上的行政许可权。

第二，涉及国家安全的建设项目的审查。涉及国家安全的建设项目的审查是国家安全机关一项重要的行政执法活动，然而支持这项工作的法律依据主要是地方规章和地方性法规，目前国家尚无统一的专门性立法，因此在审查主体资格、审查事项范围以及审查程序方面缺乏统一规定。涉外项目国家安全事项审查十分重要，为世界各国所重视。从国家安全行政活动的实践来看，应当通过国务院制定有关国家安全行政法规或者国家安全机关制定行政规章，对涉及国家安全的建设项目的审查事项、审查主体、审查程序、审查救济途径等作出统一、明确的规定，并通过行政许可进行有效的控制和管理。从法学理论讲，这种国家安全行政许可是一种完备的行政许可。

（三）许可证的颁发、撤销和废止

行政受体要取得某项许可证，必须首先向相关行政机关提出正式申请；主管行政机关在接到申请后，应按申请的要求及所附材料在法定期限内进行审查，并在法定期限内作出批准与否的书面决定；对于已经批准的申请，应予办理手续并颁发书面形式的许可证。

行政许可证在以下几种情况下可以被撤销或废止：没有颁发权的行政机关擅自颁发许可证的；申请人以非法手段取得许可证的；许可证期限届满的；许可证持有者不履行义务，其许可证被有关机关吊销的等。

对有关行政机关不批准申请，或无故拖延不作决定的，行政许可申请人可以提出行政复议或提起行政诉讼。

三、国家安全行政确认

（一）国家安全行政确认的含义

行政确认是行政主体对行政受体或特定物品的权利义务关系、法律性质等，予以证明和认定的行为。国家安全行政确认是指国家安全机关根据国家安全法律规定或者授权，对特定个人或组织以及特定物品依法予以证明、认定的一种行政行为。国家安全行政确认具有以下法律特征：一是特定性。它是国家安全行政主体针对特定的事实和法律关系、法律性质，并针对特定的行政受体作出的。二是间接性。国家安全行政确认并不直接处分行政受体的权利，因此不像行政处罚等具体行政行为那样，能够直接引起国家安全行政法律效果，而只能间接引起法律效果，它只是为其他处分性具体行政行为的作出创造前提。三是证明性。国家安全行政确认并不是对行政受体的权利的处分，而是证明一种客观存在的事实和法律关系。四是羁束性。国家安全行政确认是对特定法律事实或者法律关系是否存在的宣告，而某种法律事实或者法律关系是否存在是由客观事实和法律规定决定的。因此，国家安全行政确认一般来说没有自由裁量的余地。

国家安全行政确认的形式有多种，主要形式有证明、认定和鉴定等。

行政确认的意义在于：其一，通过行政确认的形式确定有关行政受体和相关物品的权利义务或法律性质，明确其法律身份和法律属性；其二，在许多情况下，行政确认构成行政处理决定的基础或前提，如对专用间谍器材的没收决定，必须以国家安全部对该项器材的鉴定为前提。

（二）国家安全行政确认的内容

国家安全行政确认既包括对机构、组织和个人的性质和身份的证明与确认，也包括对特定物品的鉴定与确认。其具体内容如下：

第一，对间谍组织、敌对组织的证明与确认。我国《国家安全法实施细则》第五条规定，“敌对组织”是指敌视中华人民共和国人民民主专政的政权和社会主义制度，危害国家安全的组织；“间谍组织”主要是指外国政府或者境外的敌对势力建立的旨在收集我国情报、进行颠覆破坏活动等危害我国国家安全和利益的组织。《国家安全法实施细则》第四条规定，国家安全部负责对间谍组织、敌对组织的证明与确认。

第二，对间谍组织代理人的证明与确认。我国《国家安全法实施细则》第四条规定，“间谍组织代理人”是指受间谍组织或者其成员的指使、委托、资助，进行或者授意、指使他人进行危害中华人民共和国国家安全活动的人。同时规定，间谍组织代理人由中华人民共和国国家安全部确认。

第三，对专用间谍器材的鉴定与确认。我国《国家安全法实施细则》第二十条规定，“专用间谍器材”是指进行间谍活动或者危害国家安全的特殊需要的下列器材：(1) 暗藏式窃听、窃照器材；(2) 突发式收发报机、一次性密码本、密写工具；(3) 用于获取情报的电子监听、截收器材；(4) 其他专用间谍器材。专用间谍器材的确认，由国家安全部负责。

（三）国家安全行政确认的条件和程序

行政确认成立条件包括：行政确认的主体必须是合法成立的行政机关；行政确认的对象属于法定的确认范围；行政确认的程序合法；行政确认的方式合法。就国家安全行政确认而言，合法的行政确认机关是国家安全部。

关于行政确认的程序，目前我国尚无专门的行政确认程序方面的法律规定，只是散见于各类不同性质的行政法律法规中。一般而言，国家安全行政确认程序主要包括：第一，立案或申请受理。依主动的行政确认，其程序开始的标志是立案；依申请的行政确认，其程序的开始，以当事人提出申请与国家安全行政主体受理二者相结合为标志。是否受理，只需从形式上审查申请人的手续是否齐全。第二，审查或检验。接受当事人申请后，国家安全行政主体应当审查或者调查取证，审查申请人所提供的材料是否真实、可靠，是否达到所确认的条件；同时对某些技术性强的事项，如专用间谍器材、国家安全设施等，还需要进行检验。第三，决定。经过国家安全行政主体审查，对于与事实相符合或者达到所需要确认的条件的，决定颁发确认证书；对于不符合条件的，则决定不予确认。对于国家安全行政主体依职权进行行政确认的，应当作出行政确认并且予以宣告；对于依申请而为的行政确认，对符合条件的应当出具或颁发国家安全行政确认书。第四，救济。国家安全行政确认违法的，当事人可以在法定期限内依法申请复议或提起国家安全行政诉讼，复议机关或者人民法院可以依法予以撤销或者变更。国家安全行政确认生效后，其被撤销、变更或者废止，应受信赖保护原则的限制而不能基于违法的理由就撤销、变更或者废止。

四、国家安全行政强制措施

（一）国家安全行政强制措施的含义

在我国法学界，“行政强制”曾经与“行政强制执行”相等同。[①] 直到 20 世纪 90 年代，特别是随着我国《行政诉讼法》的颁布，这种看法才被学术界抛弃。之后，人们对行政强制内涵与外延的挖掘分歧较大，有的学者又将“行政强制”等同于“行政强制措施”。[②] 还有的认为“行政强制”既不等同于行政强制执行，也不能与行政强制措施划等号，而

① 参见张焕光等编著：《行政法基础知识》，山西人民出版社，1986 年版，第 155 页；侯询直主编：《中国行政法》，河南人民出版社，1987 年版，第 217 页；王连昌主编：《当代中国行政法》，重庆出版社，1988 年版，第 149 页；廖晃龙主编：《新编中国行政法原理》，大连海运学院出版社，1990 年版，第 207 页。

② 参见张正钊主编：《行政法与行政诉讼法》，中国人民大学出版社，1999 年版，第 144 页；皮纯协主编：《中国行政法教程》，中国政法大学出版社，1988 年版；焦政简主编：《中国行政法学教程》，河南大学出版社，1989 年版。

是这两者的合称。[①]“时至今日，由此形成的‘行政强制＝行政强制措施＋行政强制执行’的认识不仅被学者们所推崇，而且为我国立法工作者所认可。”[②] 本书所涉行政强制措施系行政强制的一种，即与“即时强制”具有“同一性”。[③]

由上可见，行政强制措施是指行政机关为实现行政目的，依法对特定行政受体或特定物作出的以限制权利和科以义务为内容的临时性强制行为。所谓国家安全行政强制措施是指国家安全机关在行政执法过程中，以维护国家安全为目的，对特定行政受体或特定物作出的以限制权利和科以义务为内容的临时性强制行为。

行政强制措施具有以下法律特征，国家安全行政强制措施是从属于行政强制措施的一个类别，因此国家安全行政强制措施也具有一般行政强制措施的特征。

第一是强制性，行政强制措施相对于其他具体行政行为具有更强更直接的强制性。这里的强制性主要表现在使用方法或者手段上的“强制”。第二是从属性，即行政强制措施是为保障其他具体行政行为顺利进行而采取的法律手段，是从属于被保障的具体行政行为的从行为。第三是临时性，即行政强制措施只是对权利的临时约束，是一种中间行为，而不是最终处分行为。第四是目的性，行政强制措施的目的在于预防、制止或者控制危害国家安全或者破坏社会稳定的行为发生，或者强制行政受体履行国家安全行政法上的义务，以利于国家安全行政目的和国家安全利益的顺利实现。

① 参见方世荣主编：《行政法与行政诉讼法》，中国政法大学出版社，1999年版，第250页；熊文钊著：《现代行政法原理》，法律出版社，2000年版，第404页；应松年主编：《中国的行政强制制度》，2000年版；北京行政强制的理论与实践国际研讨会的发言及材料。

② 胡建淼主编：《行政强制》，法律出版社，2002年版，第11页。

③ 胡建淼主编：《行政强制》，法律出版社，2002年版，第23页。

（二）国家安全行政强制措施内容

国家安全行政强制措施是国家行政执法的重要内容。根据国家安全法规定，为保障国家安全行政执法的顺利进行，在必要的情况下，国家安全机关可以对行政受体或有关物品实施行政强制措施。

国家安全行政强制措施从内容上讲，主要包括以下几种：

第一，搜查。我国《国家安全法》第二十九条规定，对非法持有属于国家秘密的文件、资料和其他物品的，以及非法持有、使用专用间谍器材的，国家安全机关可以依法对其人身、物品、住处和其他有关的地方进行搜查。

第二，查封、扣押和冻结。《国家安全法实施细则》第十三条规定，国家安全机关对查验中发现的不符合维护国家安全要求的电子通信工具、器材等设备、设施，可以责令有关组织和个人进行必要的技术处理；拒绝或者没有能力进行技术处理的，可以予以封存、扣押。《国家安全法实施细则》第二十一条规定，对于实施危害国家安全行为所使用的工具和其他财物，以及境外资助境内用于从事危害国家安全活动的经费、场所和物资，国家安全机关可以予以查封、扣押和冻结。

第三，禁止入境。我国《国家安全法实施细则》第九条规定："境外个人入境后可能进行危害中华人民共和国国家安全活动的，国家安全机关可以决定其在一定时期内不得入境。"

第四，查询及停止支付。国家安全机关在办理国家安全案件时，依法需要向银行查询与案件直接有关的个人存款时，有关银行必须提供查询及相关资料；国家安全机关发现当事人存款与案件直接有关，依法要求银行停止支付时，有关银行必须停止支付。①

第五，阻留。根据规定，国家安全机关对外国记者应当加强管理和

① 参见1985年1月20日，国家安全部、中国人民银行关于国家安全机关向银行查询、要求停止支付个人在银行存款事项的通知。

监督，防止外国记者或者其他外国人员进行非法采访活动。如果发现外国记者进行非法采访活动，国家安全部门可以将其进行阻留。[①]

第六，强制传唤。国家安全机关依法传唤有危害国家安全行为的行政受体接受查问时，对拒不到案者，可采取强制措施迫使其到案。

第七，劳动教养。国家安全机关根据全国人大常委会批准，国务院的决定（1957 年的决定和 1979 年的补充决定），对罪行轻微，不追究刑事责任的危害国家安全的人员，经劳动教养委员会审批，实现强制教育改造的措施。

（三）国家安全行政强制措施的几个问题探讨

我国关于行政强制的理论研究已经起步，然而法律实践中仍然存在相当多的问题。主要表现在：一是行政强制法规杂乱。我国目前还没有制定统一的行政强制法，有关行政强制措施的法律规范分散在各种法律、法规和规章中，而且远比行政强制执行的范围广泛，所有涉及行政强制行为的法规，都同时涉及行政强制措施，所以行政强制措施的设定权的规制就十分重要。我们认为，行政强制直接影响行政受体的权益，因此行政强制权的创设只能由国家立法机关通过制定法律创设，其他任何机关，特别是行政主体都不能自行创设。否则行政受体的合法权益就无从保障。二是行政强制措施的主体。实施行政强制措施的主体必须由法律规定，其他任何规范性文件如行政法规或者规章都不能规定。目前，我国的法律、法规或者规章中有关行政强制措施的实施主体几乎布满所有的行政执法机关，可以说，只要对社会拥有行政管理职能的机关，都同时拥有实施行政强制措施的权力。行政强制虽然是国家安全行政管理的一种非常有效的手段，但是并不是任何行政主体都有权行使，只有法定的行政主体才能行使。根据国家安全行政管理的特殊性，作为国家安全行政强制措施的实施主体只能是国家安全部、国家安全厅和县

---

① 参见 1990 年 1 月 20 日，国务院关于加强外国记者管理问题的通知。

级以上的国家安全局（不含县级）。三是行政强制措施的手段。行政强制措施的手段也就是行政强制措施的表现形式。目前，我国的行政强制措施的表现形式多如牛毛，种类繁多且名称杂乱。[①]一方面说明我国有关行政强制措施的立法很不统一，另一方面也导致国家安全行政执法的混乱。因此，我国在制定行政强制法时，必须对行政强制的手段进行科学的分类和定名，用法律的形式科学设定行政强制的手段。我们认为行政强制的手段除了规定一些传统的手段如代执行、执行罚或直接强制外，还应当针对国家安全行政管理的特点和需要，采取更多形式的手段，以保障国家安全行政决定得到切实地履行。有些学者建议借鉴日本和我国台湾地区的行政强制手段，如公布违法事实、撤回受益行政行为、拒绝给付以及课征金等。并认为鉴于我国行政强制执行的无奈现实，“拒绝给付”如断绝向不履行行政决定所赋予义务的当事人供水、供电、供气等更受青睐。[②]诸如“拒绝给付”的手段对解决行政决定执行的问题有一定的疗效，对保障国家安全行政决定的贯彻实施有一定积极意义。但是，行政强制法作为法律具有涉及整个中国的效力，对任何地方、任何人都具有普遍的约束力。北方的冬天，气候严寒，人们靠暖气生存，寒冷的冬天一旦断暖气势必危及人们的生命。这与人性化的行政管理以及行政法的目的相违背。法律与行政决定相比更具有强制性，人民法院的判决更具有严肃性和执行性。司法机关为了保障人民法院已经生效的判决得以实施，也采取强制执行的方法，但是最高人民法院司法解释明确规定，人民法院实施强制执行手段时，不得影响被执行人的生产或生活。因此，“断气、断水、断电”等“拒绝给付”能否作为我

① 据学者统计，自1949年至2000年止，我国法律、行政法规和部门规章所规定的行政强制措施，从手段、形式或者名称上统计，共有263种（不含重复部分）。参见胡建淼主编：《行政强制》，法律出版社，2002年版。

② 参见［日］盐野宏著：《行政法》，杨建顺译，法律出版社，1999年版，第171页；叶必丰等著：“强制执行的方式及强制执行权的分配——行政强制法草案修改意见”，《浙江社会科学》，2003年；杨海坤、章志远著：《中国行政法基本理论研究》，北京大学出版社，2004年版，第368页。

国行政强制的手段，立法时应慎之。另外，我国《国家安全法》第九条规定："国家安全机关的工作人员在依法执行紧急任务的情况下，经出示相应的证件，可以优先乘坐公共交通工具，遇交通阻碍时，优先通行。""国家安全机关为维护国家安全的需要，必要时按照国家有关规定，可以优先使用机关、团体、企业事业组织和个人的交通工具、通信工具、场地和建筑物。"这里的"优先权"有的学者认为属于国家安全行政强制措施。我们认为，这里国家安全法规定的"优先权"不属于国家安全行政强制措施。因为，国家安全行政强制措施是一种具体行政行为，它针对的对象是特定的，其目的是防止或者制止行政受体违法行为或者危险结果的发生。而"优先权"针对的对象是不特定的，不具有"强制性"，其目的是保障国家安全行政主体开展工作。四是行政强制的程序。行政强制程序是行政主体实施行政强制时所应当遵守的方式、步骤、时限和顺序等要素所构成的一个行为连续过程。行政强制是行政主体运用行政权力作用于行政受体的具体行政行为，且行政强制的运用往往充斥着行政主体的自由裁量，对行政受体的合法权益具有明显的侵害性，因此从行政程序上控制行政强制的运用就显得十分重要。我国在制定行政强制法时，应当首先对行政程序的功能有一个充分的认识，树立程序高于实体的理念，"否则不可能制定出符合法治原则和民主精神的行政强制法，即使搞出一个行政强制法，也可能成为强化行政主体行政强制权的法"。①

五、国家安全行政处罚

（一）国家安全行政处罚的含义

行政处罚的概念在我国学术界分歧不大，在境外只是称呼有所不

① 胡建淼主编：《行政强制》，法律出版社，2002 年版。

同。[①] 行政处罚是行政主体对违反行政法规范但尚未构成犯罪的行政受体依法实施的一种惩戒性的具体行政行为。所谓国家安全行政处罚，是指国家安全机关对违反国家安全行政法规范尚未构成犯罪的行政受体依法予以惩处的一种具体行政行为。

国家安全行政处罚的主要法律特征：其一，国家安全行政处罚的主体是国家安全机关，司法机关或者其他组织实施的处罚不是国家安全行政处罚；其二，国家安全行政处罚是对行政受体违反国家安全行政法规范行为的处罚，违反行政规范是处罚的前提。这里包含两层含义：一是国家安全行政处罚的直接对象是外部行政受体即自然人、法人，或者其他组织；二是外部行政受体的违法行为是违反了国家安全行政法规范尚未构成犯罪的行为；其三，国家安全行政处罚是一种行政制裁，是对违反行政法律规范的行政受体的惩戒，使其今后不得重犯。

国家安全行政处罚应遵循的原则与我国行政处罚法确立的基本原则是一致的，它包括：处罚法定原则；公正、公开原则；处罚与教育相结合原则和保障公民权利原则。[②]

（二）国家安全行政处罚的内容

1996 年颁布实施的《行政处罚法》，是关于行政处罚的专门性法律，它通过列举式兼授权式的方法划分行政处罚的种类。行政处罚法第八条规定了七项内容，前六项以列举的方式规定了行政处罚的内容种类，即警告，罚款，没收违法所得，没收非法财物，责令停产停业，暂扣或者吊销许可证、执照，行政拘留；第七项采用授权式方法，即规定

---

① 行政处罚在英美法系国家被称为“行政制裁”，在德国、奥地利、日本和我国台湾地区被称为“行政罚”。参见翁岳生主编：《行政法》，中国政法大学出版社，2002 年版，第 824 页；［日］室井力著：《日本现代行政法》，中国政法大学出版社，1994 年版，第 824—825 页。

② 参见 1996 年 10 月《中华人民共和国行政处罚法》第一章第三条、第四条、第五条、第六条、第十五条、第十七条、第十八条、第三十一条、第三十二条、第三十五条、第四十一条、第四十二条等规定。

法律、行政法规可以在上述六项行政处罚之外设立新的行政处罚形式。

我国《国家安全法》对于违反国家安全行政管理秩序尚未构成犯罪的情况规定了几种行政处罚方式，即警告、训诫和责令具结悔过、没收、行政拘留以及限期离境和驱逐出境。其适用范围如下：

1. 警告、训诫和责令具结悔过。《国家安全法实施细则》第二十二条规定，实施危害国家安全行为，不构成犯罪的，国家安全机关可以予以警告、训诫或者责令具结悔过。由此可知，警告、训诫或者责令具结悔过的处罚形式，并不是适用所有违反国家安全法的行为，而只能适用于实施危害国家安全尚未构成犯罪的行为。

2. 没收非法财物和非法所得。《国家安全法》第二十九条规定，国家安全机关对于当事人非法持有的属于国家秘密的文件、资料和其他物品，以及非法持有、使用的专用间谍器材可以予以没收；《国家安全法实施细则》第二十一条规定，国家安全机关对于实施危害国家安全行为所使用的工具和其他财物，以及境外资助境内用于从事危害国家安全活动的经费、场所和物资，可以予以没收。[①]《保守国家秘密法实施办法》第三十四条规定，因泄露国家秘密所获取的非法收入应当予以没收。

3. 行政拘留。《国家安全法》第二十六条、第二十七条以及第二十八条分别规定，明知他人有间谍犯罪行为，在国家安全机关向其调查有关情况，收集有关证据时，拒绝提供的；故意阻碍国家安全机关依法执行国家安全工作任务，未使用暴力、威胁方法，情节较轻的；故意或者过失泄露有关国家安全工作的国家秘密的，国家安全机关可以处以十五日以下拘留。

---

① 根据我国《国家安全法实施细则》的规定，“资助”实施危害国家安全的行为，是指境外机构、组织或者个人的下列行为：一是向有危害国家安全行为的境内组织、个人提供经费、场所和物资的；二是向境内组织、个人提供用于进行危害国家安全活动的经费、场所和物资的。“境外机构、组织”包括境外机构、组织在中华人民共和国境内设立的分支（代表）机构和分支组织；“境外个人”包括居住在中华人民共和国境内不具有中华人民共和国国籍的人。

4. 限期离境和驱逐出境。《国家安全法》第三十条规定，境外人员违反本法的，国家安全机关可以对其限期离境和驱逐出境。

国家安全机关在实施行政处罚时，不得违法处罚，如没有处罚依据、擅自更改处罚的种类或幅度、违反法定处罚程序等。若有违反法律规定实施处罚的，对其直接负责的主管人员或其他直接责任人员可以予以行政处分乃至追究刑事责任。

（三）国家安全行政处罚的形式和程序

《行政处罚法》规定了三种行政处罚程序，即简易程序、一般程序和听证程序。国家安全机关作出行政处罚时必须遵循行政处罚法的程序规定，从国家安全法的规定看，国家安全行政处罚主要适用一般处罚程序。

国家安全行政处罚程序包括五个基本环节：一是立案，即填写立案报告表、落实办案人员；二是调查和审查，即表明身份、调查取证；三是告之权利并听取当事人申辩；四是作出行政处罚决定；五是送达行政处罚决定书。

行政处罚应当以书面形式作出，这是对行政处罚的形式要求。因此，国家安全机关在实施行政处罚时，应当注意填写或出示相关法律文书，如行政立案审批表、警告决定书、没收通知书、限期离境决定书或驱逐出境决定书等。形式违法或程序违法的行政处罚是无效的行政行为，并可以构成行政复议或行政诉讼的法定理由。

（四）我国国家安全行政处罚的欠缺与完善①

国家安全行政处罚是相对人违反了国家安全法律的规定，国家安全机关对其采取的一种制裁行为。我国法律对国家安全行政处罚的规定主

① 吴庆荣、梁忠前著：“论我国国家安全行政处罚的完善”，《苏州教育学院学报》，2007年3月。

要集中在《国家安全法》及其实施细则中，由于我国国家安全立法的经验不足，立法滞后，因而有关国家安全行政处罚的规定不科学、不明确且不能适应新情势下国家安全工作的实践需要，故完善我国国家安全行政处罚刻不容缓。

1. 我国现行国家安全法律关于行政处罚的文本规定

根据现行国家安全法律的规定，我国国家安全行政处罚主要有以下几种：

第一，警告、训诫和责令具结悔过。《国家安全法实施细则》第二十二条规定，实施危害国家安全行为，不构成犯罪的，国家安全机关可以予以警告、训诫或者责令具结悔过。《商用密码管理条例》第二十一条规定，有下列行为之一的，由国家密码管理机构会同国家安全机关给予警告，责令立即改正：（1）在商用密码产品的科研、生产过程中，违反安全、保密规定的；（2）销售、运输、保管商用密码产品，未采取相应的安全措施的；（3）未经批准，宣传、公开展览商用密码产品的；（4）擅自转让商用密码产品或者不到国家密码管理机构指定的单位维修商用密码产品的。

第二，没收。《国家安全法》第二十九条规定，国家安全机关对于当事人非法持有的属于国家秘密的文件、资料和其他物品，以及非法持有、使用的专用间谍器材可以予以没收。《国家安全法实施细则》第二十一条规定，国家安全机关对于实施危害国家安全行为所使用的工具和其他财物，以及境外资助境内用于从事危害国家安全活动的经费、场所和物资，可以予以没收。《保守国家秘密法实施办法》第三十四条规定，因泄露国家秘密所获取的非法收入应当予以没收。《商用密码管理条例》第二十一条规定，使用自行研制的或者境外生产的密码产品，转让商用密码产品，或者不到国家密码管理机构指定的单位维修商用密码产品，情节严重的；第二十三规定，泄露商用密码技术秘密、非法使用商用密码或者利用商用密码从事危害国家安全和利益的活动，尚不构成犯罪的，由国家密码管理机构根据不同情况会同国家安全机关没收其密码产品。《卫星地面接收设施接收外国卫星传送电视节目管理办法》第十二条规定，未持有《卫星地面接收设施接收外国卫星传送的电视节目许可证》而擅自接收外国卫星传送的电视节目或者设置卫星地面接收设施的单位，由广播电视部门会同公安、国家安全部门给予没收。

第三，行政罚款。我国《国家安全法》及其实施细则中都没有明确规定国家安全行政罚款，而在 1990 年 5 月 8 日广播电影电视部、公安部和国家安全部联合发布的《卫星地面接收设施接收外国卫星传送电视节目管理办法》第十一条中规定，持有《卫星地面接收设施接收外国卫星传送的电视节目许可证》的单位，没有按照许可证载明的接收外国卫星传送的电视节目、接收内容、接收方式和收视对象的范围要求，接收和使用外国电视节目，或者擅自涂改或者转让《卫星地面接收设施接收外国卫星传送的电视节目许可证》的，由广播电视部门会同公安、国家安全部门视情节轻重，给予二万元以下罚款；第十二条也规定，未持有《卫星地面接收设施接收外国卫星传送的电视节目许可证》而擅自接收外国卫星传送的电视节目或者设置卫星地面接收设施的单位，由广播电视部门会同公安、国家安全部门给予五万元以下罚款。

第四，行政拘留。《国家安全法》第二十六条、第二十七条以及第二十八条分别规定，明知他人有间谍犯罪行为，在国家安全机关向其调查有关情况，收集有关证据时，拒绝提供的；故意阻碍国家安全机关依法执行国家安全工作任务，未使用暴力、威胁方法，情节较轻的；故意或者过失泄露有关国家安全工作的国家秘密的，国家安全机关可以处以十五日以下拘留。《国家安全法实施细则》第二十四条规定以及《商用密码管理条例》第二十三条规定，泄露商用密码技术秘密、非法使用商用密码或者利用商用密码从事危害国家的安全和利益的活动，情节严重，构成犯罪的，依法追究刑事责任；尚不构成犯罪，对有危害国家安全行为的，由国家安全机关依法处以行政拘留。

第五，限期离境和驱逐出境。《国家安全法》第三十条规定，境外人员违反本法的，国家安全机关可以限期离境和驱逐出境。

2. 我国国家安全行政处罚规定的缺陷

国家安全行政处罚设定的目的是对违反国家安全法律行为给予相应的制裁，教育、引导人们遵守国家安全法律，维护国家安全。根据以上关于国家安全行政处罚的文本规定，结合国家安全工作实践，我们不难发现这些规定存在以下缺陷：

第一，申诫罚的规定不科学。在国家安全行政处罚种类的设定中，申诫罚包括警告、训诫和责令具结悔过。这三种处罚形式在理论上到底有多大区别，在实践中制裁效果有什么实质性不同，谁也说不清楚。但是，我国行政处罚法已明确规定，申诫罚的形式只有警告。那么，训诫和责令具结悔过是否属于我国《行政处罚法》第八条第七项规定的“法律、行政法规规定的其他行政处罚”？是否有存在的必要？首先，《行政处罚法》的该项规定本身也属于行政处罚的种类，虽体现了立法工作的灵活性，但是容易产生“灰色地带”，引发实践中的纷争。因为，衡量行政处罚的实质性标准不明确。其次，如若训诫和责令具结悔过属于我国《行政处罚法》第八条第七项规定的“法律、行政法规规定的其他行政处罚”，但并不是属于该条规定的行政处罚形式，就一定设定科学并有存在的必要。从国家安全行政处罚的实践来看，由于这种处罚手段自身的局限性，警告、训诫和责令具结悔过这几种处罚形式运用较少，至多采用警告这种处罚形式。再次，警告、训诫和责令具结悔过只适用“危害国家安全、不构成犯罪的行为”。显然有些违反国家安全法律的行为，但是不属于危害国家安全的行为，如直接或者间接地影响国家安全机关行使职权或履行公务，情节较轻的行为就不能适用这种处罚形式，而又没有和不能适用其他的处罚形式；另外，国家安全法及其实施细则中规定的“危害国家安全的行为”与我国刑法中的规定又不一致，这必然导致国家安全行政执法的困惑。

第二，财产罚的规定不明确。财产罚是国家安全机关对行政受体的违法所得或违禁物品和从事危害国家安全活动的经费、工具、场所和物资等强制性无偿收归国有的一种处罚形式。这种处罚形式与行政受体的经济利益直接相关，它通过对行政受体给予经济上的制裁达到处罚的目的。在国家安全行政处罚种类的设定中，财产罚包括没收和罚款两种。我国行政处罚法规定的没收是一种较为严厉的财产罚，其执行的领域具有一定的局限性，并非所有违反行政管理法规的案件都可以适用没收。只有对那些为谋取非法收入而违反法律法规的公民、组织或者法人才可以实行这种财产罚，而且没收的仅仅是“违法所得”或是“非法财产”。我国国家安全法律规定的没收除了没收“违法所得”和“非法财产”外，还包括非“财产”或者非“经济”的成分，如“国家安全工作秘密”、“情报”等。国家安全机关有没有行政罚款的权力，理论界与实践部门一般都否认国家安全机关有罚款权。从我国国家安全法律的规定来看，国家安全机关享有罚款的权力，但这种权力“不明确”、“不完整”或者说是“准罚款权力”。国家安全机关“会同”其他机关联合执法时享有罚款权力，“会同”的含义在国家安全法律中没有明确的解释，在实践中也难以操作。

第三，人身罚的规定相冲突。人身罚是最严厉的一种行政处罚。在国家安全行政处罚种类的设定中，人身罚包括行政拘留、限期离境和驱逐出境。行政拘留适用不构成犯罪或者情节较轻的四种情况：“拒绝提供间谍等危害国家安全行为犯罪证据的”、“妨碍公务或者拒不协助的”、“泄露国家安全工作秘密的”和“因商用密码危害国家安全的”。我国国家安全法律设定的四种拘留的情形显然与我国行政处罚法相违背。主要表现在：(1) 行使该权力的主体不适格。我国行政处罚法第十六条明确规定，“限制人身自由的行政处罚只能由公安机关行使”，也就是说，只有公安机关才享有限制人身自由的行政处罚权，其他机关没有这种权力。国家安全机关与公安机关是两个不同性质职能的机关，职权法定是现代社会发展的必然要求。(2) 该权力的设定不合法。我国《行政处罚法》第九条规定，“限制人身自由的行政处罚，只能由法律设定”。这是一项特别规定，具有排他性，即除了法律以外，其他任何形式的规范性文件都不得规定涉及公民人身自由的行政处罚。我国《国家安全法实施细则》和《商用密码管理条例》从法律渊源上讲不属于法律，而属于行政法规，其设定限制人身自由的行政处罚的规定明显违反法律而无效。限期离境和驱逐出境是国家安全机关对违反国家安全法律的境外人员，依法剥夺其在中华人民共和国境内滞留权的处罚。何谓“境外人员”，我国国家安全法实施细则第三条虽然作了解释：包括居住在中华人民共和国境内不具有中华人民共和国国籍的人，但是这样的解释仍然不明确，而且与国际人权公约的有关规定相抵触。

3. 我国国家安全行政处罚的完善

第一，科学规定申诫罚。我国《国家安全法实施细则》第二十二条规定，危害国家安全的行为不构成犯罪的，国家安全机关可以警告、训诫和责令具结悔过。有的学者认为警告、训诫是口头的教育批评，而责令具结悔过是书面的教育批评；也有学者认为，警告是采取口头的形式，而训诫和责令具结悔过是书面的形式；还有学者认为，警告、训诫和责令具结悔过是根据危害国家安全行为的情节由轻到重而给予的相适应的处罚形式。我们认为，警告、训诫和责令具结悔过这三种处罚形式从其实质内涵来看没有任何区别，它们都属于精神罚，是国家安全机关向违反国家安全法律的人发出的警戒，告知其行为违反了国家安全法的规定，使其在精神上产生一定压力，不致重犯的处罚形式。正因为它们之间无任何实质性的区别，在实际的运用中国家安全机关对此也没有任何区分，故我国行政处罚法在行政处罚种类设定时只采用了警告这一处罚形式。另外上面提到，我国国家安全法规定的危害国家安全的行为与我国刑法规定的危害国家安全的行为范围不一致，国家安全法规定的危害国家安全的行为比刑法规定的范围要宽，国家安全法规定的有些危害国家安全的行为不属于刑法规定的危害国家安全的行为，而属于妨碍社会管理秩序或者是渎职行为。再者，违反国家安全法律的行为不一定就构成危害国家安全的行为，如某公民知情不举、妨碍国家安全机关工作人员执行职务等情节轻微或者特别轻微的行为。对这样的违反国家安全法律的行为，既不能采用警告等申诫罚这种处罚形式，因为这种违法行为不属于危害国家安全的行为，又不能适用拘留等人身罚的形式，因为行政处罚的一条重要原则就是行为与处罚必须相适应，这种违法行为情节轻微。同时这种违法行为又有一定的危害性，于法应当受到一定的处罚，但也没有其他的行政处罚形式可以采用。按照现行国家安全法有关行政处罚的规定，类似这样的违反国家安全法律的行为无法受到相应的制裁，客观上放纵了这种违反国家安全法律的行为。因此，必须科学设定国家安全申诫罚，将我国《国家安全法实施细则》第二十二条修正为："对违反国家安全法的行为，构成犯罪的，依法追究刑事责任；不构成犯罪的，国家安全机关可以警告、罚款或者拘留。"这样规定不仅科学全面，弥补了原来国家安全法规定的漏洞，从立法上使违反国家安全法律的行为都能受到相应的制裁，也使国家安全行政处罚与刑法处罚相衔接，又使国家安全行政申诫罚与其他处罚形式相连通。

第二，明确规定财产罚。财产罚亦称经济罚，它主要是通过对当事人以经济上的制裁来达到处罚的目的。没收在一般行政处罚理论上都归结为财产罚，主要表现为没收非法财产和违法所得两种形式。国家安全行政没收不仅仅以"经济"成分制裁为目的，还包括非经济的成分，国家安全行政没收不仅没收非法财产和违法所得，还没收非法持有的国家安全工作秘密、情报等。显然，我国国家安全法律规定的没收范围宽于行政处罚法，国家安全法律规定的没收不能简单地划归于我国行政法理论界所称的财产罚。另外，国家安全机关到底有没有行政罚款权，理论界和实务界都一概否定，认为国家安全法没有明确规定国家安全机关享有行政罚款权。通过以上国家安全法律中有关行政处罚的文本规定的分析，我们认为国家安全机关享有行政罚款权，只是这种行政罚款权不明确。主要表现在行政罚款的范围不明确。哪些违反国家安全法律的行为需要处以罚款，罚款的幅度等都必须有明确的规定，而不应当是某人违反了国家安全法律，也不分具体情节一律处以多少罚款。行政罚款权的行使主体不明确。对某一种违反国家安全法律的行为，有关国家安全法律文本中规定国家安全机关"会同"某某机关进行罚款，是国家安全机关进行罚款，还是某某机关进行罚款?“会同”一词在法律上没有明确的解释，在实践中也难以操作，事实上国家安全机关也从未“会同”过某某机关进行罚款。罚款是一种经济制裁形式，但是罚款的目的并非是获得经济收益，而是通过这种经济处罚手段来使违法行为人经济上受到经济损失警示其不致重犯，尤其是对那些以贪利为目的的“情报专业户”等违法行为人，采取这种处罚手段更能对症下药，能收到事半功倍之效。关于国家安全行政罚款权，在我国《国家安全法》中未作明确的规定，这不能不是一大缺憾。据笔者所知，我国国家安全法典中没有规定国家安全机关的行政罚款权，除了受当时的客观条件影响外，主要是认识上的原因。认为国家安全工作政治性强，对政治性犯罪或违法，不能采用经济性手段（如罚款）；现实生活中罚款滥用的现象十分严重，群众反应强烈。我们认为，首先，国家安全机关为了维护国家安全，有效地行使国家安全行政管理职权，保障国家安全法律的贯彻执行，除了向广大公众进行国家安全法制教育外，对那些因贪利违反国家安全法律尚不够刑事处罚的，施之以行政罚款，使其经济上受到损失，引起切肤之痛，警示今后的行为，毕竟有其特殊的功效。尽管形式上，国家安全行政罚款可以起到弥补经济损失的作用，但它的主要目的不应理解为获取货币，而在于惩罚与教育被罚者，防范违法行为的继续发生，以维护国家安全。那种认为政治性违法或犯罪行为不能用“经济性”罚款惩罚的观点，既没有理论依据，也与国家安全执法工作的宗旨相悖。其次，我国现行的其他立法中，大多规定了行政罚款，至于这种处罚形式，现实中运用得较为混乱，群众反应强烈，这是有关行政机关在执法过程中存在的问题，并不是法律设定行政罚款这种处罚形式不科学，即不是法律规定本身存在问题，而是执法过程中存在不足，不能把执法过程中存在的混乱，归罪为法律规定的本身。再次，外国国家安全法律中都赋予国家安全机关行政罚款权。如日本规定，将工作中掌握的防卫秘密，泄露给他人的处以五万日元以下罚款；美国规定，在法律的幌子下，参与进行电子侦察，处一万美元以下罚款；加拿大、巴西等国的国家安全法律中都赋予国家安全机关行政罚款权。第四，从我国国家安全行政处罚的设定来看，国家安全行政处罚的种类从最轻的警告到最重的行政拘留跨度很大，中间缺少一座过渡桥梁，在执法中容易出现行政处罚畸轻或者畸重的现象。实践中，尤其对那些因贪利违反国家安全法而屡教不改的“情报专业户”、“情报专业村”等，采用申诫罚或者人身罚无济于事。因此，我国国家安全法律应当明确规定财产罚的种类、形式、范围、适用条件等，这样不仅弥补了国家安全立法上的不足，使国家安全行政处罚的种类设定科学合理，使过与罚相当，同时也为国家安全实践部门提供法律上指导，便于在实践中操作。

第三，合法规定人身罚。人身罚是剥夺或者限制违法行为人人身自由的行政处罚。人身权是一个人最基本的权利，因此法律设定涉及人身权利的处罚应当尤为慎重。我国国家安全法及其实施细则中规定的人身罚与行政处罚法中的有关规定相冲突，除了立法机关在立法时的疏漏或者疏忽外，主要是因为国家安全法及其实施细则颁布于行政处罚法之前，行政处罚法颁布后，国家安全立法及其修改又过于滞后。关于国家安全机关是否享有限制人身自由即行政拘留权，对此全国人大常委法制工作委员会曾经作过答复意见（见 1997 年全国人大常委法工委办公室编《法制工作简报》第二十一期）。似乎根据这个《答复意见》，国家安全机关就捞到了一根救命稻草，就当然地享有限制人身自由即行政拘留权。为了便于分析我们将此《答复意见》摘录如下：“行政处罚法第六条规定：‘经过国务院或者经过国务院授权的省、自治区、直辖市人民政府可以决定一个行政机关行使有权行政机关的行政处罚权，但限制人身自由的行政处罚只能由公安机关行使。’同时行政处罚法第九条第二款规定：‘限制人身自由的行政处罚，只能由法律规定。’国家安全法第二十六条、第二十七条、第二十八条规定了国家安全机关对违法当事人可以处十五日以下的行政拘留。据此，国家安全机关自然可以依照国家安全法的规定依法行使行政拘留的职权。”综上可见，这个《答复意见》试图将两部明显冲突的法律调和，将已经丧失行政拘留权的国家安全机关重新赋权。然而，这种解释仍然不能解决实质问题。因为，虽然行政处罚法和国家安全法都属于法律，但是行政处罚法与国家安全法相比属于新法，而国家安全法则属于旧法，根据法律冲突解决规则，新法高于旧法。因此，国家安全法与行政处罚法相冲突的有关规定当然无效，国家安全法中规定的国家安全机关有权行使行政拘留权因与行政处罚法规定的"限制人身自由的行政处罚，只能由公安机关行使"的规定相冲突而失效。除此之外，属于行政法规的《中华人民共和国国家安全法实施细则》以及《商用密码管理条例》有关规定国家安全机关行使行政拘留权的规定，因与行政处罚法的有关规定相冲突也必然失效。那么，从法的表现形式来看，1997 年全国人大常委法工委办公室的《答复意见》是否属于法律呢？如果属于法律，那么这个《答复意见》与行政处罚法相比就属于新法，虽然这个《答复意见》与行政处罚法的有关规定不一致，但其重新赋予国家安全机关行政拘留权的规定仍然有效。问题是这个《答复意见》不具有法律的性质，因为法律是最高权力机关即全国人大及其常委会制定的，权力机关内部的某个部门的办公室并不能代表权力机关。既然这个《答复意见》不具有法律的性质，其效力当然低于作为法律的行政处罚法。另外，我国国家安全法规定，对境外人员违反国家安全法的，可以限期离境或者驱逐出境。"境外人员"我国法律未作明确的解释，一般认为，外国人和无国籍人为境外人员。港、澳以及台湾人是否属于境外人员，如果不属于，那么港澳台人员在内地违反国家安全法律规定，就不能适用限期离境或者驱逐出境的行政处罚；如果认为港澳台人员是境外人员，对他们适用限期离境或者驱逐出境的行政处罚，那就违反了《人权公约》关于"任何人都享有返回自己国家的权利"的规定。因此，为避免国家安全法律与其他法律之间的冲突，合法、科学的设定国家安全人身罚，解决国家安全行政执法中的困惑，建议尽快修改国家安全法的有关规定。

第四，增设规定行为罚。行为罚又称行为能力罚或能力罚，是指限制或者剥夺违反国家安全法的行为人特定的行为能力的行政处罚。行为能力是公民、法人或者其他组织能够以自己行为依法行使权利和承担义务，从而使法律关系发生、变更或者消灭的资格。行为罚限制或者剥夺了行为人某一方面的行为能力（资格），也就限制或者剥夺了行为人从事某一方面活动的权利。行为罚的主要形式有：暂扣或者吊销许可证、暂扣或者吊销执照和责令停产停业。行为罚是仅次于人身罚的一种较为严厉的行政处罚，因而行为罚的设定或者实施应当比较严格。有些学者认为国家安全行政处罚的体系中应当增设行为罚。我们认为，增设国家安全行为罚应当考虑以下几点：一是国家安全行为罚的主体资格，即哪一级的国家安全机关享有行为罚的权力；二是国家安全行为罚的处罚程序；三是国家安全行为罚的处罚形式等。

第五章

国家安全行政程序论

第一节 国家安全行政程序概述

一、国家安全行政程序的含义

一般来说，程序与无序相对，它反映人类行为的有序性。随着人类实践经验的积累和认识能力的提高，人们的行为越来越广泛地变成有序并通过某种规范形式如习惯、命令、法律等确认下来，从而形成程序。其中最重要的部分就通过法律的形式固定下来并要求全社会加以遵守，被称为法律程序，如行政程序、诉讼程序等。[①] 行政程序是行政主体实施行政行为时所应经过的步骤、阶段、时限等程序过程，或者是实施行政活动的程序形式、步骤、方式和方法。[②] 它反映了行政权的运行过程，

① 陈桂明著：《诉讼公正与程序保障——民事诉讼程序之优化》，中国法制出版社，1996 年版，第 7 页。

② 刘春萍著：《转型时期的俄罗斯联邦行政法》，法律出版社，2005 年版，第 205 页。

是行政行为的时间与空间的表现形式，是行政行为实体内容的载体。[①]

国家安全行政程序是指国家安全行政行为在时间和空间上的表现形式，具体来说就是国家安全行政行为所遵循的方式、步骤、顺序、时限等要素的总和。它与行政行为的内容相对称。其包括以下几层含义：

1. 国家安全行政程序既不同于立法程序，也不同于司法程序，它是国家安全行政行为所遵循的程序。

2. 国家安全行政程序是由行政行为的空间和时间表现形式所构成的行为过程。所谓行政行为的空间表现形式，就是行政行为的方式，即构成行为过程的方法和形式，如：国家安全机关作出一个具体行政行为，需要进行调查、取证，把具体行政行为告知当事人、说明理由等。所谓行政行为的时间表现形式就是行政行为的步骤，包括行为方式的先后顺序，每一环节和每种方式及其时间限制。行政行为的方法和形式按照一定的步骤连结起来，就形成了行政行为的过程，也就构成了行政程序。

3. 行政程序与行政行为的内容相对称，相互依存。不存在没有行政行为内容（行政行为对实体权利义务所作的规定、决定）的行政程序，也不存在不通过程序就能实现的行政行为内容。

二、国家安全行政程序的种类

（一）行政规范制定程序与具体行政行为程序

以行政规范制定的对象及行政行为的方式、方法为标准，将行政行为划分为行政规范制定行为和具体行政行为。国家安全机关制定行政规范时所必须遵守的程序称之为行政规范制定程序，如国家安全部制定、发布行政规章所必须遵守的程序就称之为行政规范制定程序。由于行政规范制定行为具有普遍性和后溯性特征，即在时限上一般只面向未来发生效力，其产生的影响比具体行政行为所产生的影响要广泛、深远得

① 杨解君主编：《行政法学》，中国方正出版社，2002年版，第221页。

多，因而行政规范制定的程序设计就比较严谨，更注重程序的民主性。与行政规范制定程序相对应的是具体行政行为程序，即国家安全机关作出具体行政行为时所必须遵循的程序，如国家安全机关对行政受体实施行政拘留、行政没收等所必须遵循的程序就称之为具体行政行为程序。具体行政行为具有具体性和前溯性特征，在时限上一般对既往事件发生效力，因而在程序的设计上相对简单，注重效率。这种分类的意义在于，有利于人们认识不同性质的行为，法律对行为的要求不同，其表现的具体程序、违反该具体程序的后果以及救济途径等也不尽相同。

（二）内部行政程序和外部行政程序

以适用于国家安全机关内、外为标准，行政程序可划分为内部行政程序和外部行政程序。内部行政程序就是指国家安全机关实施内部行政行为时所必须遵循的程序，如国家安全机关工作人员职务的任免程序、国家安全机关内部公文处理程序、行政首长签署程序等。外部行政程序是指国家安全机关实施外部行政行为时所必须遵循的程序，如行政处罚程序、行政强制执行程序等。外部行政程序往往涉及行政受体的权利、义务，如不重视程序设计上的规范化、法制化，极易出现超越职权、滥用职权而侵害行政受体合法权益的现象，因此外部行政程序是否完备已成为衡量现代行政民主化的一个基本标志，其程序设计应当体现出公正、合理的法律精神。当然，内部行政程序和外部行政程序并不能绝然分开，两种程序有时还会相互转化。划分内部行政程序与外部行政程序的意义，在于强调内部行政程序的法律化和公开化，外部行政程序的法律化和民主化，保障国家安全行政主体依法行政，扩大行政受体的行政过程参与权，以体现公正、合理、科学的法治精神。

（三）强制性行政程序和任意性行政程序

以法律规定国家安全机关实施行政行为时，对所遵循的程序是否可以自由选择为标准，行政程序可划分为强制性行政程序和任意性行政程序。强制性行政程序也称法定行政程序，是指法律规范明确规定和要求的，国家安全机关实施一定行政行为时，必须严格遵循，不能自由选择的程序。任意性行政程序也称自由行政程序，是指法律规范不对其作出明确规定和要求，由国家安全机关在实施行政行为时自由选择而采取的程序。国家安全机关实施行政行为若违反强制性行政程序，则可导致行政行为的无效。而对于任意性行政程序，国家安全机关可以依照公正、合理的原则，自由裁量、选择。从行政监督的角度讲，强制性行政程序涉及的是行政行为是否合法的问题，而任意性行政程序涉及的是行政行为是否合理的问题。

（四）事先行政程序和事后行政程序

根据行政程序在行政行为中所处的时间位置，行政程序分为事先行政程序和事后行政程序。事先行政程序是指行政行为实施前或行政行为实施过程中应遵循的程序，如国家安全机关作出行政处罚决定前的调查程序就属于事先行政程序。事后行政程序是指行政行为结束后所进行的审查、补救程序，如国家安全机关的行政复议程序就属于事后行政程序。区分事先行政程序和事后行政程序，有助于促使国家安全机关重视事先行政程序，减少侵害公民、组织合法权益和行政效率低下等不良现象，提高行政民主化和行政效率。国家安全行政的实践也证明，事先程序对国家安全行政民主化和提高国家安全行政效率的意义十分重大，因此越来越引起世界各国国家安全机关的重视。

（五）行政立法程序、行政执法程序和行政司法程序

根据实施行政行为时所形成的法律关系的内容可将行政程序分为行政立法程序、行政执法程序和行政司法程序。行政立法程序是指国家安全机关在实施制定行政规章等行政立法行为时所遵循的程序。行政立法由于其内容的广泛性、对象的不特定性和效力的后及性等特点，其程序比较复杂、严格，一般都要经过规划、起草、审议通过、发布、备案等

阶段，以确保行政立法内容的正确。行政执法程序是指国家安全机关在进行行政执法活动时所应当遵循的程序。行政执法由于其内容的具体性、对象的特定性、行为方式的多样性等特点，其程序具有多样性和差异性，如在国家安全行政许可、国家安全行政强制执行、国家安全行政处罚等方面，就必须设置不同的程序制度。行政司法程序是指国家安全机关以第三方公断人的身份，实施行政裁判行为时必须遵循的程序，如国家安全机关行政复议程序即属于行政司法程序。由于行政司法行为的对象是双方当事人的争议或纠纷，其程序具有准司法的特点。划分行政立法程序、行政执法程序和行政司法程序的意义，就在于区分和把握行政立法、执法、司法程序的特点，准确地设定程序。如行政立法由于其效力的普遍性等特点，在设定其程序时就应当注重程序的科学、严密。行政执法由于其具有内容具体、对象特定、行为方式多样等特点，其程序的设定就应当保护行政受体的合法权益，保证行政效率。行政司法程序则应突出其公正、公平的特点。

三、国家安全行政程序的价值取向

国家安全行政程序的价值取向也就是国家安全行政程序通过其确认的基本原则、基本制度以及方式、步骤、时限等程序要素所发挥的功能和作用。国家安全行政程序的价值取向主要表现在以下几个方面：

1. 提高国家安全行政效率，避免无效行政。行政效率的提高取决于各种因素，其中“具有完备、合理、适用、科学的行政程序法”是非常重要的一个因素，行政程序通过对国家安全机关行政行为的方式、环节、过程的合理、简明的安排，使国家安全机关的行政活动合理化、科学化、法律化，摒弃、减少了复杂、重复的程序以及不必要的人力、物力及时间的耗费，从而使国家安全机关的行政效率得以提高。正如有学者所云：“行政程序作为一种科学而严格的意思表示规则，至少能使行政主体作出错误意思表示的危险减少到最小限度，为行政主体作准确的意思表示提供一种最大的可能性。”[①] 同时，优良的行政程序，可以“使人民预见、预测政府行为所受之约束，减少裁量行为的错误，而精确地实现实体法”，[②] 鼓励公民自觉地参与、配合国家安全机关的行政管理行为，减少国家安全行政程序的阻力和障碍，从而提高行政效率。

2. 保障行政受体的合法权益。行政实体规范对行政受体的合法权益予以规定，行政程序规范具有在程序上保障行政受体这些权益不受非法侵害的作用。国家安全行政程序在国家安全机关实施行政行为的事前、事中就为减少国家安全机关及其工作人员侵犯行政受体合法权益而设置了种种程序保障，这些程序可以使国家安全机关在实施行政行为时更加谨慎、周密，从而减少和杜绝行政侵权行为的发生。同时，国家安全行政程序还规定种种行政救济程序，使行政受体的合法权益得到充分的保障和救济。“从美国的经验看，既然对行政主体在现代社会的扩张性只能认同，剩下的也就是加强程序正义了。”[③] 在法治发达国家中我们可以看到，凸现在行政法中的行政程序法成了法治社会抑制行政权侵犯公民合法权益的最重要的常规手段。[④]

3. 监督与控制国家安全机关的行政权。行政违法行为的发生，常常与实施该行政行为无程序可循或程序不健全、不完备有关，国家安全行政程序就是通过对国家安全机关实施行政行为的步骤、方式、顺序、时限等作出健全、完善的规定，从而将国家安全机关行政行为的实施约束在法治的轨道内，从制度上克服和杜绝了行政职权的混乱和实施行政行为的恣意妄为、武断专横。同时，遵循必要的程序成为行政行为发生法律效力的必要条件，如果程序不合法，则该行政行为无效，从而使国家安全行政程序发挥监督与控制国家安全机关行政权的作用。

---

① 叶必丰著：“公共利益本位论与行政程序”，《政治与法律》，1997 年 4 月。

② 罗传贤著：《行政程序法基础理论》，台湾五南图书出版公司，第 6—7 页。

③ 陈端洪著：《中国行政法》，法律出版社，1998 年版，第 5 页。

④ 章剑生著：《行政程序法基本理论》，法律出版社，2003 年版，第 50 页。

第二节　国家安全行政程序的基本原则

关于行政程序的基本原则和制度，学术界采用了两种论述方式，一是将原则与制度分别论述，[①] 另一是将原则与制度相结合。[②] 原则具有涵盖性、贯穿性、指导性等特性，而制度只具有局部性、阶段性、单一性等特性。原则与制度各有其特质，因此我们将两者分别展开论述。

国家安全行政程序的基本原则是指贯穿于行政程序法律规范始终，指导行政程序法律规范制定、实施的基本准则。行政程序的基本原则，学者们有不同的认识与概括。有的概括为五项原则，有的概括为六项原则，而在六项原则里又各有区别。[③] 从学者们所论述的行政程序的基本原则的内容看，名称虽然不一，但有的内容相互交差，有的互相重复，有的不属于行政程序的原则。我们认为，行政程序的原则应当体现正当行政程序的各种价值，穿透于所有行政程序法律制度的内在精神和基本准则。作为行政程序的基本原则应当具有法律性、根本性和排他性等外在特质和内在根据。行政程序基本原则的法律性是指行政程序基本原则作为一种法律准则，具有法律效力，若具体行政程序法律规范与行政程序基本原则相抵触时，具体行政程序法律规范无效；行政程序基本原则

---

① 章剑生著：《行政程序法学原理》，中国政法大学出版社，1994 年版，第 95—142 页。

② 崔卓兰著：《行政程序法要论》，吉林人民出版社，1996 年版，第 25—31 页。

③ 参见应松年主编：《行政行为法——中国行政法制建设的理论与实践》，人民出版社，1992 年版，第 24—27 页；崔卓兰著：《行政程序法要论》，吉林人民出版社，1996 年版，第 25—31 页；王连昌主编：《行政法学》，中国政法大学出版社，1994 年版，第 135—136 页；吴庚著：《行政法之理论与实用（增订七版）》，台湾三民书局，2001 年版，第 507—511 页。

的根本性是指行政程序基本原则的根本价值，具有统领全局的作用，行政程序的基本制度、普通原则以及行政程序法律规范等都受基本原则的统一指导；行政程序基本原则的排他性是指行政程序的基本原则仅为行政程序法律所有，并不同于其他法律的基本原则或不与其他法律所共有。据此标准，国家安全行政程序的基本原则有：

一、程序法定原则

程序法定原则又称合法原则，是指国家安全行政活动的主要程序必须由法律加以规定，国家安全机关实施行政行为必须严格遵循，不得违反或者随意变更法定程序。具体讲，程序法定原则包括以下几方面的内容：(1) 国家安全机关实施行政行为的方式、步骤、顺序、时限以及行政受体参与程序必须通过法律明文规定。(2) 国家安全机关及其行政受体必须严格遵循法定程序。违反法定程序必须承担相应的法律责任。

程序法定原则实质是对国家安全行政权的制约。众所周知，行政权作为一种强制力、支配力，与生俱来就有不断扩张和膨胀的特性，行政权扩张或膨胀的直接后果是对公民、组织权利所产生的不利影响也随之增加。在现代社会中如何有效地防止公民、组织权益不受扩张了的行政权力的侵害，也就成了现代行政法的一个核心主题，而且事实证明，行政权力越大，对公民、组织权益侵害的可能性就越大。[①] 虽然司法审查也是规范行政权力的一种强有力的方法，而且实践中已经取得了一定的成效，但它毕竟是事后补救性的程序法律机制。因此，要控制行政权这种天生的无节制的扩张特性，离不开法治化的程序控制。通过法定的行政程序的规范，有助于国家安全行政的统一与持续，有助于保障行政受体的合法权益和维护国家安全。同时，通过国家立法机关将行政程序法治化，也体现了以权力制约权力，在法治化的行政程序中对行政受体设

① 章剑生著：《行政程序法基本理论》，法律出版社，2003 年版，第 50 页。

定的诸多程序权利，无疑也是一种对行政权的制约。[①] 当然，由于国家安全行政事务复杂多变，与国家安全行政权有关的程序并不都必须也不可能法定化。行政程序法定原则这里的"法"除了国家立法机关制定的国家安全法律外，还包括国家安全行政法规和国家安全行政规章，甚至在没有国家安全法律、法规及规章的情形下，国家安全政策作为一种特殊的"法"形式也应当被适用。

二、参与原则

参与原则是指国家安全机关实施行政行为时，除法律另有规定外，行政受体应当有权对行政行为表达自己的意见，并且这种意见能得到应有重视的原则。这一原则包含以下几方面的内容：(1) 国家安全机关实施行政行为时，除法律另有规定外，应当允许行政受体参与并表达自己的意见。实现行政受体参与原则的主要制度是以听证程序为核心的调查制度。(2) 国家安全机关对行政受体的意见必须作出积极的反应。(3) 事后要允许行政受体提出复议、申诉，通过法律程序获得救济。行政参与原则是行政受体行政参与权在行政领域的具体表现。贯彻这一原则，一方面可以避免违法不当的行政行为对行政受体造成难以弥补的损失；另一方面，也可以加强对国家安全行政权运行的监督，使国家安全机关实施行政行为时避免盲目、恣意和武断。参与原则有其宪法和国家安全法律基础。如：我国《宪法》第二条规定："中华人民共和国一切权力属于人民。人民依照法律规定，通过各种途径和形式，管理国家事务，管理经济和文化事业，管理社会事务。"参与原则在各国的国家安全法律中也有体现。如：我国《国家安全法》第二十一条、第三十一条规定，行政受体对国家安全机关及其工作人员的行政违法行为，有权检举、控告或者复议；1992 年《蒙古国家安全法》也规定，蒙古国公民

---

① 李枚主编：《中国行政法学总论》，中国方正出版社，2006 年版。

对国家安全工作有权提出意见和申诉；1992 年《哈萨克斯坦共和国民族安全机关法》第七条规定，其他国家机关、各种所有制形式的企业、劳动集体、组织及军事单位和公民有权参与维护国家安全，并在民族安全机关履行自己的职责时进行合作。

三、公正原则

公正一词与正义等意思相当。不同的时代、不同的社会制度、不同的意识形态、不同的环境、不同的视角、不同的主体对公正或者正义的含义有不同的理解。[①] 实际上，公正是指人们之间权利和义务的合理分配关系的状态。这种分配关系合理就是公正，反之就是不公正。程序公正就是要求国家安全行政主体，在行使行政权力、开展国家安全行政活动的过程中正确认定事实，合理选择和适用国家安全法律、法规等规范性文件，完成法定职责。由于国家安全是一种公共利益，同时又是每个公民的事业，因此国家安全机关及其工作人员必须在公正原则下行使行政权力。所谓公正原则，是指国家安全行政程序要保证国家安全机关在行政活动中排除可能造成偏见的因素，公正地对待所有行政受体的原则。公正原则包括以下几方面的内容：(1) 国家安全机关实施行政行为时应合理地兼顾国家利益、公共利益和行政受体利益，处理好三者之间的关系。(2) 在实施行政行为的过程中，要平等地对待所有行政受体、当事人，对其一视同仁，不偏不倚。(3) 作出行政行为时，要排除各种偏见，并通过具体制度，如回避制度等加以保证，确保行政决定的公正、公平。

公正是人们对行政程序是否合理的评判，因此带有主观性。又由于

---

① 参见［美］庞德著：《通过法律的社会控制——法律的任务》（中译本），商务印书馆，1984 年版，第 55 页；［美］罗尔斯著：《正义论》（中译本），中国社会科学出版社，1988 年版，第 5 页；［美］博登海默著：《法理学——法哲学及其方法》（中译本），华夏出版社，1987 年版，第 238 页。

国家安全行政权的广泛性和国家安全行政事务的复杂性，决定了国家安全行政程序公正原则内容的模糊性和不确定性。为了保障行政公正原则的实现，避免理论上无休止的争论和国家安全机关实际工作中利用职权进行偏私的解释，通过法律承载此原则的法律精神并以此为枢纽连接具体案件，这是现代法治国家普遍首选的方案，从而人们也以此有关行政程序法律作为判断行政是否公正的标准。[①] 判断国家安全行政程序公正的标准有以下几个方面：一是当事人权利义务对等。当事人有平等表达意见的机会，双方的证据具有同等的效力；任何一方不能只享有权利（力）不承担义务，也不能只有承担义务不享有权利（力）；对程序过程中力量对比的有利方，应采取举证责任转移等方法，尽量使力量对比得到均衡，以保障其合法权益。二是程序合理。行政程序的合理主要取决于过程是否法制化，必备的程序要素是否齐全，步骤有无颠倒、跳跃，各个角色作用发挥是否充分，行政行为的理由是否充分合理。[②] 三是目的正当。行政机关行使职权服务于法律的目的，法律的目的引导着国家安全机关的行政行为不偏离正当性。如果法律的目的不正当，那么国家安全机关就会偏离正当性而不公正地行使行政权。因此，要保障国家安全行政行为的正当，必须保障程序法律目的的正当性。总之，程序公正原则是现代行政程序的起码要求，也是现代行政民主化科学化的客观要求。

四、效率原则

效率原则是指国家安全行政程序要适应国家安全行政的要求，以迅速、简便与经济的方式达到行政目的的原则。行政效率是国家安全行政活动的生命，瞬息万变和尖锐复杂的国家安全行政活动必须有一个完整、合理的行政程序，以保障国家安全机关在合法公正的前提下，用最

① 章剑生著：《行政程序法基本理论》，法律出版社，2003年版，第62页。

② 皮纯协主编：《行政法学》，中国人民大学出版社，2002年版，第345页。

短的时间、最快的速度完成某项国家安全行政事务。没有行政效率，国家安全机关就不可能很好地做好国家安全行政事务。行政效率原则包括以下几方面内容：（1）任何行政程序都要有时限的限制，防止拖延，保证国家安全机关快速实现行政目的。（2）行政程序的设置应简洁、简便，防止繁琐复杂，影响行政效率。（3）设置程序要有一定的灵活性，以适应国家安全工作中情况复杂、多变，亟需紧急处置的需要，设置紧急处置制度、自由裁量制度等。（4）行政程序的设置要科学、合理，以保证行政行为的畅通。当然在贯彻行政效率原则时也要防止国家安全机关以提高行政效率为理由，减少或免除自已的程序义务，增加自身的程序上的自由裁量权，限制或剥夺行政受体的程序权利。

第三节　国家安全行政程序的主要制度

国家安全行政程序的主要制度是指国家安全机关在行政活动中必须遵循的重要程序制度，是行政程序基本原则的具体化。行政程序的基本制度具有规范性、明确性和适用性等特点，而基本原则在一般的情形下不具有直接适用的功能，它要借助于基本制度来实现其应有价值。当然行政程序的基本原则与基本制度不是简单的对应关系，一个基本原则可以体现几个基本制度，反过来一个基本制度也可能反映几个基本原则。有关行政程序的基本制度，我国学者列举了达二十多种。[①] 我们认为，行政程序的基本制度是行政程序过程中，行政主体应当遵循的最起码、最根本的以及行政程序过程中共通的制度，并不是行政程序的全部制

① 崔卓兰著：《行政程序法要论》，吉林人民出版社，1996 年版，第 25—37 页；江必新等编著：《行政程序法概论》，北京师范学院出版社，1991 年版，第 27—38 页。

度，也不是行政程序过程中某一方面的制度。主要包括以下几种制度：

一、告知制度

告知制度指国家安全机关作出具体行政行为时，必须将有关事项告知行政受体的制度。告知的形式主要有：发布或公布、送达、公告、书面告知或口头告知。告知的内容主要有：（1）告知身份。国家安全机关及其公务人员在实施行政行为之前，要向行政受体以适当的方式来证明自己享有进行某种行政决定的职权或者资格。在国家安全行政实践中，告知身份的方式是多样的。如出示“相应的证件”、统一着警服等。（2）告知决定。如告知许可或不许可、告知处罚的种类、处罚的轻重等。《行政处罚法》第三十九条规定：行政机关给予行政处罚，应当制作行政处罚决定书，行政处罚决定书应当载明“行政处罚的种类”。《行政处罚法》第四十条还规定：“行政处罚决定书应当在宣告后当场交付当事人；当事人不在场的，行政机关应当在七日内依照民事诉讼法的有关规定，将行政处罚决定书送达当事人。”上述规定表明，国家安全机关应当在作出行政处罚决定时，将行政处罚的种类等必须明确告知当事人。（3）告知权利。如《行政处罚法》第六条规定：“公民、法人或者其他组织对行政机关所给予的行政处罚，享有陈述权、申辩权”；第三十二条规定：“当事人有权进行陈述和申辩。行政机关必须充分听取当事人的意见。”国家安全部有关国家安全机关办理行政案件的程序规定：在作出行政处罚前，应当告知当事人享有的权利。（4）告知其他事项。如告知当事人不服行政处罚决定，申请行政复议或者提起行政诉讼的途径和期限等。

二、听证制度

听证制度是指国家安全机关在作出影响行政受体权利、义务的行政决定前，应当给予行政受体参与并发表意见的机会，就有关事实、法律问题听取当事人的陈述、申辩和质证，然后根据双方质证、核实的材料作出行政决定的一种制度。听证制度是行政程序参与原则的具体贯彻和体现，对于保障行政受体参与权的实现，保证国家安全机关行政决定客观、公正、合理、合法，具有重要的意义。

1996 年 3 月全国人大制定颁布的《行政处罚法》首次确立了行政听证制度，《行政处罚法》第四十二条规定："行政机关作出责令停产停业、吊销许可证或者执照、数额较大罚款等处罚决定之前，应当告知当事人有要求举行听证的权利；当事人要求听证的，行政机关应当组织听证……"。根据这一规定，举行听证必须符合二个法定条件：（1）行政机关将要作出《行政处罚法》第四十二条规定的有关行政处罚；（2）当事人要求听证。虽然听证制度能够保证国家安全行政行为的公正合理，但是听证也需要耗费大量的人力和财力，不利于国家安全行政效力。因此，在国家安全行政活动中，目前听证制度尚未建立、实施。

听证制度是现代行政程序中重要制度，它起源于英国的自然公正和美国的正当法律程序。我国听证制度的法理基础是宪法所确立的人民民主原则。[①] 听证制度适用范围广泛，[②] 不仅适用于国家安全行政执法，对

---

① 我国宪法具有鲜明的人民民主性质，如宪法第二条第三款规定："人民依据法律规定，通过各种途径和形式，管理国家事务，管理经济和文化事业，管理社会事务。"第二十七条第二款规定："一切国家机关和国家工作人员必须依靠人民的支持，经常保持同人民的密切联系，倾听人民的意见和建议，接收人民的监督，努力为人民服务。"

② 关于行政听政的适用范围，我国行政法学界认为不仅适用于行政主体的具体行政行为，也适用于创制行政规范的行为。如马怀德教授认为，应当以"利益均衡和成本与效益比例关系"作为确定行政程序适用范围的基本原则；同时认为，确定听政程序适用范围的标准有两个，即行为标准和利益标准；应将听政程序的适用范围扩大到具体行政行为和抽象行政行为。方世荣教授认为，应当在抽象行政行为的产生过程中推行适当而必要的听政程序。参见马怀德著："论听政程序的适用范围"，《中外法学》，1998 年第 2 期；方世荣著："关于我国抽象行政行为听政问题的探讨"，《法商研究》，1998 年第 1 期。

于国家安全行政立法活动也同样适用，相信随着我国国家安全行政法律、制度的不断健全、完善，听证制度将会广泛建立起来，并成为国家安全行政程序的核心制度。

三、说明理由制度

说明理由制度是指国家安全机关依法向行政受体说明作出行政决定在事实上、法律上的理由的制度，又称附加理由制度。如《行政处罚法》第二十一条即规定："行政机关在作出行政处罚决定前，应当告知当事人作出处罚决定的事实、理由及依据……。"这一规定即确立了国家安全机关在实施行政处罚中的说明理由制度。说明理由制度，可以发挥以下两个方面的作用：(1) 国家安全机关依法向行政受体说明作出行政决定在事实、法律上的理由、依据，可以对行政受体起到说服教育的作用，使其认识到国家安全机关作出某项行政决定的正确性，心悦诚服地接受、履行此项行政决定。(2) 可以进一步增强国家安全机关的自律、自控功能，使国家安全机关慎重行使职权。因为要向行政受体说明作出行政决定在事实、法律上的理由、依据，就必须要做到作出行政决定所依据的事实清楚，证据确凿，所适用的法律正确、适当，这就促使国家安全机关在作出行政决定前慎重地查证有关事实，谨慎地适用相关法律，防止国家安全机关有关工作人员滥用职权，恣意擅断。

说明理由制度既适用于创制国家安全行政规范的行为，也适用于国家安全具体行政行为。创制国家安全行政规范的程序说明理由，是指国家安全行政主体就指定的行政规范性文件，在政府公告或其他新闻媒体上告知的同时，说明其依据、理由，并随国家安全行政规范一起公布于众。国家安全具体行政行为程序的说明理由，是指国家安全行政主体作出对行政受体权益有不利影响的具体行政行为时，必须在相关的法律文书中说明具体行政行为的事实原因和法律原因。具体包括：事实依据、国家安全法律、法规根据及理由。

四、回避制度

回避制度是指国家安全机关在决定或处理其管辖范围内的各种事项或裁决相应争议时，国家安全机关工作人员若与所处理的事项或裁决的争议有某种利害关系，应主动回避或应当事人申请予以回避的制度。如《行政处罚法》第三十七条规定："执法人员与当事人有直接利害关系的，应当回避。"建立回避制度有利于排除与所处理的事项有利害关系的国家安全机关工作人员主持行政程序，杜绝和减少行政不公的发生；有利于增加行政受体对国家安全机关的信任，保障国家安全行政管理活动的顺利进行。

回避制度是确保行政公正的重要制度，回避的法定理由一般包括以下几种情况：（1）国家安全工作人员是国家安全行政事务的当事人或者当事人、代理人的近亲属；（2）国家安全工作人员与国家安全行政事务有利害关系；（3）国家安全工作人员与当事人有其他关系，可能影响对国家安全行政事务的公正处理的。

回避的方式一般有三种：（1）自行回避。自行回避是指国家安全工作人员在出现法定回避情形时，主动回避，不参与该国家安全事务的处理。实践中，具体的程序是：首先，请求。国家安全行政工作人员在对该案件作出具体行政行为的任何时候，如认为自己与案件有与法律规定的回避情形时，可以提出回避请求。其次，审查。国家安全机关负责人在收到机关工作人员回避请求时，应尽快给予审查，审查期限一般在三天内。第三，决定。经过审查后，国家安全机关负责人认为回避情形成立的，应当立即终止该机关工作人员处理本案的职权，并任命另一国家安全机关工作人员接替此案的处理。应回避的工作人员在接到此决定后，应当尽快将案件材料移交接替其职权的国家安全机关工作人员。如果国家安全机关负责人认为回避情形不存在的，则应命令该国家安全机关的工作人员继续处理本案，直到国家安全行政程序结束。如果国家安全机关负责人一时不能确定接替的工作人员，应当决定中止本案的行政程序。（2）申请回避。申请回避指国家安全工作人员在具备法定回避情形时，不主动要求回避，当事人有权向国家安全行政主体提出回避请求。具体程序是：首先，申请。当事人在国家安全行政程序进行过程中，如果发现负责案件处理的国家安全机关工作人员有法定回避情形时，应当在程序终结之前向有权限处理的国家安全机关提出申请，要求该机关的工作人员回避处理案件。其次，审查。有权限的国家安全机关在收到当事人的回避申请时，应尽快给予审查，审查期限一般为三天。第三，决定。经审查后，有权限国家安全机关认为回避申请理由不能成立的，应当决定驳回申请。对于驳回申请的决定，当事人有权申请复核一次。有权限的国家安全机关认为回避申请理由成立的，应当决定被申请回避的机关工作人员停止案件的处理，并及时移交到接替其职权的国家安全机关工作人员。如有权限的国家安全机关一时不能确定接替的工作人员，应决定中止本案的行政程序。（3）命令回避。国家安全机关上级部门或有权的国家安全机关可以命令具有法定回避情形的机关工作人员放弃对案件的参与。国家安全机关工作人员具有法定回避情形应当回避而没有回避的，该行政行为构成违反法定程序，可能被撤销；对该国家安全工作人员，国家安全机关应当给予相应的行政处分。

但是，由于国家安全行政事务的特殊性、专一性，决定了国家安全行政程序中的回避制度不能动摇国家安全机关的管辖权。① 也就是，本来有管辖权的国家安全机关不能因回避制度而无法对案件行使管辖权。即使国家安全机关工作人员与案件的处理结果之间存在法定的回避情形，如果没有其他机关可以代替行使其职权，那么当事人必须认可该国家安全机关工作人员的裁判。这一例外的限制是国家安全行政法基本原则“国家安全高于一切”重要体现。

① 这一限制在英美法系中被称为“必需原则”或“必要原则”。参见王名扬著：《美国行政法（上）》，中国法制出版社，1995年版，第462页；［英］威廉·韦德著：《行政法》，徐炳译，中国大百科全书出版社，1997年版，第110页。

五、时效制度

时效制度是指行政主体实施行政行为的全过程或者各个阶段受到时间限制，在法定期限内必须完成特定程序行为，否则将产生特定法律后果的制度。时效制度既是为了促使行政效率的提高，也是为了防止行政主体以拖延时间的方式侵害或者不保护行政受体的合法权益。对行政行为，法律往往明确规定了时限，如：《行政复议法》第十七条规定："行政复议机关收到行政复议申请后，应当在五日内进行审查，对不符合本法规定的行政复议申请，决定不予受理，并书面告知申请人；对符合本法规定，但不属于本机关受理的行政复议申请，应当告知申请人向有关行政复议机关提出。""除前款规定外，行政复议申请自行政复议机关负责法制工作的机构收到之日即为受理。"这一规定就是对行政机关实施某项行为的时间限制。国家安全行政主体违反法定的期限，将会产生以下法律后果：一是推定批准、推定驳回或者失效。在国家安全行政许可或者批准程序中，国家安全机关在法定期限内不给申请人答复的，特定国家安全机关作出许可或批准决定。根据该推定，申请人享有从事许可或者批准行为的权利。在国家安全行政许可或者批准之外的其他应申请的程序中，国家安全机关在法定期限拒不给予明确答复的，推定为驳回，申请人据此可以申请复议或者提起行政诉讼。对依职权开始的国家安全行政程序，国家安全机关不在法定期限内作出具体行政行为的，在不对行政受体产生不利影响的情况下，国家安全机关可以根据利害关系人的请求或依据职权确认此项程序失效。二是管辖权转移。国家安全机关在法定期限内没有作出具体行政行为的，管辖权因当事人的请求转移到其他国家安全机关。三是对直接责任人进行处分。国家安全机关无正当理由延长法定期限的，国家安全机关可以对直接责任人作出行政处分。[①]

当然，时效制度也适用于行政受体，如行政受体不在法定期限内申请行政复议或提起行政诉讼，就丧失了获得相应救济的权利。时效制度是行政程序效率原则的具体体现，对于提高国家安全行政效率和有效保障当事人合法权益具有重要的意义。

① 宋世杰主编：《中国行政法律制度》，湖南人民出版社，2003 年版，第 172 页。

第六章

国家安全行政法律责任论

第一节　国家安全行政法律责任概述

一、行政法律责任的一般含义

在行政法学中，“行政责任”与“行政法律责任”是含义基本相同的概念，为方便起见，本书采用“行政法律责任”的提法。关于行政法律责任的概念我国法学界众说纷纭，归纳起来有四种看法：即“违反行政法规责任说”，认为“行政责任是指因违反行政法而应当承担的法律责任”，① 或者认为“行政责任是违反国家行政管理法规的行为必须承担的责任”；②“行政主体责任说”，认为“行政责任是行政主体及其执行公务人员因行政违法或者行政不当，违反其法定职责或义务而应依法承担

---

① 张文显著：《法学基本范畴研究》，中国政法大学出版社，1993 年版，第 412 页。

② 林仁栋著：《马克思主义法学的一般原理》，南京大学出版社，1990 年版，第 199 页。

的否定性的法律后果”；[①]“行政法律关系主体责任说”，认为“行政责任是指行政法律关系主体因违反行政法律规范所应当承担的法律后果或应负的法律责任”；[②] 和“行政受体责任说”，认为行政责任就是企业事业单位、其他社会组织和个人的行政违法所引起的法律责任。[③] 由上可见，“违反行政法规责任说”对行政责任的责任承担者未作说明；“行政主体责任说”虽然指明了责任的承担者，但忽略了行政受体的行政法律责任，带有浓厚的“控权主义”色彩；“行政受体责任说”是受前苏联行政法学以及“管理论”思想的影响，忽视了行政主体的法律责任。我们认为，行政活动是行政主体与行政受体共同参与的活动，在行政活动中，任何一方的行为违法或者不当，都应当承担相应的法律责任，即行政法律责任，因此上述“行政法律关系责任说”比较科学。

行政法律责任是指行政法律关系的主体由于违反行政法的规定依法应承担的否定性的法律后果的义务。行政法律责任并不是仅指行政主体因其行政活动违法而承担的法律责任。行政法律责任是相对于刑事法律责任、民事法律责任而言的一种法律责任，这种法律责任的前提是有违反行政法而不是其他部门法的行为，而且该行为所要承担的后果的义务也是行政法而不是其他部门法规定的义务，这种义务是因违法行为而必须承担的特定义务。这种义务的特定性在于它不是与权利相对应的义务，而是由于滥用权利或不履行法定义务而被法律所加重了的义务。行政法律责任按照责任主体的不同，主要分为四种：

---

① 皮纯协、胡锦光编：《行政法与行政诉讼法教程》，中央广播电视大学出版社，1996 年版，第 221 页；杨解君主编：《行政法学》，中国方正出版社，2002 年版，第 413 页。

② 参见罗豪才编：《中国行政法教程》，人民法院出版社，1996 年版，第 326 页；姜明安：《行政法与行政诉讼》，中国卓越出版公司，1990 年版，第 321 页；熊文钊：《行政法通论》，中国人事出版社，1996 年版，第 371 页；胡建淼主编：《行政法教程》，法律出版社，1996 年版，第 279 页；方世荣主编：《行政法与行政诉讼法》，中国政法大学出版社，1999 年版，第 139 页。

③ 王成栋著：《政府责任论》，中国政法大学出版社，1999 年版，第 25 页。

1. 行政主体的法律责任。它是指行政主体违反行政法律规范而应承担的法律责任。行政主体的法律责任有的要向国家承担，有的要向行政受体承担。

2. 行政公务人员的法律责任。它是指行政公务人员违反行政法律规范而应承担的法律责任。行政公务人员的法律责任是一种个人责任，这种个人责任主要是针对国家（由行政机关代表）承担的。这种个人责任主要源于行政公务人员的两种违法情况：一是在行政机关内部管理中，行政公务人员违反内部管理制度，破坏了行政机关的内部秩序，因而要对国家行政机关承担法律责任；二是行政公务人员在代表行政机关对外管理时，由于个人故意违法或有重大过失，致使行政机关对行政受体作出了违法的行政行为并造成了对方合法权益的损害。对此，行政机关要对其违法行政行为向行政受体承担法律责任，但这种违法行政行为在行政机关内部，又是由于行政公务人员故意或重大过失而造成，行政公务人员损害了行政机关的声誉和利益，因而其应向行政机关承担法律责任。

3. 行政受体的法律责任。它是指行政受体违反行政法律规范而应承担的法律责任。这种责任也是一种个人责任，因为其违法行为主要是侵害了国家和社会的公共利益，破坏了国家的行政秩序，所以它主要是向国家承担的。

4. 监督主体的法律责任。它是指法律监督者在监督活动中违反法律规定而应承担的法律责任。监督主体在监督行政过程中有违法的表现，如违反法定程序、不履行法定的监督职责、枉法裁决等，对此同样要承担法律责任。当然，由于监督主体的种类较多，包括权力机关、司法机关和行政机关内部监督主体，对它们在监督过程中出现的违法行为追究法律责任，分别有不同的法律途径。其中权力机关和司法机关在实施法律监督中的违宪、违法问题，其法律责任不属于行政法律责任。而行政机关内部监督主体在监督过程中行为违法所引起的法律责任则属于行政法律责任，该法律责任有的是向国家承担的，也有的是向被监督对象承担的。

二、国家安全行政法律责任的概念和特征

厘清了行政法律责任的一般含义，我们即可依此对国家安全行政法律责任的概念作如下表述：国家安全行政法律责任是指国家安全行政法律关系的主体由于违反了国家安全行政法律的规定而依法应当向国家承担的否定性的法律后果的义务。国家安全行政法律责任除了具有行政法律责任的一般特质外，与其他法律责任相比还有其独特的特征：

1. 国家安全行政法律责任是国家安全行政法律确立的违反行政法律规范而应承担的法律责任。这一特征表明该法律责任的部门法属性：该类责任的依据是国家安全行政法而不是民法、刑法等其他部门法，国家安全行政法律责任以违反国家安全行政法律规定为前提条件。

2. 国家安全行政法律责任在性质和程度上，既不同于刑事法律责任那样偏重于惩罚性，又不同于民事法律责任那样偏重于补救性，而是具有两种性质，而且在程度上，其惩罚性低于刑事法律责任，是与刑事法律责任的一种衔接。

3. 国家安全行政法律责任的主体是国家安全行政法律关系的主体，这些主体不是单一性的而是多样化的，包括国家安全机关及其工作人员、行政受体等。同时，由于责任主体多样化，其各自的责任形式也多种多样。

4. 国家安全行政法律责任的追究机关不像刑事责任、民事责任追究机关那样限于司法机关，一般来说，国家安全行政法律责任只能由有关的国家安全机关依照国家安全行政法律（包括实体法和程序法）规定的条件和程序予以追究。

第二节　国家安全行政法律责任的确认原则

确认国家安全行政法律责任的原则是指确认国家安全行政法律责任时所应遵循的基本准则。它贯穿在整个确认国家安全行政法律责任的活动中，直接关系到对国家安全行政法律责任追究的准确性、及时性和合法性。我们认为确认国家安全行政法律责任的原则包括以下几个方面：①

一、责任法定原则

责任法定原则的要求，只能以合法的程序对法律规定的违法行为追究国家安全行政法律责任。这也是国家安全机关依法行政原则的重要内容。强调国家安全行政法律责任的适用必须有一个客观的、为人悉知的法律标准，它对克服适用国家安全法律责任中的任意性具有重要意义。

责任法定原则突出了国家安全行政法律的权威性，即只有法律规定才是追究国家安全行政法律责任的基本依据。但根据国家安全行政执法实践，有这样两个问题不可避免：一是在国家安全行政法律责任规范中存在着不少“内部文件”、“秘密文件”。它们规定的是一定的国家安全行政法律关系主体的行政法律责任，但并不公开，只供国家安全机关工作人员参考。这样的内部文件虽然具有概括性、即时性、规范性，但由于它不对国家安全行政法律关系的其他主体公开，因而不具备作为国家

---

① 参见任志宽、袁岳、刘永志著：《行政法律责任概论》，人民出版社，1991年版。

安全法律规范所必须具备的可预见性，因此我们认为，这些文件一般不宜作为追究国家安全行政法律责任的依据。二是在国家安全行政法律责任的确认依据中，存在着大量的政策性规定。我们认为，在国家安全行政立法还严重欠缺的情况下，党的政策作为确认国家安全行政法律责任的依据的重要渊源，是符合当前国家安全工作的实际需要的；这些政策的实施，为以后进行成熟的国家安全立法提供了总结经验的机会；即使在国家安全行政法律责任的法律规范比较完备的情况下，政策仍是对国家安全立法的补充，对确认国家安全行政法律责任的具体活动会起到指导作用。另外，国家安全工作的尖锐、复杂性，国际关系间的形势发展变化总是较快地反映在政策中，因而作为“晴雨表”的政策对于衡量违反国家安全法律的行为危害性的有无和大小起着重要的作用。但是在政策与现行国家安全法律发生冲突的情况下，必须明确法律的权威性，在不违反国家安全法律规定的范围内运用政策，而且还应进一步提高政策规范的公开性，逐步将一些成熟的政策转化为国家安全法律规范。

二、违法程度与责任水平相一致原则

这里的违法的“法”应当作广义理解，包括宪法、行政法律、规章、法律解释和法的基本原则等。① 还包括“诚信原则、公序良俗原则、尊重人权原则、权力不得滥用原则、尽合理注意原则”；② 也包括“蕴藏于法律条文中的法律价值”。③

因此，为避免国家安全机关在确认国家安全行政法律责任中的任意性，使国家安全行政法律责任的确定符合社会公平要求和实施制裁的预

① 朱新力主编：《行政法律责任研究——多元视角下的诠释》，法律出版社，2004 年版，第 114 页。

② 马怀德：《国家赔偿法的理论与实务》，中国法制出版社，1994 年版，第 98—99 页。

③ 吴雷、赵娟、杨解君著：《行政违法判解》，2000 年版，第 140 页。

期要求，就有必要确立一个较为客观的衡量标准。这就导致了违法程度与责任水平相一致的原则的形成。这一原则的具体内容是，适用于违反国家安全行政法律的行为人的行政法律责任的种类、强度，必须与违法行为对国家安全的危害性、危险性、行为人的主观恶性程度和责任能力相一致，根据违法行为危害程度的差别性，对违反国家安全行政法律的行为人区别对待。

在国家安全行政执法过程中，这一原则要求严格查证行政违法事件中的有关事实，准确把握具体违法行为的危害程度，以此为基础，选择最适当的国家安全行政法律责任手段，根据案件情节，正确地适用有关从重、从轻、减轻、免予处罚等行政责任机制。

国家安全行政法律责任水平与行政违法程度相一致还意味着：一是国家安全行政法律责任措施只是运用于制裁国家安全行政违法行为，不能将国家安全行政法律责任手段用于处理非行政性的或非国家安全行政性的违法行为；二是国家安全行政法律责任措施是用于处理国家安全行政违法事件，对已经达到刑事犯罪程度的行为需要追究刑事责任的行为主体，不能以追究国家安全行政法律责任来替代追究刑事法律责任。

三、责及个人原则

一定的国家安全行政违法行为是特定行为者违反国家安全行政法律义务的行为。该行为者以其自身的特定性处在相关的国家安全法律关系中，享受权利，承担义务。当行为人的行为违反了国家安全行政法律的义务时，应明确其对自己的行为独立负责。责及个人原则意味着：一是国家安全行政法律责任措施的效力只及于实施了违反国家安全行政法律行为的实施者，而不应及于那些同责任者有着种种关系的人。如不能因某一公民实施了泄露国家安全工作秘密的行为，而累及其亲友。二是通过完善国家安全机关特设职位的职责体制，使责任承担特定化，而不能以种种借口，使国家安全行政法律责任变相失效，将不确定的“集体责任”和“领导责任”代之以确定、具体、直接的个人责任。

责及个人原则使得国家安全行政法律责任的适用能够更加紧密地联系责任者的具体情况，使责任手段的运用更适当，更能起到对国家安全行政违法者的教育或者处罚作用。

四、程序保障原则

程序保障原则是指确认国家安全行政法律责任必须通过一定的程序，以保证追究国家安全行政法律责任的决定的正确性和适当性。程序性的规范具有强制性，违反程序规范的行为即构成违法行为。

程序保障既是实体权利实现的重要条件，也是使实体法上的责任得到准确认定和追究的保证。如果在国家安全行政法律责任的适用程序中存在着不公平、不合法的情形，就有可能使应该追究行政法律责任者免于追究，而不应该受到国家安全行政制裁者却被处理。程序保障的具体内容是国家安全行政法律责任的追究要履行一定的法定程序，包括划分一定的阶段，在一定的时间内，依法收集有关证据，认定国家安全行政违法行为的性质，听取有关方面的意见，制定决定和执行决定。在整个程序中，要赋予当事人以必要的程序参与权，以便使国家安全行政决定符合事实真相，符合国家安全法律的要求，并令当事人信服。

第三节　确认国家安全行政法律责任的依据

确认国家安全行政法律责任，必须有事实依据和法律依据。这两个方面的依据结合起来，在国家安全行政法律责任中，就是所谓“国家安全行政违法行为的构成要件”。构成国家安全行政违法行为，就是追究行政法律责任的依据。因而，要确认国家安全行政法律责任，首先必须确认国家安全行政违法行为的构成要件。

国家安全行政违法行为与行政违法行为的构成是两个有密切联系而又不同的概念。国家安全行政违法行为的概念解决的是国家安全行政违法行为的一般属性问题；而国家安全行政违法行为的构成，是指行政违法行为的具体标准，即一种行为在具备什么样的条件下才可作为国家安全行政违法行为。国家安全行政违法行为的概念是国家安全行政违法行为的构成的概念基础，离开了前者，国家安全行政违法行为构成的理论就毫无意义；而国家安全行政违法行为的构成的内容是国家安全行政违法行为的概念的具体化，离开了国家安全行政违法行为的构成理论，国家安全行政违法行为的概念就成为空洞而又难以确定的东西。

一、国家安全行政违法行为的构成

国家安全行政违法行为是指国家安全法律关系的主体作出的违反国家安全行政法律规范的各种行为。行政违法行为不仅指国家安全行政主体的违法的行政行为，也包括行政受体的行政违法行为。①

国家安全行政违法行为的构成是指违反国家安全法的行为所必须具备的各种必要条件之总和，确立国家安全行政违法行为的构成要件，旨在准确地认定违反国家安全行政法的行为，以便明确其国家安全行政法律责任。违反国家安全行政法律行为的构成要件包括以下几项：

（一）主体要件

违反国家安全行政法行为的主体必须是行政法律关系的主体。它包括国家安全行政主体和国家安全行政受体。国家安全行政法律关系的主

① 也有学者认为，行政违法行为仅是行政主体的违法的行政行为。参见胡建淼：《行政法学》，法律出版社，1998年版，第478页；杨解君著：《行政违法论纲》，东南大学出版社，1999年版，第10页；朱新力主编：《行政法律责任研究——多元视角下的诠释》，法律出版社，2004年版，第29页。

体是违反国家安全行政法行为的主体构成要件。非行政法律关系的主体，其行为不是行政法意义上的行为，因而也谈不上构成违反行政法的行为。

（二）内容要件

国家安全行政法律关系的主体具有相关的法定义务。国家安全行政法律关系的内容主要体现在对各主体的权利（权力）、义务（职责）的规定上。违反国家安全行政法行为是国家安全行政法律关系主体对法定的作为义务和不作为义务的违反。因此，具有法定义务是构成违反国家安全行政法行为的前提条件之一。当然，不同的国家安全行政法律关系主体的具体义务并不相同。特定的法律、法规所规定的义务，一般要求特定的国家安全行政法律关系主体履行，如某一国家安全机关及其公务员所具有的不得为某一政党或者组织服务的义务，并不一定适用于其他行政机关及其公务员。国家安全行政主体的义务也不一定适用于国家安全行政受体。主体的义务应当是法定的，所以要确定国家安全行政法律关系主体的某种行为是否构成违反国家安全行政法行为，必须以确认其是否具有相关的法定义务为前提。

（三）行为要件

国家安全行政法律关系的主体具有不履行法定义务的客观行为。行政法律关系主体享有行政法上的权利（权力），同时负有行政法上的义务（职责）。仅有法定义务，违反国家安全行政法还只是一种可能性：只有当国家安全行政法律关系主体客观上没有依法履行相关的义务时，才能构成违反国家安全行政法行为。如我国《国家安全法》第十九条规定："任何公民和组织都应当保守所知悉的国家安全工作秘密"，这是一项国家安全法律义务，如果公民或者组织未保守所知悉的国家安全工作秘密，将知悉的国家安全工作秘密向外扩散，就构成违法。并且这种不履行法定义务的行为或不作为行为，侵害了法律所保护的在国家安全行政活动范围内的社会关系，对国家安全及国家安全工作具有一定的危害性。

（四）主观要件

根据法学原理，行为人在主观上有过错，是构成违法行为的要件之一。所谓主观过错，是指行为人实施行为的一种心理状态，包括故意和过失两种形式。[①] 这一原理适用于违反国家安全行政法行为上，却表现出一定的特殊性，对国家安全行政主体和监督主体而言，只要其在客观上有违反国家安全行政法规范的作为与不作为就构成违法，而不必要求其主观状态。而对于国家安全行政受体来说，认定其是否构成违反国家安全行政法行为，有些必须以其主观过错为条件，此时，其主观上是否具有故意或过失，是构成违法行为的重要条件之一。如《中华人民共和国国家安全法实施细则》第八条中规定的境内人员“擅自会见有危害国家安全的境外人员”等违反国家安全法的行为，就要求行为人主观上必须是故意的（明知）。对于国家安全公务员来讲，由于其承担的国家安全行政法律责任是一种个人责任，国家安全机关对其违法行为的认定上也要考虑其主观上是否有过错，因为这涉及到是否要追究以及是否要给予行政处分的问题。

二、国家安全行政法律责任的构成

国家安全行政法律责任的构成是指形成国家安全行政法律责任所必须具备的各种条件之总和。国家安全行政责任的构成是指国家安全机关

① 学术界一般认为，“过错”是行为人对其行为后果的主观态度，是一种心理状态。但也有学者认为，“过错”并非就完全是一种主观状态，它也同样具有客观性质。参见任志宽、袁岳、刘永志著：《行政法律责任概论》，人民出版社，1991年版；朱新力主编：《行政法律责任研究——多元视角下的诠释》，法律出版社，2004年版，第24页。

和行政受体的行政责任的一般构成要件。[①] 国家安全行政法律责任的构成与违反国家安全行政法行为的构成是有区别的。违反国家安全行政法行为的构成旨在准确认定某一行为是否为违反国家安全行政法的行为；而国家安全行政法律责任的构成则在于确认某一违反国家安全行政法行为是否应承担行政法律责任，或者像有些行政法学者所说的那样，是否应追究行为人的行政法律责任。有时违反国家安全行政法的行为可以确定，但依法却不一定能构成国家安全行政法律责任。国家安全行政法律责任的构成要件包括以下几项：

（一）行为人已有违反国家安全行政法的行为存在

这是构成国家安全行政法律责任的必备前提条件。如前所述，国家安全行政法律责任是违反国家安全行政法行为所应承担的后果，为此，有违反国家安全行政法的行为存在是构成国家安全行政法律责任必不可少的条件。

（二）行为人具有法定的责任能力

行为人具有法定的责任能力是构成国家安全行政法律责任的又一个重要条件。行为人不具有法定的责任能力，即使其行为违反了国家安全行政法规范，也不能被追究或承担国家安全行政法律责任。在认定行为人是否具有法定责任能力时，对不同对象有着不同的要求。通常而言，

---

① 我国学者仅对行政机关及其公务员的行政责任的构成要件有较深入的论述，认为行政责任的构成要件有“三项说”：即行为人已构成行政违法及部分行政不当、行为人的主观恶性程度以及行政违法的情节和后果；参见胡建淼：《行政法学》，法律出版社，2003年版，第464页；皮纯协、胡锦光编：《行政法与行政诉讼法教程》，中央广播电视大学出版社，1996年版，第221页。“五项说”即：行政违法或不当是行政责任产生的前提条件、行政责任主体是行政主体及公务员、引起行政责任的行政违法或不当必须发生在行政公务行为中、行政责任必须为行政法律规范所确认以及承担行政责任，必须有主观上的故意或过失。参见王连昌主编：《行政法学》，中国政法大学出版社，1994年版，第328页。

对于国家安全行政主体、法人、非法人组织以及行政公务人员来讲，认定其责任能力没有特殊要求，只要其依法成立或依法进入到国家行政机关任职即可；而对国家安全行政受体中的公民来讲，认定其具有责任能力，则必须要求其达到法定的责任年龄、有正常的智力甚至生理状态，否则，即使其有违反国家安全行政法的行为也不得追究国家安全行政法律责任。如《中华人民共和国行政处罚法》第二十五条规定，不满十四周岁的人有违法行为的，不予行政处罚；第二十六条规定，精神病人在不能辨认或者不能控制自己行为时有违法行为的，不予行政处罚。这就是对国家安全行政受体中公民责任能力的法律规定。

（三）行为人违反国家安全行政法的行为，必须在情节、后果上达到一定严重的程度

行为人违反国家安全行政法的行为轻重不一，对于追究其国家安全行政法律责任，则要求在情节、后果等方面达到法定的程序。有些情节十分轻微、没有造成危害后果的违反国家安全行政法的行为，也不构成行政法律责任。如《中华人民共和国行政处罚法》第二十七条规定，违法行为轻微并及时纠正，没有造成危害后果的，不予行政处罚。我国《国家安全法》第二十五条规定："在境外受胁迫或者受诱骗参加敌对组织，从事危害中华人民共和国国家安全的活动，及时向中华人民共和国驻外机构如实说明情况的，或者入境后直接或者通过所在组织及时向国家安全机关或者公安机关如实说明情况的，不予追究。"这就是对构成行政法律责任包括国家安全行政法律责任在法定情节、后果程序上的要求。

第四节　国家安全行政法律责任的承担方式

国家安全行政法律责任的承担方式，就是国家安全行政法规定的责

任人承担否定性法律后果的独特形式，也可称作国家安全行政法律责任措施或行政法律责任手段。[①]

各国国家安全法在规定国家安全行政法律关系主体的权利、义务以及违反义务的法律责任的同时，也明确具体地规定了一系列的责任承担方式及选择使用这些方式的条件、使用的方法以及保障这些方式达到预期效果的强制措施等。这些规定充分体现了国家安全行政法律责任制度的“责任法定原则”，为制止法外处罚和提高依法行政的水平提供了有力的法律依据。

在确定国家安全行政法律责任承担方式体系时，我国的国家安全行政立法注意充分体现适用国家安全行政法律责任的目的，体现对行政受体合法权益的保护，体现尊重公民或者个人人格尊严的以人为本精神，体现进一步提高国家安全行政效率的迫切要求，体现形势对治理国家安全行政违法现象的要求。

我国国家安全行政立法对行政法律责任的承担方式的规定散见于法律、行政法规、地方性法规、地方自治法规、部门规章、地方政府规章、其他地方规范性文件中，其种类繁多，适用对象也各有其特殊性。根据不同的标准对这些繁杂的行政法律责任承担方式进行一定的梳理、分类比较，有助于我们对国家安全行政法律责任承担方式体系有一个比较清楚的认识。

一、国家安全行政法律责任承担方式的分类

学术界对行政法律责任承担方式的分类有以下几种：根据其具体内容可分为惩罚性行政责任形式和补救性行政责任形式；[②] 以行政损害的性质为基础和依据，并以为行政受体提供充分的法律救济和对行政主体

① 任志宽、袁岳、刘永志：《行政法律责任概论》，人民出版社，1991年版。

② 参见杨解君主编：《行政法学》，中国方正出版社，2002年版，第422页；李枚主编：《中国行政法学总论》，中国方正出版社，2006年版，第383页。

施加适当的法律制约为宗旨，将行政法律责任形式分为停止侵害性的责任形式、恢复性的责任形式和补偿性的责任形式。[①] 借鉴学者们的分类方式，我们对国家安全行政法律责任承担方式进行如下分类。[②]

1. 根据承担国家安全行政法律责任的主体，可以分为国家安全机关行政法律责任的承担方式、国家安全行政受托人行政法律责任的承担方式、国家安全行政受体的行政法律责任的承担方式。行政受体国家安全行政法律责任的承担方式又可划分为本国公民行政法律责任的承担方式、社会组织行政法律责任的承担方式、外国人和组织行政法律责任的承担方式等等。

2. 根据国家安全行政法律责任承担方式的直接效果，可以分为惩戒性国家安全行政法律责任的承担方式、补救性国家安全行政法律责任的承担方式。其中惩戒性国家安全行政法律责任的承担方式又可依作用面的不同，分为精神方面的国家安全行政法律责任的承担方式、财产方面的国家安全行政法律责任的承担方式、人身方面的国家安全行政法律责任的承担方式。补救性国家安全行政法律责任的承担方式也可以依责任作用的不同分为承认错误、恢复名誉方面的国家安全行政法律责任的承担方式，恢复原初状态的国家安全行政法律责任的承担方式，履行曾懈怠义务的国家安全行政法律责任的承担方式，赔偿损失的国家安全行政法律责任的承担方式等。

3. 根据国家安全行政违法行为所违反的国家安全行政法律义务的性质，可以分为内部或外部国家安全行政法律责任的承担方式两种：前者是指因违反国家安全行政系统内部的法定义务，而由国家安全机关以自律形式课加的国家安全行政法律责任的承担方式；后者是指国家安全机关为完成其职能工作，而对行政受体追究的国家安全行政法律责任的承担方式。

---

① 朱新力主编：《行政法律责任研究——多元视角下的诠释》，法律出版社，2004 年版，第 197 页。

② 任志宽、袁岳、刘永志：《行政法律责任概论》，人民出版社，1991 年版。

4．根据追究国家安全行政法律责任的有权机关的不同，可以分为权力机关可以动用的国家安全行政法律责任的承担方式、行政机关可以动用的国家安全行政法律责任的承担方式、司法机关可以动用的国家安全行政法律责任的承担方式。其中行政机关可以动用的国家安全行政法律责任的承担方式又可分为主管行政机关可以动用的国家安全行政法律责任的承担方式、行政监察机关可以动用的国家安全行政法律责任的承担方式、行政审计机关可以动用的国家安全行政法律责任的承担方式等。

二、国家安全行政法律责任的承担方式的应用

国家安全行政法律责任的承担方式的应用也就是在具体的国家安全行政案件中，对究竟适用何种国家安全行政法律责任的承担方式加以确定，具体包括是否应用国家安全行政法律责任的承担方式和应用哪一种国家安全行政法律责任的承担方式这样两个方面的内容。也就是说，确认了国家安全行政法律关系的主体负有行政法律责任，并不一定会使主体承担具体的责任措施，在符合某些法定条件的情况下，根据有权机关国家安全机关的决定，责任主体有可能不承担具体的行政责任措施。在排除了免除行政法律责任的情况以后，才发生选择应用何种国家安全行政法律责任的承担方式的问题。应当肯定，能否正确地应用行政法律责任的承担方式，首先取决于能否正确地确认国家安全行政法律责任，其次是取决于能否根据案情事实和法定的条件，在多种国家安全行政法律责任的承担方式之间作出合理的选择。

应该看到，能否正确应用行政法律责任的承担方式的问题，影响到能不能在行政和司法实践中贯彻“违法程度与责任水平一致的原则”，而能不能选用恰如其分（与违法主体行为的危害性、职业特征、承受能力、主观恶性等多种情节相对称）的国家安全行政法律责任的承担方式，在很大的程度上决定着能不能使适用国家安全行政法律责任的教

育、惩戒目的得到实现。[①]

在我们应用行政法律责任的承担方式时，有些学者认为要考虑相关的因素，如行政损害的形态，主体承担责任形式的可能性、可行性，行政受体的主观诉求和行为与行政损害的相关性等因素。[②] 也有学者认为首先要明确该项国家安全行政法律责任的承担方式的法定适用对象、适用条件（包括不适用该项行政法律责任的承担方式的条件）、适用方式以及有关限制。其次，要明确两个重要的有关制度，即国家安全行政法律责任承担方式的调节制度与国家安全行政法律责任承担方式的配合运用制度。我们认为，两种观点实质上大同小异，下面介绍后一种观点。

1. 国家安全行政法律责任的承担方式的调节制度，就是指依照一定的法定条件，变动国家安全行政法律责任的承担方式的种类、份量的制度。通常责任手段的份量和种类是国家安全机关在适用行政法律责任时，根据有关事实和法律规定自动调节的，故绝大多数的行政立法只是规定，在发生一定的国家安全行政违法行为的时候，“视情节轻重”，追究行为人的国家安全行政法律责任。但是，明确规定有关国家安全行政法律责任承担方式的调节制度，可以将某些特定的情节在选择国家安全行政法律责任承担方式过程中的法律意义进一步明确化，也就是缩小了裁决人在这方面的裁量权。在我国国家安全行政责任规范中，有关行政法律责任的承担方式的调节制度通常包括以下几种：[③]

（1）免责制度。即对已构成国家安全行政违法的主体，依一定的条件，使其不承担具体的国家安全行政法律责任措施的制度。我国《国家安全法》第二十四条、第二十五条的规定就是免责制度的具体体现。

---

① 任志宽、袁岳、刘永志著：《行政法律责任概论》，人民出版社，1991 年版。

② 朱新力主编：《行政法律责任研究——多元视角下的诠释》，法律出版社，2004 年版，第 191—198 页。

③ 任志宽、袁岳、刘永志：《行政法律责任概论》，人民出版社，1991 年版。

（2）从轻制度。即在法定的多种国家安全行政法律责任承担方式中，或在法定的国家安全行政法律责任承担方式的惩戒幅度内，对国家安全行政违法行为实施人选用较轻的责任手段或选用接近惩戒幅度下限的责任手段。

（3）从重制度。即在法定的多种责任措施中或法定的国家安全行政法律责任承担方式的限度内，依一定的条件，选用较重的责任手段或选用接近上限的责任手段。

（4）减轻和加重制度。减轻行政责任的承担方式是指在法定的国家安全行政处罚或处分幅度或种类以下，对国家安全行政违法行为的实施人选择适用国家安全行政法律责任的承担方式。加重行政责任的承担方式是指在法定的行政处罚或处分幅度或种类以上，选择适用行政法律责任的承担方式。

减轻和加重是适用法律责任时的例外，并且受到严格的限制。减轻和加重并不是法外处罚。减轻或加重的条件以及减轻或加重的限度，均由国家安全法律加以明确规定。国家安全法律未规定可以减轻或加重的，不得减轻或加重处罚或处分。

2. 行政法律责任的承担方式的配合应用制度，是指针对同一个国家安全行政违法行为实施多种国家安全行政法律责任的承担方式。这是由于有些国家安全行政违法行为仅仅以一种国家安全行政法律责任的承担方式不足以消除其社会危害后果，或不足以消除行为人的主观恶性，或不足以达到适用国家安全行政法律责任的预期目的。例如，有些国家安全行政违法行为对国家安全和利益造成危害，又对一定的权利人造成了物质上的损害，也对其精神或名誉造成了损害。所以，就不仅要求该国家安全行政违法行为实施人承担惩戒性的国家安全行政法律责任措施，还要承担补救性的国家安全行政法律责任措施；不仅要承担财产性的国家安全行政法律责任措施，还要承担精神性的国家安全行政法律责任措施。

三、国家安全行政主体行政法律责任的承担方式

根据行政法律责任的具体内容，国家安全行政主体承担行政法律责任的方式可分为惩罚性行政法律责任和补救性行政法律责任。

惩罚性行政法律责任以惩罚国家安全行政主体及其公务员为目的。它主要包括通报批评和行政处分两种形式。通报批评是通过公布有关国家安全行政主体或者行政公务员的违法或者不当行为，在精神方面对他们予以警戒。它既可以适用于国家安全行政主体，也可以适用于国家安全行政公务员。行政处分是指国家安全机关依照行政隶属关系对违法失职的公务员实施的惩戒措施。这种处罚形式只适用于国家安全行政公务员。

补救性行政法律责任以行政受体所受的损害为主要目的。它主要包括；(1) 承认错误、赔礼道歉。这是国家安全行政主体及其公务员所承担的一种最为轻微的行政法律责任。当国家安全行政主体及其公务员行使国家安全行政职权的行为侵害了行政受体的合法权益时，他们应当向行政受体承认错误、赔礼道歉。(2) 恢复名誉、消除影响。国家安全行政活动必须保护行政受体的合法权益，“不得以任何形式侵害公民的基本权利和自由、私人生活、公民的名誉和声望”,[①] 当国家安全行政主体及其公务员行使国家安全行政职权时侵害了行政受体的名誉，给行政受体造成不良影响时，国家安全行政主体应当为行政受体恢复名誉、消除影响。(3) 纠正行政不当行为。它是国家安全行政主体所承担的一种行为上的补救责任形式。这种责任是针对于国家安全行政主体及其公务员的行政不当作为。对于国家安全行政主体及其公务员的行政不当行为，国家安全行政受体有权要求行政主体及其公务员纠正自己的不当行为，

① 参见1991年《罗马尼亚国家安全法》第十六条规定、1992年《蒙古国家安全法》第十六条规定、1992年《哈萨克斯坦共和国民族安全机关法》第四条规定、1991年《前苏联国家安全机关法》第四条规定。

上级国家安全行政主体也有权要求下级国家安全行政主体纠正其不当行为。(4) 履行行政职责。这种责任针对国家安全行政主体及其公务员的不作为。例如，国家安全行政受体依法提交相关材料申请国家安全行政许可，而国家安全机关不予受理时，行政受体有权要求国家安全机关履行其法定职责。(5) 恢复原状。这是国家安全行政主体所承担的一种财产上的补救责任形式。当国家安全行政主体及其公务员在行使职权的过程中损害了行政受体的合法财产时，国家安全行政主体必须承担恢复财产原状的责任。(6) 行政补偿或者行政赔偿。国家安全行政主体的合法行为或者违法行为给行政受体造成财产损失时，国家安全行政主体应当承担行政补偿或者行政赔偿的责任。这是世界各国国家安全法普遍的一项制度，不过有的国家是在有关的国家安全法律条文中规定，如我国《国家安全法》第九条规定："国家安全机关的工作人员在依法执行紧急任务的情况下，经出示相应的证件，可以优先乘坐公共交通工具，遇到交通阻碍时，优先通行。国家安全机关为维护国家安全的需要，必要时，按照国家有关规定，可以优先使用机关、团体、企事业组织和个人的交通工具、通信工具、场地和建筑物，用后应当即时归还，并支付适当费用；造成损失的，应当赔偿。"也有的是在国家安全法中设专章规定。如 1974 年《捷克和斯洛伐克保安法》在第六章就专门规定，国家安全行政主体及其公务员在行使职权时给行政受体造成财产损失的应当补偿或者赔偿。根据《捷克和斯洛伐克保安法》第六章规定："1. 公民因保安机关或保安人员的请求或者自觉地提供帮助而造成健康损失或死亡，或者因为国家安全行政主体及其公务员的职务过错给行政受体造成损害的，根据类似工作人员工伤事故损失的赔偿办法处理。或者捷政府可以用法令做出规定：(1) 提供帮助的公民在什么情况下，在什么范围里，除按照劳动法规定领取损失补偿外，领取一次性特别损失赔偿；(2) 在什么情况下，如何提高该公民的遗属根据劳动法规定领取的赔偿，在何时提供帮助的赔偿费用可以转让他人使用。2. 公民可以要求赔偿物品，如果是因提供帮助造成损失，可以赔偿实际损失，恢复到原来状况，如果这是不可能或者无意义的话，可以用金钱赔偿。受损失的人有权要求赔偿因物品被损失而购买新的同一物品的费用。3. 国家赔偿公民因向保安机关和它的成员提供帮助而造成的有关损失。4. 在第一条规定的条件外，因提供帮助造成的损失和费用，国家也应予赔偿。5. 根据联邦内务部和联邦劳动后社会事务部、联邦财政部商定而发布的原则，国家对公民因帮助保安机关和它的成员造成的其他损失予以赔偿。6. 国家对前述条文中未涉及到的，依据公民权利有权要求赔偿的公民提供赔偿。7. 联邦内务部或捷克共和国内务部和斯洛伐克共和国内务部以国家名义为他们所管辖的单位提供损失赔偿。”

四、国家安全行政受体行政法律责任的承担方式

国家安全行政受体的行政法律责任承担方式，是指在国家安全行政法律关系中处于被管理或者受指导一方的主体在进行了违反国家安全行政法律义务的行为时，所应承担的否定性法律后果的具体形式。它包括组织和个人的国家安全行政法律责任承担方式的两大方面。

个人的国家安全行政法律责任承担方式又可分为中国公民、外国人、无国籍人的国家安全行政法律责任承担方式，外国人与无国籍人的国家安全行政法律责任承担方式与中国公民的有某些不同之处。在中国公民中，港澳台居民与大陆居民的国家安全行政法律责任的承担方式也有不同。这种不同，既有现存于上述地区的法律制度方面的重大区别，也有在我国法律中对某些专门性的问题的管理（如港澳台同胞的出入境管理）上所确定的特别责任形式。

在组织方面，包括了国家机关、企事业单位、群众团体、其他社会组织以及在中国境内的外国组织。在这里，外国组织以及港澳台组织存在着某些特殊的国家安全行政法律责任承担方式（如在外资、港资、台资企业管理方面）。在各种社会组织中，法人组织与非法人组织在承担行政法律责任的能力方面也有一定的不同，所以其国家安全行政法律责

任承担方式也有差异。

就个人与组织的比较而言，个人是行政法律责任的普遍承担者，因而适用的国家安全行政法律责任承担方式就远比组织广泛；我国的国家安全行政法并未普遍规定组织的国家安全行政法律责任承担方式，在许多立法中，在确认了组织的国家安全行政法律责任以后，进而规定了组织的负责人和直接责任人员的国家安全行政法律责任承担方式，而且就责任承担方式的种类而言也不及个人多。

在不同主体的国家安全行政法律责任承担方式中，行政受体的行政法律责任承担方式是种类最多，运用最频繁，也是最为复杂的，在此有必要展开论述。。

根据我国国家安全法律的有关规定，行政受体的行政法律责任的承担方式主要有下列几种。

（一）警告、训诫、责令具结悔过

警告　指国家安全机关对违反国家安全法律的行为，尚不构成犯罪的人所给予的一种行政处罚。它适用于行政违法行为情节较轻或者未构成实际危害结果的违法行为，既可以单处也可以并处。[①]

训诫　指国家安全机关对危害国家安全行为情节轻微，尚不够刑事处分的人进行批评、教育的一种行政责任。[②]

责令具结悔过　指国家安全机关对产生轻微危害国家安全行为，尚不构成刑事处分的人，责令其以悔过书的形式，使之认识错误，保证不再重犯的一种行政责任。

---

① 参见我国《国家安全法实施细则》第二十二条规定、《卫星地面接收设施接收外国卫星传送电视节目管理办法》第十一条规定、《商用密码管理条例》第二十一条规定。

② 参见我国《国家安全法实施细则》第二十二条规定。

（二）行政拘留

行政拘留是指由国家安全机关对违反行政管理法规的行为人在规定的期限内，在依法设置的关押场所剥夺其人身自由的一种行政处罚形式。

国家安全法规定的行政拘留是法律赋予国家安全机关的行政处罚手段，由国家安全机关裁决执行，对行政拘留的规定有：①

1.《国家安全法》第二十六条规定：明知他人有间谍犯罪行为，在国家安全机关向其调查有关情况、收集有关证据时，拒绝提供的，由其所在单位或者上级主管部门予以行政处分，或者由国家安全机关处十五日以下拘留。

2.《国家安全法》第二十七条第二款规定：故意阻碍国家安全机关依法执行国家安全工作任务，未使用暴力、威胁方法，情节较轻的，由国家安全机关处十五日以下拘留。

3.《国家安全法》第二十八条规定：故意或者过失泄露有关国家安全工作的国家秘密的，由国家安全机关处十五日以下拘留。

当事人对国家安全机关作出的行政拘留决定不服的，可根据《国家安全法》第三十一条规定申请复议或提起行政诉讼。

（三）没收

没收是指国家安全机关将行为人非法持有的属于国家秘密的文件、材料、物品、实施危害国家安全行为所使用的工具和其他财物及专用间谍器材，全部强制无偿地收归国有的一种行政处罚。这一行政处罚形式具体包括没收违法所得和没收非法财物。主要体现在以下我国的国家安

① 1999年10月，我国《商用密码管理条例》第二十三条规定，使用商用密码产品，危害国家安全的，由国家安全机关依法处以行政拘留。笔者认为，这一规定与我国《行政处罚法》第九条规定即“限制人身自由的行政处罚必须由法律设定”相抵触应当无效。

全行政法律规范中：

《国家安全法》第二十九条规定："对非法持有属于国家秘密的文件、资料和其他物品的，以及非法持有、使用专用间谍器材的，国家安全机关可以依法对其人身、物品、住处和其他有关的地方进行搜查；对其非法持有的属于国家秘密的文件、资料和其他物品，以及非法持有、使用的专用间谍器材予以没收。"

《国家安全法实施细则》第二十一条规定，实施危害国家安全行为所使用的工具和其他财物，或者本细则第八条所列的经费、场所和物资，国家安全机关可根据不同情况，由国家安全机关予以没收或者移送司法机关依法处理。国家安全机关没收的财物，一律上缴国库。

《保守国家秘密法实施办法》第三十四条规定，因泄露国家秘密所获取的非法收入，应当予以没收并上缴国库。

《商用密码管理条例》第二十一条、第二十三条、第二十四条规定，使用自行研制的或者境外生产的密码产品，转让商用密码产品，或者不到国家密码管理机构指定的单位维修商用密码产品，情节严重的，由国家密码管理机构根据不同情况会同公安、国家安全机关没收其密码产品。泄露商用密码技术秘密、非法攻击商用密码或者利用商用密码从事危害国家安全和利益的活动，尚不构成犯罪的，由国家商用密码管理机构根据不同情况分别会同国家安全机关或者保密部门没收其使用的商用密码产品。境外组织或者个人未经批准，擅自使用密码产品或者含有密码技术的设备的，由国家密码管理机构会同公安机关给予警告，可以并处没收密码产品或者含有密码技术的设备。

《计算机信息网络国际联网安全保护管理办法》第五条、第六条规定，任何单位和个人不得利用国际互联网制作、复制、查阅和传播危害国家安全和利益、侵犯个人、组织的合法权益或者危害计算机信息网络安全的行为，对于违反之，有违法所得的，没收违法所得。[①]

《卫星地面接受设施接受外国卫星传送电视节目管理办法》第十二条规定，未持有《许可证》而擅自设置卫星地面接受设施或者接受外国卫星传送电视节目的单位，省、自治区、直辖市广播电视厅（局）会同公安、国家安全厅（局）可以没收其卫星地面接受设施。

《新闻出版保密规定》第十九条第二款规定，新闻出版单位及采编人员和提供信息的单位及其人员因泄露国家秘密所获得的非法收入，应当依法没收并上缴国家财政。

当然，在执行没收规定时，应注意以下几点：

1. 对查获的文件、资料、物品和器材，必须确属非法持有的国家秘密或实施危害国家安全行为所使用的工具和其他财物及专用间谍器材的，才能没收；

2. 没收的决定权属县以上国家安全机关；

3. 各级国家安全机关对没收的物品必须逐项开列详细清单存查，并指定专人保管，任何人不得借用、私分、变卖、挪用等；

4. 国家安全机关依法移送人民检察院起诉的案件中有上述物品的，应随案移交。由国家安全机关直接处理的没收物品，应经县以上国家安全机关主管领导批准，并由国家安全机关作出裁决，存入案卷备查。没收的文件、资料、物品、工具及器材等不得拍卖，一律上缴国库。

---

① 《计算机信息网络国际联网安全保护管理办法》第五条规定的违法行为是指下列行为：1. 煽动抗拒、破坏宪法和法律、行政法规实施的；2. 煽动颠覆国家政权、推翻社会主义制度的；3. 煽动分裂国家、破坏国家统一的；4. 煽动民族仇恨、民族歧视，破坏民族团结的；5. 捏造或者歪曲事实，散布谣言，扰乱社会秩序的；6. 宣扬封建迷信、淫秽、色情、赌博、暴力、凶杀、恐怖，教唆犯罪的；7. 公然侮辱他人或者捏造事实诽谤他人的；8. 损害国家机关信誉的；9. 其他违反宪法和法律、行政法规的。第六条规定的违法活动包括：1. 未经允许，进入计算机信息网络或者使用计算机信息网络资源的；2. 未经允许，对计算机信息网络功能进行删除、修改或者增加的；3. 未经允许，对计算机网络系统中存储、处理或者传输的数据和应用程序进行删除、修改或者增加的；4. 故意制作、传播计算机病毒等破坏性程序的；5. 其他危害计算机信息网络安全的。

（四）限期离境和驱逐出境

《国家安全法》第三十条规定："境外人员违反本法的，可以限期离境或者驱逐出境。"

境外，系中华人民共和国领域外或者中华人民共和国领域内中国政府尚未实施行政管辖的地域。境外人员，系指由境外来华的外国人、无国籍人、华侨等，包括居住在我国境内，不具有我国国籍的人。

国家安全法规定的限期离境或者驱逐出境，是指国家安全机关对违反国家安全法而不予追究刑事责任的境外人员，责令或强制其离开中国政府实施行政管辖的国（边）境的行政处罚措施。

国家安全法中规定的驱逐出境与刑法中规定的驱逐出境在法律性质、适用的对象和适用的机关等方面都有所区别。

享有外交特权和豁免权的外国人，在我国领域内有违反我国国家安全法律的行为的，通过外交途径解决。

（五）行政处分

行政处分是指国家机关按照行政隶属关系，根据国家有关规定或部门规章给予有违法失职行为的国家工作人员或企业事业组织，依法给予违反劳动纪律或其他违法乱纪行为的职工的一种制裁，又称之为纪律处分。行政处分有警告、记过、记大过、降级、撤职、开除等。

《国家安全法》第二十八条规定："明知他人有间谍犯罪行为，在国家安全机关向其调查有关情况、收集有关证据时，拒绝提供的，由其所在单位或者上级主管部门予以行政处分。"《国家安全法实施细则》第二十二条规定，实施危害国家安全的行为，不构成犯罪的，由其所在单位或者上级主管部门予以行政处分。国家安全机关对此可以提出建议。

（六）吊销许可证

吊销许可证是指国家安全行政主体依法收回违法者已经获得的从事

某种活动的资格或权利的证书，其目的在于剥夺或者取消被处罚人的一定的资格或者权利。对违反国家安全法律，尚不构成犯罪的行为，适用吊销许可证的行政处罚主要有以下情形：

1.《卫星地面接受设施接受外国卫星传送电视节目管理办法》规定，违反本办法第八条、第九条规定的单位，由省、自治区、直辖市广播电视厅（局）会同公安、国家安全厅（局）视情节轻重，给予直到吊销《许可证》的处罚。

2.《计算机信息网络国际联网安全保护管理办法》规定，违反法律、行政法规，有本办法第五条、第六条所列行为之一、情节严重的，可以给予六个月以内停止联网、停机整顿的处罚，必要时可以建议原发证、审批机构吊销经营许可证或者取消联网资格。

3.《互联网信息服务管理办法》规定，互联网信息服务者不得制作、复制、发布、传播含有危害国家安全和利益、侵犯他人权利、破坏社会稳定等违反法律、行政法规的行为。① 否则，由公安机关、国家安全机关依照《中华人民共和国治安管理处罚法》、《计算机信息网络国际联网安全保护管理办法》等有关法律、行政法规的规定予以处罚；对经营性互联网信息服务提供者，并由发证机关责令停业整顿直至吊销经营许可证。

---

①《互联网信息服务管理办法》规定，互联网信息服务者不得制作、复制、发布、传播含有下列内容的信息：1. 反对宪法所确定的基本原则的；2. 危害国家安全、泄露国家秘密，颠覆国家政权，破坏国家统一的；3. 损害国家荣誉和利益的；4. 煽动民族仇恨、民族歧视，破坏民族团结的；5. 破坏国家宗教政策，宣扬邪教和封建迷信的；6. 散布谣言，扰乱社会秩序，破坏社会稳定的；7. 散布淫秽、色情、赌博、暴力、凶杀、恐怖或者教唆犯罪的；8. 侮辱或者诽谤他人，侵害他人合法权益的；9. 含有法律、行政法规禁止的其他内容的。

第七章

国家安全行政法制监督论

第一节　国家安全行政法制监督概述

一、国家安全行政法制监督的含义及特征

对行政进行监督的制度是行政法学的一个重要组成部分。但我国学术界对行政进行监督这一制度、过程的认识，特别是对这一概念本身曾有不同的看法。比较有代表性的大体上有两类不同提法：一是“行政法制监督”、[①]“国家行政管理法律监督”[②] 和“政府法制监督”；[③] 另一是

① 参见姜明安：《行政法学》，山西人民出版社，1985年版，第318页；应松年、朱维究主编：《行政法与行政诉讼法教程》，中国政法大学出版社，1989年版，第234页；皮纯协主编：《中国行政法教程》，中国政法大学出版社，1988年版，第168页。

② 王岷灿主编：《行政法概要》，1983年版，第134页。

③ 应松年、朱维究：《行政法学总论》，工人出版社，1985年版，第316页。

"监督行政"、[①] "监督行政行为"[②] 和"对行政的监督"[③] 等。近年来，学术界基本上趋于一致的接受"行政法制监督"的概念，且对行政法制监督的含义、性质和范围等的认识并没有原则分歧。[④]

行政法制监督，在我国学术界有广义和狭义两种理解。广义的行政法制监督是指国家权力机关、国家司法机关、专门行政监督机关及国家机关系统外部的个人、组织依法对行政主体及国家公务人员行使行政职权行为和遵纪守法行为的监督。这种观点认为，行政法制监督的主体极其广泛，不仅包括国家机关，还包括政党、社会团体、企事业单位和个人。[⑤] 狭义的行政法制监督是指具有法定监督权的主体，依照法定的职权、范围和程序对行政主体及国家公务员行使职权活动进行监督的法律制度。这种观点认为，非国家机关的组织和个人对行政机关的监督主要是政治监督和民主监督，不是严格意义上的法制监督，一般不是行政法学研究的问题。[⑥] 本书认为，以监督主体是否是国家机关作为判定是否是行政法制监督的标准并不科学，一定的组织或者个人是否是行政法制监督主体并不是看其是否是国家机关，而应当看其是否有法律规定。从行政法学的发展趋势来看，一些组织或者个人的监督行为已经逐步纳入法制的轨道，以强化行政活动的有效监督。因此，本书采用广义的行政法制监督概念。

所谓国家安全行政法制监督是指国家权力机关、国家司法机关、专门行政监督机关及国家安全机关系统外的个人、组织依法对国家安全机关及其公务人员的行政职权行为和遵纪守法行为的监督。国家安全行政

---

① 王连昌主编：《行政法学》，中国政法大学出版社，1994 年版，第 310 页。

② 罗豪才主编：《行政法学》，中国政法大学出版社，1989 年版，第 278 页。

③ 罗豪才主编：《行政法论》，光明日报出版社，1988 年版，第 336 页。

④ 应松年主编：《行政法与行政诉讼法学》，2005 年版，第 397 页。

⑤ 姜明安主编：《行政法与行政诉讼法》，北京大学出版社、高等教育出版社，2005 年版，第 168 页。

⑥ 应松年主编：《行政法学新论》，中国方正出版社，1998 年版，第 542—543 页。

法制监督具有以下基本特征：

（一）监督主体的广泛性

行政法制监督的主体。不仅包括法律赋予监督权的国家机关，也包括国家机关外部的有关组织和个人。从行政法律监督权的来源看，并不是所有的国家机关都是行政法律监督的主体。必须有法律的授权才能具有法律监督主体资格，才能对监督对象采取直接产生法律效力的监督措施。如：美国国家安全法就规定，由美国国会对国家安全行政活动进行监督；俄罗斯国家安全法规定，对国家安全活动进行监督的主体，不仅包括国会，还包括检察机关、上级国家安全机关。国家系统外部的个人或其他组织作为行政法律监督的主体，可以根据宪法和国家安全法的规定，通过批评、建议、检举、控告和申诉等方式向有权机关反映，或者通过舆论机构进行揭露、曝光，使有权国家机关注意并采取能产生法律效力的措施，以实现对监督对象的监督。

（二）监督对象的特定性

国家安全行政法制监督的对象是国家安全行政主体和国家安全公务人员。至于依法拥有国家安全行政执法权力的法律、法规授权的组织及工作人员，则视同国家安全机关及公务人员对待。而不拥有国家安全行政执法权力的其他组织和个人，如国家安全机关之外的其他国家机关、企事业单位、社会团体和一般公民等，均不属于国家安全行政法制监督的对象。

（三）监督内容的限定性

行政法律监督的主要内容是国家安全行政主体及公务人员所为的行政行为的合法性、合理性和国家安全公务人员遵纪守法的表现。由于国家安全行政执法行为是由国家强制力予以保障的，能对国家安全行政受体产生具体的权利义务为内容的法律后果，因此必须对这种行为进行监控。但需要注意的是，国家安全行政法律监督的内容不宜过宽，应当将它限制在国家安全行政主体及国家安全公务人员所从事的各种行政行为上。对于民事行为、个人的非职务行为等，由于这类行为本身不属于国家安全行政法律调整的范围，因而不属于国家安全行政法制监督的范围。

（四）监督行为的法定性

国家安全行政法制监督的行为是国家安全行政法制监督主体在法定的权限内依照国家安全法律规定所实施的行为。由于国家安全行政法制监督是对国家安全行政主体及国家安全公务人员所为的行政行为是否合法、合理的监督，所以这种监督本身就应当依法进行。如果以违法的监督来防止和矫正违法行为，那样不但违法行为不能制止，反而使违法行为更加蔓延和泛滥。因此，对国家安全行政法制监督，作为监督者应当严格按照法定的职权与法定的程序实施监督，并以法定的标准来检查国家安全行政执法行为。另外，由于国家安全行政法制监督可能涉及到国家秘密和国家安全工作秘密，因此各监督者在实施行政法制监督时必须注意保守国家秘密或国家安全工作秘密，[①] 严格遵守有关法律规定的保密制度。

二、国家安全行政法制监督的必要性及意义

任何权力都必须监督，国家安全行政权力也需要监督，这是法治的

① 国家安全工作秘密是指关系到国家安全工作的属于国家秘密的事项。如危害国家安全行为人的活动情况，国家安全机关及公务员在行政执法过程中所采取的方案、方式、对策，追查违反国家安全法律行为人的案卷等等。需要说明的是，不是所有的国家安全工作秘密都属于国家秘密，在国家安全工作中，只有关系到国家安全和利益，在一定时期内只限部分人员知悉，并经过法定程序确定为国家秘密的事项，才属于国家安全工作的国家秘密。

一个基本理念。自第二次世界大战后西方福利国家的兴起，行政权的扩张和蔓延已经成为许多国家不争的事实。同样，在国家安全行政领域，国家安全行政职能具有组织和执行的特征，国家安全机关是国家安全法律的主要实施机关，职能范围广泛；与其他国家机关相比，国家安全行政权力的作用更直接、更主动，而且带有隐蔽性、神秘性。这种带有神秘色彩的隐蔽权力像幽灵一样渗透到国家的各个角落，并以排山倒海之势涌向国家的立法机关、司法机关以及其他机关。这种集“立法、司法和行政”一体的“特权机构”，如果没有有效的监督和制约机制，权力被滥用和合法权益被侵害将不可避免。20 世纪 70 年代，美国就掀起了揭发国家安全机关滥用职权、侵犯行政受体合法权益的高潮，在国家安全机关滥用权力方面，揭露出轰动一时的“休斯敦计划”。[①] 前苏联也掀起了反对克格勃滥用权力侵犯公民合法权益的浪潮，一位资深的外交官说：“对一般人民来说，克格勃高高在上，它除了不凌驾于党之上”，却凌驾于法律之上。“克格勃这些年干些什么勾当，无人知道”；“克格勃在苏联社会在一直属于特殊地位，享有至高无上的特权”。[②] 国家安全机关不仅在自己的行政管理领域获得了大量的特权，而且侵袭了传统的立法和司法领域，取得了行政立法权和行政司法权。行政权力的扩张也产生了大量的腐败现象。资产阶级启蒙思想家孟德斯鸠在其著名的《论法的精神》一书中明确论道：“一切有权力的人都容易滥用权力，这是一条万古不易的经验。有权力的人们使用权力一直到遇有界限的地方才休止。……要防止滥用权力，就必须以权力约束权力。”[③] 佛里德里希也说：“为了维护自由，政府是需要的，但为了将统治者控制在保护人权

---

① 参见劲锷编著：《美苏国家情报机构纵缆》，金城出版社，1991 年版，第 146 页。

② 参见劲锷编著：《美苏国家情报机构纵缆》，金城出版社，1991 年版，第 446—452 页。

③ ［法］孟德斯鸠：《论法的精神（上）》，张雁深译，商务印书馆，1961 年版，第 154 页。

的宪法秩序范围内，对其强有力的限制也是需要的。”[①] 国家安全法治进程的历史表明，监督和制约国家安全行政权力的扩张和蔓延，以及防止权力的滥用，是建立国家安全行政法治的核心和关键，也是实现国家安全行政法治的难点。因此，面对日益扩张、“神秘莫测”且易致腐败的国家安全行政权，必须设置一定的法律界限，对其进行监督控制，国家安全行政法制监督无疑是控制国家安全行政权力扩张、预防和纠正其违法或不当、提高国家安全行政效益、保护行政受体合法权益的最佳形式和路径。因此，国家安全机关及其公务员不得以“谎称向情报委员会提供资料，致使保密资料、有关情报的来源和获取方法的资料发生未经核准的泄露，而对情报委员会封锁消息的借口”。[②] 不得以所谓的国家安全工作的保密性，而逃避法制监督。国家安全机关“只有全面推行依法行政，努力做到有权必有责、用权受监督、侵权要赔偿、违法要追究，才能让权力在阳光下运行，才能保证人民赋予的权力始终用来为人民谋利益”。[③]

三、国家安全行政法制监督模式及分类

从现代行政法发展的路径来看：一方面，随着社会、经济的迅速发展，行政职能不断增加，行政权力不断扩张和膨胀；另一方面，对行政权的监督和控制也不断加强。[④] 由于各国的社会政治、经济、文化以及法律传统不同，各国纷纷建立起来的与其政治体制和权力运行机制相适应的行政法制监督体系也有所不同。有的以“议会至上”为理论依据，

① ［美］卡尔·J. 佛里德里希著：《超验正义——宪政的宗教之维》，周勇、王丽芝译，三联书店，1997 年版，第 100 页。

② 参见 1947 年《美国国家安全法》第五章第五百零一条第五款规定。

③ 参见温家宝总理 2008 年 3 月 5 日在第十一届全国人民代表大会上政府工作报告。

④ 应松年主编：《行政法与行政诉讼法学》，法律出版社，2005 年版，第 399 页。

有的则以分权制衡为理论基础；有的注重国会监督，有的以司法审查为重点，有的则强调国家安全系统内部的监督。在经历了曲折的发展历程后，我国已经初步形成了具有中国特色的国家安全行政法制监督体制，包括国家权力机关实施的行政执法监督，国家安全系统内部的自我监督，国家司法机关实施的司法监督和社会组织、社会舆论实施的监督。从不同的角度可以对我国的国家安全行政法制监督模式进行不同的分类。

1. 以监督主体为标准，可以分为国家机关系统内的监督和国家机关系统外的监督。国家机关系统内的监督是指来自国家机关内部具有国家强制力，并能直接产生法律后果的国家安全行政执法监督。包括国家立法机关的监督，即全国人民代表大会及其常委会和地方各级人民代表大会及其常委会的监督；国家安全机关的监督，包括层级监督、审计监督和行政监察监督；司法机关的监督，包括审判机关的监督和检察机关的监督。国家安全机关系统外的监督又可称为社会监督，包括社会团体监督、社会舆论监督和公民个人的监督等。

2. 以监督对象为标准，可以分为对国家安全行政主体的监督和对国家安全公务员的监督。对国家安全行政主体的监督，主要是对国家安全行政主体作出的行政行为的合法性和合理性进行监督，如行政诉讼、行政复议等。对国家安全公务员的监督，既要对他们以国家安全机关的名义所作出的具体行政行为的合法性和合理性进行监督，还要对他们是否遵纪守法进行监督，如行政监察。当然，这两种监督的区分并不是绝对的，只是由于侧重不同而已。因为组织是由人员组成的，对国家安全行政主体的监督并不排斥对国家安全公务员的监督，同样，对国家安全公务员的监督也并不排斥对国家安全行政主体的监督。也有对组织及其国家安全公务员都予以监督的双重监督，如权力机关的监督。

3. 以监督内容为标准，既可以分为对创制国家安全行政规范行为的监督和对国家安全具体行政行为的监督，前者主要由权力机关实施，审判机关和国家安全行政复议机关原则上只能监督国家安全具体行政行为；又可以分为对国家安全行政行为合法性的监督和对国家安全行政行为合理性的监督。权力机关和审判机关原则上只对国家安全行政行为的合法性进行监督，而对国家安全行政行为的合理性的监督一般只能由国家安全机关内部实施。

4. 以监督的时间顺序为标准，可以分为事前监督、事中监督和事后监督。按照国家安全法律的规定，国家安全行政法制监督主体权能的行使阶段并不完全相同。有的只能在事后行使监督权，有的则可以在事前或事中实施监督，也有的是在事前、事中和事后全过程进行监督。在国家安全行政法制监督实践中，其具体表现形式为：事后监督如国家安全行政复议、国家安全行政诉讼；事前监督和事中监督，如权力机关组织的人民代表视察、建议等监督形式；事前、事中和事后全过程监督，如国家安全机关的层级监督。

第二节 权力机关监督

一、权力机关监督的概念与特征

国家权力机关的监督，又称立法监督，是指国家权力机关对国家机关，包括对国家安全机关及其工作人员进行的监督。根据宪法规定，国家的一切权力属于人民，而人民行使国家权力的机关是全国人民代表大会和地方各级人民代表大会。各级国家行政机关，包括国家安全机关是由同级权力机关产生，是权力机关的执行机关。因此，作为行政机关的国家安全机关要对权力机关负责，并接受其监督。国家权力机关对国家安全机关的监督，是宪法的授权，也是民主政治的重要体现。权力机关的监督具有三个特征：

1. 民主性。权力机关由人民选举的代表组成，它代表人民的意愿来行使对国家安全机关及公务员的监督权。国家安全机关及公务员接受权力机关的监督，实际上是接受人民的监督，是人民主权原则的具体体现。

2. 权威性。与行政法制监督中的其他监督主体相比，其他机关或组织以及个人等监督主体的权力都是由权力机关授予的，因此权力机关对国家安全机关及公务员的监督是最高层次的监督。它不仅有权撤销国家安全机关制定的行政规章等规范性文件，而且有权罢免国家安全公务人员。

3. 全局性。权力机关对国家安全机关的监督一般都具有宏观上的、带有全局影响作用的重大行政行为。而且，权力机关拥有全面审查国家安全机关及公务员行为的权力。如1947年美国《国家安全法》第五百零一条规定了国会监督的具有宏观上的、带有重大影响作用的事项。[①]

① 1947年《美国国家安全法》第五百零一条规定："1. 为使宪法赋予的政府和立法部门的权力与义务相一致，为使保密资料和有关情报来源及获取方法的资料能得到确实保护，防止未经核准的泄露，中央情报局长，各部、局领导人以及从事情报活动的美国机构应：(1) 使参议院情报特别委员会和众议院常设情报特别委员会（以下简称'情报委员会'）能经常地、充分地得到情报活动，包括任何参与的重大情报活动的消息，只要这些活动是美国任何部、局或机构的职责，或是他们所从事的、执行的及以其名义进行的。由于这类情报活动开始前遇到没有先例的情况，可不按上述条文的要求情报委员会批准；为对付影响美国重大利益的特殊情况，总统必须限制事先通知范围，即只限于情报委员会主席及少数为首的成员、参议院议长及少数议会领袖以及参议院中多数派及少数派领袖。(2) 为实现经核准的职责，情报委员会可要求美国任何部、局及机构提供其所拥有、保存或者掌握的任何有关情报活动的资料和情况。(3) 定期向情报委员会报告任何非法情报活动或者情报活动中重大失败，以及对这类非法活动或者失败的活动已采取的或者拟采取的任何正确的行动。2. 总统应当定期向情报委员会通报在国外的情报行动，除了仅仅是为了获取必要的情报，如按第1款要求而没有事先通报，则应提交声明，说明事先没有通报的理由，……"

二、权力机关监督的内容

从理论上讲，国家安全机关要对权力机关负责，并接受权力机关的监督，因而权力机关可以对国家安全机关及其公务员进行全方位的、事无巨细的监督。但实践中这是不可能，也是不现实的。权力机关对国家安全机关及其公务员的监督事实上更多的是常规监督，如每年审查或者批准国家安全工作计划、个案监督等。总的来说，权力机关对国家安全机关的监督主要包括以下方面：

1. 对国家安全行政法规、行政规章、决定和命令的监督。根据宪法的规定，全国人大常委会有权撤销国务院制定的同宪法、法律相抵触的行政法规、决定和命令。立法法和地方组织法规定，地方各级人民代表大会及其常委会有权撤销本级人民政府违法的国家安全规章或者决定和命令。

2. 对国家安全机关实施宪法、法律和法规的监督。权力机关按照宪法和有关组织法的授权，对国家安全机关及其公务员是否依法行使国家安全行政职权进行监督。

3. 对国家安全机关及其公务员在具体的国家安全行政管理活动中是否遵守和执行法律、法规和政策进行监督，并通过对国家安全机关组成人员的任免得以实现。

三、权力机关监督的方式

由于各国的国家制度不同，在不同的国家权力机关的国家安全机关监督方式也不一样。[①] 从各国的国家安全法律规定看，强调议会至上的

① 对情报机关工作的监督不同的国家其监督方式、内容也不尽相同。如1992年《俄罗斯联邦对外情报机关法》第二十四条规定：“俄罗斯联邦最高苏维埃指定两院常设委员会和最高苏维埃直属的各委员会负责对对外情报机关的工作进行监督；

国家都赋予权力机关对国家安全机关广泛的监督权，这种监督具有权威性，体现了单向监督的特点；而分权制衡的国家，权力机关对国家安全机关的监督无论是手段还是监督权限都相对有限，监督也是双向的。[①]根据宪法、有关组织法的规定和人大常委会的议事规则，以及权力机关监督国家安全行政活动的实际情况，权力机关对国家安全机关的法制监督的方式主要有以下几种：

1. 听取和审核国家安全机关的工作报告。这是权力机关监督国家安全行政活动的基本形式。如：1992 年《俄罗斯国家安全法》第二十条规定："俄罗斯联邦最高苏维埃对联邦国家安全机关活动的监督形式是听证会，听取国家安全机关部长的工作报告以及安全机关公务人员的专题报告。"1984 年《南斯拉夫国家安全法》也规定："主管国家安全机构的社会共同体议会通过专门机构，对国家安全机构工作的合法性进行监督；南斯拉夫社会主义联邦共和国议会成立国家安全部门监督委员会（以下简称委员会），负责监督国家安全机构的工作。委员会的主席和委员由南斯拉夫社会主义联邦共和国议会任命，委员会每年向南斯拉夫社会主义联邦共和国议会所作的工作报告应不少于一次。"1977 年《意大利

对外情报机关的领导通过秘密会议向俄罗斯联邦最高苏维埃指定的上述机构报告工作和经费支出情况；俄罗斯联邦人民代表可以根据俄罗斯联邦最高苏维埃的规定索取有关对外情报机关工作的报告。"1983 年《阿根廷国家情报体制法（草案）》第十六条规定："议会通过参议院情报委员会实施对情报活动的监督。为保证其具有代表性，该情报委员会至少应有两个少数派的参议员参加。对情报活动机构、机关的监督方式是：1. 根据本法第九条规定，参议院情报委员会主席和副主席有权参加各委员会的会议；2. 通过预算监督：参与制定国家情报中心的预算，并对其各项计划进行审查；可以直接召见国家情报中心主席，听取有关情报机关或者机构的经费使用情况；3. 通过对情报工作的年度报告进行监督。该年度报告应由国家情报中心主席在举行有关例会前十天，通过政府提交参议院情报委员会审议；4. 国家情报中心每年应当向总统或者参议院议长提交一份秘密报告，并就如何改进情报系统的工作提出适宜建议。"

① 应松年主编：《行政法与行政诉讼法学》，法律出版社，2005 年版，第 400—401 页。

安全情报机关组织条例和关于国家秘密的规定》第十一条规定："国家安全机关每半年应就安全情报政策及取得的成绩向议会书面报告一次；议会两院按照比例原则各任命四名议员组成议会委员会，对本法确定的原则的实施情况实行监督。"1991 年《比利时警察和情报机构组织管理法》第三十五条规定，国家安全机关，"在每年众、参议院例会的第一天，提出一个包括总日程建议和结论的全面活动报告，并呈交众、参议院主席及主管部长；向众、参议院提交调查工作报告；对其提出的工作建议和结论没有答复时，应当再次提出意见报告"。一般来说，国家安全机关应当每年将本年度工作报告报送同级政府，由政府在人大会议上向人民代表大会汇报；对国家安全工作进行全面评价、总结和提出新的工作目标和要求。

2. 质询和询问。质询是指权力机关的组成人员依法对国家安全机关的某些管理行为提出质问，要求国家安全机关及某部门在法定期限内正式作出答复的活动。按照法律规定，提出质询案必须在人大会议或者人大常委会会议期间，而不能在闭会期间。提出质询案必须符合法定人数，并以书面形式提出。询问是指权力机关或者组成人员在人大全体会议和人大常委会会议审议政府提交的国家安全工作报告或者议案过程中对政府及国家安全机关负责人就有关国家安全行政行为提出疑问、了解情况的行为。询问一般以口头方式提出，要求当场回答，也可以在一定期限内答复。质询一般是针对国家安全机关在工作中出现问题时的批评，询问只是一般的了解情况。此外，人大代表还有权了解国家安全机关活动的情况及材料。

3. 视察和调查。视察是指权力机关的组成人员，即人大代表有组织地到各地了解国家安全机关的工作情况，听取群众意见的活动。早在 1985 年，全国人大常委会就作出决定，要求人大代表每年视察两次。1987 年，全国人大常委会办公厅向全国人大代表颁发了代表视察证，同时制定了《关于全国人大代表持视察证视察的意见》。人大代表视察可以单独或分组进行，但是要持视察证视察。代表在视察中不直接处理问题，对国家安全机关工作中的问题、不足可以采取批评、建议的方式，由人大常委会办事机构转给国家安全机关处理。调查是指权力机关针对国家安全工作的特定问题，组织专门委员会进行查询，并根据专门委员会的查询报告，作出相应决议的活动。我国宪法规定，全国人大代表大会及其常委会认为必要的时候，对国家安全机关的工作情况，可以组织关于特定问题的调查委员会，进行调查并作出决议。《地方各级人民代表大会和地方各级人民政府组织法》也作了类似的规定。

4. 人大代表的建议、批评和意见。各级人大代表可以依法向本级人大及其常委会提出各方面工作包括国家安全工作的建议、批评和意见。这是人大代表参政议政、表达民意的有效形式，具有广泛的监督意义。我国《全国人民代表大会议事规则》规定："全国人大代表向全国人大提出的对各方面的建议、批评和意见，由全国人大常委会办事机构交由有关机关、组织研究处理，并负责在大会闭幕之日起 3 个月内，至迟不超过 6 个月，予以答复。代表对答复不满意的，可以提出意见。由全国人大常委会办事机构交由有关机关、组织或者上级机关、组织再做研究处理，并负责答复。"地方人大对此也作了相应的规定。

5. 处理对国家安全机关及其工作人员的申诉、控告和检举。申诉、控告和检举，是宪法赋予公民的基本权利，公民、组织认为国家安全机关的行政行为侵犯了其合法权益，可以向人大及其常委会申诉、控告和检举。如：1987 年《德国柏林宪法保卫局法》第五条规定，个别公民或者个别从事宪法保护工作的人员对涉及他们的州宪法保卫局的行为，有权提出申诉，对提出申诉的，州宪法保卫局应当告知议会监督委员会。我国《宪法》第四十一条规定："中华人民共和国公民对于任何国家机关和国家工作人员，有提出批评和建议的权利；对于任何国家机关和国家工作人员的违法失职行为，有向有关国家机关提出申诉、控告或者检举的权利，……"依据这一宪法精神，我国《国家安全法》第二十二条也规定："任何公民和组织对国家安全机关及其工作人员超越职权、滥用职权和其他违法行为，都有权向上级国家安全机关或者有关部门检举、控告。上级国家安全机关或者有关部门应当及时查清事实，负责处理。”我国各级权力机关的信访机构就是为了实现这一目标而设立的。通过受理来信、来访，权力机关可以及时发现国家安全机关违反规范性文件或决定，侵犯公民、组织合法权益的行政行为以及国家安全公务员的违法犯罪行为，从而监督国家安全机关采取措施予以纠正。

6. 监督国家安全机关组成人员。权力机关不仅对国家安全机关的行政行为进行监督，而且有权对构成违法犯罪或者失职的国家安全机关组成人员予以罢免。如：1984 年《南斯拉夫国家安全制度基本法》第二十六条规定，社会政治共同体议会可以调整国家安全机构工作人员的权限和这些工作人员工作关系中的某些特殊性。宪法和组织法规定，人民代表大会有权罢免由它选举或者决定的国家安全机关组成人员。行使罢免和撤职是权力机关监督国家安全机关组成人员的重要手段。

第三节 司法机关监督

一、司法机关监督的概念和特征

司法机关监督是指司法机关依法对国家安全行政主体及其公务员的行政活动进行审查的法律监督制度。司法机关对国家安全行政主体及其公务员的行政行为进行监督：一方面，能够切实保障国家安全行政受体的合法权益，防止国家安全行政主体及其公务员对其合法权益的侵犯，也能使宪法赋予公民对国家机关和国家机关工作人员的违法失职行为向有关国家机关提出申诉、控告或者检举的监督权利落到实处。另一方面，可以防止国家安全机关及其公务员利用手中的“特权”徇私枉法、滥用职权等腐败现象，保证国家安全行政权力正确合法的行使。

在我国，司法机关主要指人民法院和人民检察院。因此，司法机关对国家安全行政的监督就是指国家审判机关和检察机关对国家安全行政主体及公务员进行的监督。其中，国家审判机关对国家安全行政的监督，主要是通过受理和处理与国家安全行政主体及其公务员有关的诉讼案件或非诉讼案件的途径来进行的。国家检察机关对国家安全行政的监督主要是通过对职务犯罪等案件的侦查来对国家安全行政主体及公务员的活动进行监督。

司法机关监督是国家安全行政法制监督的重要组成部分，与其他监督形式相比，它具有以下特征：

1. 监督主体是审判机关和检察机关。在我国，依法享有司法权的是人民法院和人民检察院，它们和国家安全机关一样，都是由人民代表大会产生，并对其负责，作为监督主体的人民法院和人民检察院对国家安全机关及公务员实施的监督，是基于国家权力的配置，它们在司法监督活动中，根据宪法和有关国家安全法律规定的职权和程序，独立行使司法监督权，不受其他国家机关、社会团体和个人的干涉，它们与国家安全机关不存在谁高谁低的问题。如果发现司法监督上的偏差，只能通过法定程序，如审判监督程序等加以解决。

2. 监督的对象是国家安全机关及公务员的特定行为。人民法院或人民检察院承担着广泛的司法职能，但是在国家安全行政法制监督体系中，它们所监督的对象是特定对象的特定行为，即必须是享有国家安全行政管理权力的国家安全机关及公务员行使职权的一部分行为。①

3. 监督适用诉讼程序。人民法院和人民检察院在监督国家安全行政行为时采用专有的审判和检察手段具体适用国家安全行政诉讼程序，这与权力机关监督适用的程序以及行政机关上级对下级监督所适用的行政程序、复议机关审查复议案件所适用的复议程序、审计机关或者监察机关所适用的审计或监察程序等都有很大的区别。

---

① 司法监督的对象是国家安全机关及公务员的行政行为，但只能监督国家安全机关及公务员的一部分行使职权的行为，而不是国家安全机关及公务员的全部职权行为。如在国家安全行政诉讼中，人民法院只能就国家安全机关的具体行政行为合法性进行审查，作出裁判。

4．监督结果具有终结性。司法机关监督是司法机关运用国家的司法权对国家安全行政主体及公务员进行的专门监督，它是对违法的国家安全行政行为的最后一道监督，而且具有强制性。而行政机关监督则不同，有些行政机关监督的结果却可能因被监督者不服而提起司法监督，最终又转变为司法机关监督。

二、司法机关监督的范围与标准

司法机关对国家安全机关及公务员的行政行为的监督并不是全方位的，哪些属于司法机关监督的范围，是涉及司法权与行政权的关系问题。确定司法机关监督的范围，既要考虑充分保护国家安全行政受体的合法权益，又要维护国家安全和利益，促进国家安全机关有效行使国家安全行政管理权，而且还应当从我国现实的实际情况和国家安全行政特殊性出发。从我国现行国家安全法律规定看，司法机关监督的范围主要是与国家安全行政受体的切身权益关系比较紧密的国家安全行政行为，即侵犯国家安全行政受体合法权益的具体行政行为。但是，司法监督的范围不是一成不变的，它呈现一种开放的不断扩大的趋势。

根据我国法律规定，司法机关对国家安全机关行政行为监督的标准主要有以下几个：

1．证据标准。对国家安全机关具体行政行为的合法性证据要求是确凿和充分。人民法院审查的证据范围，包括国家安全机关提供的用以作出具体行政行为的证据；原告即国家安全行政受体或第三人提供的证据；法院依职权调取的证据。

2．适用法律法规的标准。要求国家安全机关适用法律法规必须正确。即适用法律法规的性质、精神、适用法律法规的具体条款，以及适用法律法规的对象都必须准确无误。

3．程序标准。主要审查国家安全机关的具体行政行为程序是否违法或具有瑕疵。对于轻微的行政程序瑕疵，可以责令国家安全机关予以补充；对于程序混乱，违反了法定不可改变的顺序的，可以判决撤销并责令国家安全机关依正确顺序重新处理。

4. 权限标准。即是对国家安全机关作出的具体行政行为是否超越职权或者滥用职权的审查。所谓超越职权是指国家安全机关的行政行为超越了法律规定或授权范围。所谓滥用职权是指国家安全机关在法定职权范围内作出不符合立法精神、目的和原则的行政行为。审查的内容包括资格审查、内容审查和程序审查。

5. 公正标准。是对国家安全机关的具体行政行为是否符合国家安全法律的目的、显失公正进行审查。对国家安全行政处罚显失公正的，人民法院可以作出变更判决。

三、司法机关监督的方式

（一）审判机关监督的方式

审判机关的监督在不同国家有不同的称谓，英美法系的国家称为“司法审查”或“司法复查”（Judicial Review），而在大陆法系国家多称为“行政诉讼”。不仅称谓不同，在不同的国家审判机关对国家安全机关监督的理论和制度也有很大的不同。如：1992 年《俄罗斯国家安全法》第二十三条规定：“法院通过审理属国家安全机关侦查的刑事案件对联邦国家安全机关在其活动中是否尊重个人和公民的权利和自由实施监督。法院还通过审理联邦国家安全机关工作人员的犯罪和违法行为以及公民对他们的控告实施监督。”1989 年《加拿大安全情报局法》规定，法院或者法官通过发放国家安全机关及公务员的搜查证的种类、范围、期限等来控制国家安全机关及公务员的行政活动。[①] 1981 年《美国的情报任务——第 12333 号总统行政命令》也作了类似的规定。我国审判机关的监督属于行政法制监督的一部分，也是人民法院审判职权的一

① 参见 1989 年 12 月《加拿大安全情报局法》第二十一条、第二十二条、第二十三条、第二十四条、第二十七条之规定。

部分，其监督方式为：通过国家安全行政诉讼的方式对有争议的国家安全机关的具体行政行为的合法性进行司法审查并作出裁决。这是国家审判机关对国家安全行政进行监督的最主要方式。根据行政诉讼法的规定，人民法院对国家安全机关的行政行为进行司法监督，其监督的结果表现为人民法院的判决、裁定和决定等裁决形式，主要有以下四种：一是维持判决。人民法院对于国家安全机关作出的，证据确凿、适用法律法规正确、符合法定执法程序的具体行政行为，依法判决予以维持。二是撤销判决。人民法院对于国家安全机关作出的，主要证据不足、适用法律法规错误、违反法定程序、超越职权或者滥用职权的具体行政行为，可以作出全部撤销、部分撤销或者撤销并责令重新处理的判决。三是履行判决。履行判决是人民法院认为国家安全机关具有不履行或者拖延履行法定职责的情形，作出责令国家安全机关在一定期限内履行法定职责的判决。四是变更判决。对国家安全机关的行政处罚行为显失公正的，人民法院通过司法监督程序可以直接作出变更判决。

（二）检察机关的监督方式

由于各国检察机关的性质和职能具有较大的差异，因而各国检察机关对国家安全机关及公务员的监督制度也有所不同。从世界范围看，有些国家的检察官可以作为公益的代表人参加行政诉讼，以维护国家安全和利益；有些只是对国家安全机关及公务员发布的文件、作出的行为的合法性进行“一般监督”。[①] 但是大多数国家的国家安全法律都规定了检察机关对国家安全机关及公务员的监督。如：1992 年《俄罗斯联邦国家安全法》规定，俄罗斯联邦总检察长及其下属的检察长们对国家安全机关的活动和遵守法制的情况实施监督；俄罗斯联邦总检察长及其下属的检察官对联邦国家安全机关是否准确、统一地执行联邦法律的情况实

① 应松年主编：《行政法与行政诉讼法学》，法律出版社，2005 年版，第 407 页。

施监督。1992年《哈萨克斯坦共和国民族安全机关法》第十九条规定："总检察长和他委托的检察长们负责对民族安全机关准确无误地执行法律进行监督。"我国宪法和检察院组织法规定，我国的检察机关是国家的法律监督机关，从理论上讲，检察机关有权对国家安全行政行为进行监督，既监督国家安全机关及公务员的犯罪行为，也监督国家安全机关及公务员的行政违法行为。[①] 其监督方式有以下几种：1. 对严重违法乱纪，可能构成犯罪的国家安全机关公务员进行监督。检察机关通过对涉嫌犯有贪污、受贿、渎职等罪名的国家安全机关公务员进行侦查和提起公诉，实现监督职能。如检察机关内设的反贪机构，就是专门的对国家机关公务员涉嫌贪污犯罪进行监督的部门。2. 对国家安全机关的看守所及管教人员实施日常的监督。我国《检察院组织法》规定，各级人民检察院，对于刑事案件案件判决、裁定的执行和监狱、看守所、劳动改造机关的活动是否合法，实行监督。这是检察机关实施检察职能，维护国家安全法律正确实施的一项重要职能。3. 对国家安全机关及其公务员的侦察活动的合法性进行监督。侦察最初是一个军事术语，主要是指对事物、情况进行秘密的探查活动，它与侦查有严格的区别。由于侦察一般都是在秘密情况下进行的，很容易导致国家安全机关及公务员超越职权或者滥用职权而侵犯公民或者组织的合法权益。因而，世界上大多数国家的国家安全法以及有关检察法律都规定了对国家安全机关及公务员的侦察或情报活动进行监督。[②] 我国《检察院组织法》也规定，检察机关对于国家安全机关侦察的案件，进行审查，决定是否逮捕、起诉或者不起诉；对于国家安全机关的侦察活动是否合法，实行监督。这也是

---

① 朱维究主编：《政府法制论》，中国政法大学出版社，1994年版，第363页；应松年主编：《行政法学新论》，中国方正出版社，1998年版，第558页。

② 参见1992年《俄罗斯联邦侦缉行动法》第十九条规定、1992《俄罗斯联邦对外情报机关法》第二十五条规定、1992年《俄罗斯国家安全法》第二十二条规定、1992《俄罗斯联邦国家安全机关法》第二十四条规定、1991年《罗马尼亚国家安全法》第十三规定条、1992年《哈萨克斯坦共和国民族安全机关法》第十九条规定和1989年《前苏联国家安全机关法》第二十条规定等。

促进国家安全机关正确行使权力的一项有效措施。

第四节　国家安全机关内部监督

一、国家安全机关内部监督概述

内部监督是指监督主体和监督对象属于同一组织或同一系统的自我约束机制。内部监督是一种典型的行政性监督，可以具体化为两种方式，即监督机构设立于本单位内部的专门监督和同一组织体系的上下级之间的层级监督。国家安全机关内部监督是指国家安全机关系统内的上下机关相互存在的法律监督以及国家安全机关系统内部设立的专门监督机关对国家安全机关及公务员所进行的监察和督促。

国家安全机关内部监督，不同于权力机关、司法机关的国家安全行政监督，主要是因为国家安全机关内部监督具有以下特征：

1. 监督的主体是国家安全机关。在这里，国家安全机关既是被监督的对象，也是监督的主体。

2. 监督的对象既包括各级国家安全机关、法律、法规授权的组织，也包括这些部门的工作人员，尤其是国家安全机关公务员。

3. 监督内容具有广泛性、全面性。国家安全机关的内部监督贯穿于整个国家安全行政管理活动的始终。从实施监督的时间看，监督包括事前监督、事中监督和事后监督。从监督的范围看，监督可以覆盖所有的国家安全行政行为，既包括国家安全行政主体的行为，也包括国家安全公务员的行为。因此，这种监督比起权力机关、司法机关以及其他监督更全面、广泛。

4. 监督的方式多样性、及时性。国家安全机关内部监督是伴随着国家安全行政行为进行的，国家安全行政主体对其自身的行政违法和不当行为往往能够最先了解到，这是其他国家机关所不能比拟的，因此国家安全机关内部监督具有即时、迅速的特点。同时，国家安全机关拥有长期的国家安全行政执法活动经验和各种先进的物质技术手段，加上具有一定专业知识的队伍，其监督的手段和方式可以灵活多样。

二、国家安全机关内部监督的主要方式

国家安全行政法制监督的内部监督方式，既包括上级国家安全机关对下级所进行的一种层级监督，也包括依法设立的特定专门监督机关对国家安全行政活动的监督，它分为行政监察和行政审计监督两种情形。

（一）国家安全行政层级监督

国家安全行政层级监督，也称一般监督，是指上级国家安全机关对下级国家安全机关及其工作人员所实施的行政行为进行的一种经常性的检查和督促。这种监督具有以下基本特征：第一，国家安全行政层级监督的主体是国家安全行政行为实施者的上级机关。第二，国家安全行政层级监督是基于行政隶属关系或层级关系实施的一种监督。也就是说其监督权力来源于上级机关对下级机关的层级领导和管理权。第三，国家安全行政层级监督是一种经常性的监督，作为国家安全机关的上级机关可以也应当经常地、积极主动地实施监督，一旦发现问题就应该及时地予以纠正。

国家安全行政层级监督作为国家安全机关系统内部的一种经常性的监督形式，其监督方式也应是灵活多样的。为了使各种监督方式规范有效，根据有关法律规定和层级监督制度的具体实践，我国国家安全行政层级监督应当包括下列制度。

第一是报告工作制度。即听取、审查下级国家安全机关的行政执法情况报告。这是国家安全行政层级监督的重要方式，它通过下级向上级报告自己的工作情况，来实现上级对下级执法情况的监督。这种监督方式的优点是及时、经常、信息量大；但由于报告是由监督对象自己作出

的，又可能会产生失实、片面、报喜不报忧等偏向，因此应注意对其进行认真分析审查。工作报告按不同的标准可以分为以下几类：1. 例行性报告与临时性报告。按照现行的国家安全行政工作惯例，下级国家安全机关都要定期向上级国家安全机关汇报工作情况。一般是半年度和全年度提出工作报告。平时根据实际情况或者上级国家安全机关的要求，下级国家安全机关还需提供不定期的、临时性的工作报告。2. 综合性报告与专题性报告。经过一段时期向上级国家安全机关综合报告本国家安全机关的各方面工作情况，为综合性报告；就某一方面工作或者某一案件的处理向上级国家安全机关报告，则属专题性报告。3. 知照性报告与答复性报告。知照性报告是指为了让上级国家安全机关了解本机关的工作情况而主动提出报告。答复性报告则是下级国家安全机关按照上级国家安全机关的具体要求，对上级国家安全机关布置安排的某些方面工作的执行情况专门提出的报告。

第二是执法检查制度。这是由监督主体主动了解监督对象的执法情况并及时纠正违法不当情况的一种监督方式。它便于深入实际、了解和掌握真实客观的情况，“对国家安全机关及其公务人员的执法活动实行监督，是保证他们正常安全地工作”。[①] 执法检查作为执法监督的一个方式，同国家安全机关在行政执法活动中针对行政受体进行的国家安全行政检查是有显著区别的。但二者在检查内容方面却有某些共同之处，那就是都要检查国家安全法律、法规、规章的贯彻实施情况，包括取得的成效及存在的问题等。执法检查的内容不仅限于此，还包括检查行政执法机构履行法定职责的情况；执法人员秉公执法，遵纪守法的情况；执法文书、证件的使用、管理情况；执法队伍建设和执法人员素质状况以及有关执法制度的建立和落实情况等。

第三是审查批准制度。审查批准是指监督主体按照有关国家安全法律对被监督对象的部分行政行为审核确认的活动。审查批准的内容

① 参见 1992 年《蒙古国家安全法》第十一条第五款规定。

主要涉及重大的国家安全行政行为或者重大手段的使用。如为揭露、防止和制止属于国家安全机关侦察的犯罪所实施的侦察措施、[①] 为维护国家安全，必要时，使用秘密方法和专用技术设备、[②] 建立、使用特情等等。[③]

第四是行政复议制度。公民和组织认为国家安全行政主体的具体行政行为侵犯其合法权益，有权向法定复议机关申请复议审查的一种制度。这种法定的复议机关往往是上级国家安全机关或者是本级国家安全机关的法制部门，因此对国家安全行政纠纷的解决具有及时、公正的效果。本书就此另有专门论述，此处不再赘述。

第五是备案检查制度。这主要是针对国家安全机关制定行政规章等规范性文件所进行的一种监督制度。通过向上级国家安全机关备案，能够及时发现国家安全行政立法以及在制定国家安全行政规范过程中的问题并妥善解决。

第六是考核惩戒制度。这是指监督主体对国家安全行政执法人员的具体执法行为进行定期考核，如果发现执法人员的违纪违法行为，则可视情节轻重作出相应的行政处分决定。惩戒处分一般分为两种：一种是对国家安全行政主体适用的，主要有责令检讨、通报批评、限期整顿等；另一种是对违法机关的负责人或者直接责任人员的行政处分。[④]

（二）国家安全行政专门监督

专门监督是相对于一般监督而言的，是指专门设立的负责监督的行政机关所进行的监督。包括行政监察监督与行政审计监督。

---

① 参见1992年《俄罗斯联邦国家安全法》第十三条规定。

② 参见1993年《中华人民共和国国家安全法》第十条规定。

③ 特情是指国家安全机关为收集情报信息，调查、控制和防范危害国家安全和社会政治稳定的活动而建立使用的秘密力量。特情的名称是各国国家安全机关内部使用的专业术语，既不对外，也不告知特情本人。

④ 彭贵才主编：《行政执法理论与实务》，北京大学出版社，2005年版，第225页。

1. 国家安全行政监察

行政监察是指国家各级行政监察机关依法对国家行政主体及公务员，以及由国家行政机关任命的其他人员实施监察监督，并对监督对象的违法行为依法作出处理的法律制度。行政监察是政府系统设置的专司监察职能的监察机关，对国家行政机关及国家公务员和国家行政机关任命的其他人员的执法情况以及违法违纪行为所进行的一种专门监督。行政监察作为政府系统内部监督的一种重要形式，建国以来一直在政府系统内部监督中发挥着重要作用。1990 年国务院颁布《中华人民共和国行政监察条例》，使行政监察制度得以正式建立和完善。针对几年来行政监察的问题，以及原来行政监察条例立法不完善和立法的滞后，1997 年八届全国人大常委会第二十五次会议以法律的形式通过并颁布实施了《中华人民共和国行政监察法》，又进一步健全和完善了我国行政监察制度。

国家安全行政监察是国家各级监察机关依法对国家安全机关及其公务员以及由国家安全机关任命的其他人员实施监察监督，并对其违法行为依法作出处理的法律制度。国家安全行政监察的特点：（1）它是由政府内部的专门机关进行的监察活动；（2）行政监察的对象是国家安全机关及其公务员和国家安全机关任命的其他人员；（3）它是一种直接的、经常性的监督形式，发现违法现象则依法提出监察建议或者作出监察决定。

根据《行政监察法》的规定，国务院监察机关即监察部主管全国的监察工作，有权对国家安全部及其公务员、国家安全部任命的其他人员实施监察；地方各级监察机关对本级国家安全机关及其公务员、本级国家安全机关任命的其他人员、下级国家安全机关及其公务员、下级国家安全机关任命的其他人员实施监察。监察机关根据工作需要可以向国家安全机关所属机构或者部门（如体制改革后的县级国家安全机关、派出机构、工作站等）派出监察机构或者监察人员。派出的监察机构和监察人员是监察机关的组成部分，根据监察机关的要求，履行监察职责，对派出的监察机关负责并报告工作。

国家安全行政监察的职责范围包括：（1）检查国家安全机关在遵守和执行国家安全法律、法规及政策中的问题；（2）受理对国家安全机关及公务员，以及国家安全机关任命的其他人员违反行政法纪行为的控告、检举；（3）调查处理国家安全机关和公务员，以及国家安全机关任命的其他人员违反行政法纪的行为；（4）受理国家安全公务员以及国家安全机关任命的其他人员不服国家安全机关给予行政处分决定的申诉，以及法律、行政法规规定的其他由监察机关受理的申诉；（5）法律、行政法规由监察机关履行的其他职责。

国家安全行政监察的权限是指行政监察机关在履行法定职责时依法采取监察措施或手段，以及根据检查、调查结果作出处理的权限。根据我国《行政监察法》的规定，我国行政监察机关的监察权限包括两方面：一是采取监察措施的权限，如有权要求被监察的部门和人员提供与监察事项有关的材料并暂予扣留、封存；对有关监察所涉事项、问题作出解释；责令被监察的部门和人员停止违法违纪行为并对有关问题作出解释；责令案件涉嫌单位和涉嫌人员在调查期间不得变卖、转移与案件有关的财物；建议有关国家安全机关暂停有严重违反行政法纪嫌疑的人员执行国家安全工作任务等。二是对监察中发现问题的处理，如提出监察建议，作出监察决定，进行通报或报道和依法进行移送等。

2. 国家安全行政审计监督

国家安全行政审计是指专门设立的国家审计行政机关对法定审计监督对象的财务收支、财政收支等经济活动的真实性、合法性和效益审查核算的一种监督行为。国家安全行政审计的特点：（1）行政审计的主体是国家审计机关或政府授权认可的其他财务机构；（2）行政审计本质上是一种依法实施的经济监督行为；（3）审计的对象是国家安全机关的经济行政行为；（4）审计的内容主要是国家安全机关的财务收支、会计凭证、报表等。

行政审计是一种特殊的监督形式，对国家安全机关在经济方面的行政行为具有直接的、有效的监控作用。国家安全机关为维护国家安全和利益，作为国家需要花费巨大的财力、物力。如美国国家安全机关每年仅用于反恐怖活动的经费达400亿美元，用于情报机构的达300亿，且增长幅度为7%。法国为提高对外安全总局的情报收集能力，该局的财政预算每年大幅度递增1990年为5.5亿法郎，1991年增至7.5亿法郎，1992年则高达9.89亿法郎。德国情报安全机构的经费每年也需9.6亿马克。各国用法律的形式确定了“为实现国家安全法的目的，特授权国家安全机关使用必需的和适当的经费”，[①] 包括“公开费用和秘密费用”，并明确规定国家安全机关所需的都列入国家财政预算。如1981年《韩国国家安全企划部法》第十条规定：“1. 按照预算会计法第二十二条规定，安全企划部可以独立核算；2. 安全企划部只提出年度预算总额，而不提出其总额的核算细目和根据预算会计法第二十九条规定的预算附加文件；3. 安全企划部的年度预算款项为安全企划部费和情报费；4. 为保障国家安全，根据需要安全企划部的预算可以列入其他机关的预算。”此外，俄罗斯、哈萨克斯坦共和国等的国家安全法律都有相关的规定。[②] 根据各国国家安全法律的规定，审计机关在进行审计监督时，享有以下职权：(1) 要求报送权。即有权要求被审计的国家安全机关按照规定报送预算或者财务收支计划、预算执行情况、决算、财务报告，及其他收支有关资料，国家安全机关不得拒绝、拖延或者谎报。(2) 检查权。审计机关进行审计时，有权检查有关国家安全机关的会计凭证、会计账簿、会计报表及其他一有关收支资料，被审计的国家安全机关不得拒绝。(3) 调查权。审计机关对有关审计事项向有关单位或者个人进行调查，有权查询有关经费的存储、使用等情况。(4) 建议权。审计机关依法进行审计监督时，发现被审计国家安全机关违反国家法律或政策的规定挪用、滥用或者非法使用经费的，有权建议有关主管部门

---

① 参见1947年《美国国家安全法》第三百零七条规定。

② 参见1992年《俄罗斯国家安全法》第二十条规定、1992年《哈萨克斯坦共和国民族安全机关法》第二十条规定。

或机关纠正，或者建议有权处理的机关依法处理。(5) 强制权。即依法采取行政强制措施的权力。如责令停止、改正违法行为；责令采取补救措施；责令交出有关资料或违法取得的财产；封存帐册；等等。(6) 通报或公布权。即审计机关有权将有关审计结果向有关机关、部门通报或公布。但涉及国家秘密或者国家安全工作秘密的应当保密。(7) 处理权。审计机关对国家安全违反法律或者政策规定的财政、财务收支行为，有权依照法律、行政法规的规定作出处理。

当然，国家安全行政内部监督不管是行政监察，还是行政审计，以及行政复议，都是行政机关或国家安全机关自己监督自己，监督主体和监督对象同属于一个组织或一个系统，往往容易从本位主义出发，“大事化小，小事化了”，难免给人不公正的嫌疑。而且内部监督一般是单向进行的，下级国家安全机关一般无权对上级机关进行反监督，如果上级决策失误，则监督的合法性和合理性难以保证。“人不能自己做自己的法官。”因此，要提高国家安全内部监督的实效，应当进一步使行政审计、行政监察、行政复议规范化、制度化增强它们的独立性，使内部监督真正成为时刻高悬在国家安全机关及公务员头顶上防止其违法行政、腐败行政的一把利剑。

第五节　社会监督

一、社会监督的含义与特征

社会监督是指公民以及其他社会组织对国家安全机关及其公务员是否依法行政所进行的监督。社会监督有以下特征：(1) 社会监督的主体广泛，具有不确定性。如个人或者组织都可以对国家安全行政进行监督。(2) 社会监督的方式多样性。个人对国家安全行政的监督方式有批评、建议、申诉、控告、检举等，其他社会组织也可以采取不同的方式进行监督，从世界各国的国家安全法律规定来看，并没有明确的程序性规定或限制。如：我国《国家安全法》第二十二条规定：“公民和组织对国家安全机关及其工作人员的超越职权、滥用职权和其他违法行为，都有权利向上级国家安全机关或者有关部门检举、控告。上级国家安全机关或者有关部门应当及时查清事实，负责处理。对协助国家安全机关工作或者依法检举、控告的公民和组织，任何人不得压制和打击报复。”1974年《捷克和斯洛伐克保安法》第四十六条规定，每个人都有权在本法规定的范围内向保安局机构提出建议，保安局机构有义务在自己的职权范围内接受这些建议。1992年《蒙古国家安全法》第九条也规定，蒙古公民在保障国家安全中有权“向政府有关部门及国家安全提出意见和申诉”。1992年《哈萨克斯坦民族安全机关法》第四条也规定，民族安全机关在自己的活动中必须尊重公民的宪法权利和自由。民族安全机关有责任应公民的要求对限制其权利和自由作出解释。对民族安全机关及其工作人员的行动，公民或者其他组织可以向上级机关、检察长和法院申诉。（3）社会监督的效果具有间接性、非法律强制性。这是社会监督与权力机关、司法机关的监督以及国家安全机关内部的监督最大的不同点。因此有的学者认为，社会监督不属于行政法制监督的范畴，不属于行政法研究的范围。[①] 我们认为，社会监督虽然不具有法律强制性、后果的直接性，但是良好的社会监督往往会引发甚至推动国家有权机关对国家安全行政的监督，从一些国家安全行政法制的近况来看，公民和组织的监督行为已经逐步纳入国家安全法制的轨道，以强化对国家安全行政活动的监督，事实上已经产生了相应的法律效果，如20世纪70年代轰动全球国家安全情报界的美国的“水门事件”。[②] 可见，社会监督不仅事实上而且在法律上已经成为行政法制监督的重要范畴。

---

① 应松年主编：《行政法与行政诉讼法学》，法律出版社，2005年版，第398页。

② 参见劲锷编著：《CIA与KGB——美苏国家安全机构纵览》，金城出版社，1991年版，第146页。

二、社会监督的种类

1. 公民对国家安全行政的监督

各国宪法都规定，公民对于国家机关和国家工作人员，有提出批评和建议的权利；对于国家机关和国家工作人员的违法失职行为，有向有关国家机关提出申诉、控告或者检举的权利。这是公民个人对国家安全机关及公务员监督的宪法基础。

2. 社会组织对国家安全行政的监督

社会组织是指某一行业、职业、阶层或者地域内的多数人为了一定的利益而依法形成的并能在法律范围内独立活动的社会团体。社会组织以其所具有的整体性、组织性、力量性和因之而具有的影响性，比公民个人能够更有力量地向政府或者国家安全机关施加影响，在维护自身利益的同时，担负起监督的职能。[①] 社会组织的监督主要包括政党、人民政协、工会、共青团、妇联等对国家安全机关及公务员的监督。

3. 新闻舆论对国家安全行政的监督

新闻舆论是人们在现代社会中参与国家管理，表达自己意志，进行社会信息交流的主渠道。它是国家安全机关与广大人民群众相互沟通的主要渠道，同时又是对国家安全行政主体及公务员的有效监督形式。新闻媒体是正义的捍卫者，是无处不在的眼睛。在社会化主体日益增加的今天，新闻舆论监督对国家安全机关工作方式改善或者转变能够起到积极的促进作用。新闻舆论监督主要是通过报刊、电影、广播、电视等传播媒介进行。新闻舆论由于信息量大、传递速度快、影响范围广，因此新闻舆论对国家安全行政的监督一定要处理好监督与保密的关系：一方面通过立法强化及规范新闻舆论监督，增加国家安全行政的透明度，确立新闻媒体的知情权、评论权、报道权；另一方面，也要明确规定新闻

---

① 张正钊、韩大元主编：《比较行政法》，中国人民大学出版社，1998 年版，第 722 页。

媒体的相关义务。对此，一些国家的国家安全法也已经作了明确的规定。如1992年《俄罗斯联邦对外情报机关法》第九条规定：为了向社会舆论界通报自己的活动，对外情报机关及工作人员，通过为此目的而建立的相应机构同俄罗斯联邦的社会组织、大众传播工具和公民进行联络。大众传播工具掌握的有关对外情报机关活动的材料不应含有涉及国家机密或者其他受法律保护的机密材料。不得泄露对外情报机关在其活动中获悉的有关公民私人生活、荣誉和尊严等方面的情况，法律有特殊规定的情况除外。为防止大众传播工具可能泄露对外情报机关掌握的构成国家机密或者受法律保护的情报，撰写有关情报机关情况材料的作者和收到这类材料的大众传播工具有权要求对外情报部门的专家进行鉴定。专家必须作出是否出示上述情报的结论，并将结论通知作者和大众传播工具。大众传播工具发表有关对外情报机构的有机密内容的资料并且已经扩散，给对外情报机关及工作人员造成物质和精神损失的，要依法承担刑事和民事责任。

第八章

国家安全行政救济论

第一节 国家安全行政救济概述

一、国家安全行政救济的概念

救济（remedies），在法律用语中有着不同的理解，根据《牛津法律大辞典》解释，是指纠正、矫正或者改正已发生或业已造成伤害、危害、损失或者损害的不当行为。① 法律意义上的救济是一种法律制度，它是指法律规定的有权机关依据法定的程序解决社会争议，制止或矫正侵权行为，从而使合法权益遭受损害者得到法律补救的一种制度。

行政救济在世界各国的行政立法中并不是一个法定用语，而是行政法学理论研究中所采用的一个专门术语。关于行政救济的含义各国以及我国行政法学研究者见仁见智，提出多种不同的理解。主要有以下几种观点：

1. 行政机关救济说。该说认为，行政救济即行政机关实施的救济，

① 《牛津法律大辞典（中译本）》，光明日报出版社，1989 年版，第 764 页。

也就是说，只有行政机关对行政行为造成行政受体合法权益的损害所实施的救济，才称为行政救济。[①] 这一观点将行政救济的主体限于行政机关，显然与现行法律及法理相违背，过于狭窄。

2. 瑕疵行为矫正说。该说是从救济的对象出发进行界定的，但其强调的并非是对行政行为所造成的损害后果的救济，而是对违法或者不当的行政行为即有瑕疵行政行为本身的矫正。[②] 这一观点将行政救济仅仅看作是行政行为的矫正制度，把合法的行政行为所造成的损害的弥补排除在救济范围之外，将行政救济等同于监督行政。

3. 受损权益补救说。该说认为，行政救济是对受到行政行为损害的行政受体的合法权益所实施的补救，即只要是对行政行为造成行政受体合法权益的损害所实施的补救，无论其救济的主体是行政机关，还是其他国家机关，都属于行政救济。[③] 这种观点强调补救的只是行政受体的损害，而将行政行为的矫正及其造成的公共利益损害的补救排除在外。

4. 矫正补救说。该说认为，仅仅从矫正瑕疵行政行为或者从受损权益补救方面来对行政救济进行界定是不科学、不全面的，认为“行政救济是指国家机关依法对行政行为造成的不利后果予以消除而实施的一种法律救济机制”。[④] 这种观点相对以上三种观点有一定的进步，但其仍只强调对“损害后果”的补救，而对行政行为的矫正漠视，且未强调行政救济的“事后性”这一典型特征。

我们认为，行政救济是对行政行为的法律救济，是对行政受体在权利受到损害后的直接的、法定的、制度化的救济渠道。从这个意义上理解，行政救济是指行政受体的合法权益受到行政主体的行政行为的侵

---

① 韩德培主编：《人权的理论与实践》，武汉大学出版社，1995 年版，第 699 页。

② 参见皮纯协、胡锦光著：《行政法与行政诉讼法教程》，1996 年版，第 225 页；叶必丰主编：《行政法学》，武汉大学出版社，1996 年版，第 222 页。

③ 林莉红：“行政救济基本理论研究”，《中国法学》，1999 年第 42 期。

④ 周佑勇著：《行政法原论》，中国方正出版社，2000 年版，第 255 页。

害，而请求法定机关采取的事后补救手段和措施所构成的各种法律制度的总称。目前，我国的行政救济主要是指行政复议和行政诉讼（包括行政赔偿和行政补偿），本书也就是在这一意义上使用行政救济概念的。

国家安全行政救济是行政救济制度的一个方面，它是指有关国家机关依法对国家安全机关及其工作人员在行使行政职权的过程中造成对行政受体合法权益的损害，而采取的各种事后补救手段和措施所构成的法律制度。

二、国家安全行政救济的特征

1. 国家安全行政救济以行政争议为前提。行政救济通常是国家安全行政受体认为国家安全机关及公务员所作出的具体行政行为侵犯了其合法权益，要求排除侵权行政行为，给受损合法权益以补偿或者赔偿而产生的。在大多数情况下，国家安全机关的行政行为是否侵权，行政受体的合法权益是否受到损害，一时间难以定夺，存在争议是不可避免的。因为国家安全行政执法活动的存续，作为执法者的国家安全机关和行政受体——个人、法人或者其他组织，基于对客观事实不同的认识，或者对法律不同的理解，对行政执法活动的过程或者执法产生的结果，出现了正确与否的争议，要求纠正两者之间的纠纷。因此，它们之间处于一种各执一词的状态。它们之间的争执，必须通过行政复议、行政诉讼或国家赔偿等救济措施才能对具体行政行为作出裁定并最终通过法律途径予以解决。其结果是，或者维持国家安全机关的行政执法后果，或者纠正国家安全机关违法或不当的行政执法行为，进而对由于国家安全机关的过错而造成的损害予以赔偿。

2. 国家安全行政救济的主体是有关国家机关。有权实施救济的主体既包括国家安全机关，也包括国家司法机关。但非国家机关的其他社会组织或者个人都无权实施行政救济，而只能请求有关国家机关提供行政救济。同时有关国家机关既可以主动也可以依据行政受体的申请实施救济，既可以直接实施救济也可以通过对国家安全行政行为的不予适用、不予执行而间接地矫正国家安全行政行为。

3. 国家安全行政救济的客体是行政行为及其造成的不利后果。首先，国家安全行政救济的客体是国家安全机关的行为，而不是行政受体的行为；是国家安全机关的行政行为，而不是国家安全机关的其他行为；国家安全机关的这种行政行为既可以是违法或者不当的，也可以是合法的行政行为，主要造成不利后果都应予以补救。其次，国家安全行政救济的客体还应包括行政行为造成的不利后果。在国家安全行政管理活动中，国家安全机关与行政受体的地位是不平等，行政受体处于受管理、被支配的地位，而国家安全机关却处于管理、主动的地位。当国家安全机关的行政行为侵犯行政受体的合法权益时，他们自己无能为力，只能求助国家安全机关或者司法机关给予保护。若国家安全行政救济不保护国家行政受体的合法权益，不以国家安全行政行为造成的不利后果为客体，行政受体的合法权益在很大程度上就得不到保护，国家安全机关也会以维护国家安全和利益为借口而拒绝为其造成行政受体合法权益受损的行政行为承担法律责任。国家安全行政救济的重要意义正在于此：通过行政救济措施的落实，达到扭转国家安全机关及公务员在行政执法过程中由于客观上给行政受体不平等的待遇，实现一种事实和法律上的平衡，并通过这种平衡的处理措施，维护行政受体的合法权益。①

4. 国家安全行政救济是一种法定的事后救济。首先，国家安全行政救济是一种法定化的救济。现代法治社会的救济是禁止私力救济的，救济的方式或者手段都必须有法律明确规定并进而形成制度，才能使救济落实到实处。国家安全行政救济的法定化主要表现在：行政救济权利的法定、实施行政救济的主体法定、受理条件法定以及行政救济程序的法

① 彭贵才主编：《行政执法理论与实务》，北京大学出版社，2005 年版，第 270 页。

定。① 其次，国家安全行政救济是一种事后救济。救济是一种补救手段，一般只有在权利受到国家安全行政行为侵害后，行政受体才能请求有权机关救济，对侵权行为进行纠正、制止和矫正。国家安全行政救济是对国家安全行政行为造成权利的缺损加以修复或弥补的制度，因而主要是事后进行的，如通过国家安全行政复议、行政诉讼等途径撤销违法的行政行为或得到补偿等。

三、国家安全行政救济的必要性

国家安全行政权只要有侵害行政受体权利的可能性，就必须建立行政救济制度。从各国的国家安全立法来看，为强调对国家安全行政权的控制和对行政受体合法权益的保护，各国都建立了国家安全行政救济制度。确立国家安全行政救济制度的必要性主要在于：

1. 保护受损害人的合法权益。行政救济制度的确立，是依法行政和行政执法的一种要求，它体现了法治、公正、公开和效率的行政法原则。首先，它通过行政救济制度的实施，在行政复议、行政诉讼中，裁定具体行政行为的正确与否，纠正违法或不当的行政行为，排除国家安全机关对行政受体合法权益的不公待遇、不法侵害和相关的妨碍；其次，通过实施行政救济措施，恢复因国家安全机关违法或不当的强制行政行为对行政受体造成的损害状态，疏通行政受体获得正常工作、生活秩序的途径；最后，对因国家安全机关的违法或不当的具体行政行为给行政受体造成损害的，通过国家赔偿措施，如支付赔偿金等方式予以弥补，以达到对行政受体合法权益救济的目的。

2. 监督和制约国家安全机关行政职权的行使。在行政救济制度中，不管是行政复议或者行政诉讼，都是由上级国家安全机关或者人民法院对当事人有争议的具体行政行为的一种审查、审判、确认、裁定和判

① 李枚主编：《中国行政法学总论》，中国方正出版社，2006 年版，第 404 页。

决，通过相应的法律规定和程序规则维持或者纠正已经实施的具体行政行为，达到对国家安全机关行政执法职权行使的监督或者制约。行政复议的监督来自上级国家安全机关，是国家安全机关内部的一种自我纠正错误的机制，所以这种自上而下的监督制约作用不言而喻。行政诉讼的监督则来自于国家安全机关的外部——人民法院，当实施具体行政行为的国家安全机关作为被告进行行政应诉的时候，就面临着自己的具体行政行为可能被人民法院否决或者纠正。因此，不管是行政复议还是行政诉讼，国家安全机关及其工作人员行使职权的活动，始终处于一种内部或者外部的监督、制约之下，它促使国家安全机关及其工作人员更能正确、合理和合法的行使自己的职权。在此特别应当指出的是，实施行政救济制度，使得公民、组织可以对国家安全机关的具体行政行为提出异议，本身也是一种来自社会的监督，它必将促使国家安全机关在开展行政执法活动中，更加注重在充分、正确地履行国家赋予的职权的同时，要充分注意和保护保护公民、组织应有的合法权益。

3. 有效解决行政纠纷。国家安全行政救济的前提是行政纠纷的存在。国家安全机关行使行政职权过程中不可避免地与行政受体发生纠纷和冲突。这是因为，国家安全行政管理必须存在，但国家安全行政管理意味着国家权力的运用，国家安全行政权力是“必要的恶”，但这种“恶”是现代国家不可或缺的。权力本身就意味着强制和服从。国家安全行政权力具有极大的能力，它既可以命令行政受体履行某种义务，即为行政受体设定义务，也可以强制被命令者服从。如果被命令者不服从，国家安全机关可以给予必要的制裁，如国家安全行政处罚，国家安全行政权力更可以采取强制措施，迫使负有义务者实现国家安全机关的命令。由于各方面的原因，诸如国家安全机关与行政受体之间的利益不可能完全一致，国家安全机关作出行政行为的过程实际上是认定事实和适用法律的过程，国家安全机关对事实和法律的认识、判断和理解都有可能与行政受体发生分歧，国家安全机关工作人员可能出于私利或者其他不当动机、目的而滥用行政职权等，国家安全行政权力的运用会对行政受体的权益产生影响，从而引起行政争议。面对国家安全行政纠纷，我们不能取消国家安全行政权力，也不能认可国家安全机关对行政受体合法权益的侵害，而是考虑如何解决客观存在的国家安全行政纠纷。为保证行政纠纷的有效解决，维护国家安全和利益，离不开有效的行政救济制度。

第二节　国家安全行政复议

一、国家安全行政复议概述

（一）国家安全行政复议的含义

行政复议是指公民、法人和其他组织认为具体行政行为侵犯其合法权益，依据法律、法规的规定申请行政复议，以及行政机关对该具体行政行为是否合法、适当进行审查，并作出行政复议决定的活动。

行政复议是世界大多数国家普遍建立的一项行政救济制度，但各国对行政复议的称谓并不相同。如日本称为“行政不服审查”，德国称为“声明异议程序”，法国称为“行政救济”，原苏联称为行政“申诉”或行政“上诉”，韩国和我国台湾地区称为“诉愿”。1990 年我国《行政复议条例》将“行政复议”的概念从学术研究到制度规范层面得到确立。1999 年 10 月 1 日正式实施的《行政复议法》，又进一步规范、完善了原行政复议条例的不足，科学规定了我国实施行政复议法律制度的基本原则、具体内容和相关程序，从法律角度确立了我国行政复议的基本制度。为进一步在国家安全机关贯彻《行政复议法》，国家安全部也颁布了《国家安全机关行政复议程序规定（试行）》，它是指导国家安全机关开展行政复议活动的指导性文件。

国家安全行政复议是指国家安全行政受体认为国家安全机关的具体行政行为侵犯了其合法权益，依法向有权管理的国家安全机关提出申请，由受理机关依照法律规定和法定程序对具体行政行为的合法性和适当性进行审查并作出裁决的一种法律制度。其基本特征；

1．国家安全行政复议是纠正国家安全机关违法或不当行政行为的法律制度，是保护国家安全行政受体合法权益的行政救济制度。国家安全行政复议对国家安全机关而言，是国家安全机关内部的一种自我监督方式，对国家安全行政受体而言，则是权益被侵犯后的一种救济手段或者途径。

2．国家安全行政复议是一种依申请的制度，即没有国家安全行政受体的申请，就没有国家安全行政复议，国家安全行政复议机关不能主动进行行政复议。因此，保证国家安全行政受体的申请权，以及设置有利于行政受体行使申请权的正当法律程序具有重要的法律意义。没有正当的法律程序落实行政受体的行政复议申请权，国家安全行政复议只能是空谈。

3．国家安全行政复议的机关是国家安全机关内设的法制部门或者上级国家安全机关。其他国家机关如权力机关、司法机关等不能成为国家安全行政复议机关。

4．国家安全行政复议的对象是具体行政行为，并附带审查部分抽象行政行为。根据行政复议法的规定，国家安全行政受体只能对具体国家安全行政行为提出复议，但可以对作为被审查的具体国家安全行政行为依据的部分特定的抽象行政行为即国家安全行政规章以下的行政规范附带进行审查。

5．国家安全行政复议的审查范围是具体国家安全行政行为的合法性和合理性。在国家安全行政复议中，复议机关的审查权是基于国家安全行政系统内部上下级领导关系而产生的，本质上是一种行政权和监督权或指导权，因而复议机关可以对行政行为的合法性和适当性进行全面审查，不仅可以撤销违法的行政行为，也可以变更即便在法律规定的自由裁量范围内的不适当的行政行为。

6．国家安全行政复议一般不具有终局性。行政受体对国家安全行政复议决定不服的，除国家安全法律有特别规定外，原则上可以提起国家安全行政诉讼。而国家安全行政诉讼的裁判是终局的。

（二）国家安全行政复议的基本原则

关于行政复议的基本原则，行政法学界有不同的认识和概括。但将合法、公正、公开、及时和便民作为行政复议的基本原则学者们几乎没有疑义。国家安全行政复议是一般行政复议的一种形式，也必须遵循一般行政复议的基本原则，主要体现在以下几个方面：

1. 合法原则。合法原则是指国家安全行政复议机关在法定的权限范围内，以事实为根据，以法律为准绳，对国家安全行政受体申请复议的具体行政行为，依据法定程序进行审查。在行政复议活动中，无论是作出被申请的具体行政行为的国家安全机关，还是行政复议的申请人，或者是主持行政复议的国家安全机关，都应当遵守现行的有关法律、法规和规章及其他具有普遍约束力的规范性文件。在国家安全行政复议活动中，合法原则体现在：一是主体合法；二是依据合法；三是内容合法；四是程序合法等方面。

2. 公正原则。它是指行政复议机关对被申请的具体行政行为的审查不仅要合法而且要合理，把国家安全机关与行政受体放在同一平等的位置，不偏袒任何一方，公正裁判。也只有这样，才能真正保障行政受体的合法权益。具体而言：一是应当从合法性和合理性两个层面审查被申请的具体行政行为，对不合法的具体行政行为应当予以撤销或者确认其违法；对明显不公正的具体行政行为依法予以变更，必要时责令被申请人重新作出具体行政行为。二是应当查明所有与案件有关的事实，并作出准确的定性；对被申请的具体行政行为所适用的法律、法规等条款应当作出准确的判断，如有不确定的法律概念或者理解，应当根据立法目的和立法指导思想作出公正的解释。三是国家安全行政复议机关应当保障各方当事人享有平等的知情权，平等地听取各方当事人的意见，为他们提供平等的申辩或者质证的条件和机会。四是应当正当合理地行使行政复议裁量权，对“明显不当”具体行政行为的界定应当合理、适当等。

3. 公开原则。是指国家安全机关在行政复议活动中，除涉及国家秘密、个人隐私和商业秘密外，整个过程应当在一定程度上向行政复议申请人和社会公开。其主要要求：一是行政复议过程公开。行政复议机关必须向复议当事人公开国家安全行政复议活动过程，复议当事人依法享有参与复议活动，陈述案件事实，提供证据材料，进行陈述、辩解或者质证的权利。二是行政资讯公开。即申请人或第三人可以查阅被申请人提出的书面答复、作出具体行政行为的证据、依据和其他有关材料，除涉及国家秘密、国家安全工作秘密、商业秘密及个人隐私外，国家安全行政复议机关不得拒绝。三是行政复议结果公开。国家安全行政复议机关对于申请人提出的复议申请不予受理的，应当作出《国家安全行政复议不予受理决定书》，说明不予受理的理由，并须将决定书送达当事人。对复议申请予以受理的，应当在法定期限内及时作出国家安全行政复议决定，并送达当事人。

4. 及时原则。是指国家安全机关应当在法律规定的期限内，尽快完成复议案件的审查，并作出相应的决定。其主要要求：一是作为行政复议机关的国家安全机关要严格遵守法定期限，确保每个行政复议行为都能在法定期限内完成；根据行政复议法的规定，行政复议机关收到行政复议申请后，应当五天内进行审查。五天内未作出《国家安全行政复议不予受理决定书》，视为受理。二是应当敦促行政复议当事人遵守法定的期限，履行国家安全行政复议决定。

5. 便民原则。是指国家安全机关在行政复议程序中应当尽可能为行政复议当事人，尤其是为申请人提供必要的便利，从而保证当事人参加行政复议的目的的实现。其主要要求：一是行政复议的有关规定应当尽可能考虑为申请人提供复议的便利条件；二是应当在法定范围内为当事人提供进行复议活动的便利条件，如不收申请人的复议费用、允许申请人以口头方式提出复议申请等。

二、国家安全行政复议的范围

国家安全行政复议的受案范围，是指国家安全行政复议机关受理行政复议案件的主管权限和界限。亦是国家安全行政受体依法可以向行政复议机关申请进行国家安全行政救济的范围。根据我国行政复议法和国家安全法的有关规定，当事人可以提起行政复议的范围主要包括以下两个方面的内容：

（一）国家安全行政复议受案范围肯定规定

根据《行政复议法》和《国家安全法》及其实施细则等法律、法规的规定，公民、法人或者其他组织对国家安全机关具体行政行为不服，提起行政复议申请的范围主要包括以下几个方面：

1. 国家安全机关作出的行政处罚。对国家安全机关作出警告、训诫、责令具结悔过、没收违法所得、没收非法财物、罚款、行政拘留等行政处罚不服的；

2. 国家安全机关采取的国家安全行政强制措施。对国家安全机关作出的限制人身自由或者查封、扣押、冻结财物，封存、扣押电子通信工具、器材等行政强制措施决定不服的；

3. 认为国家安全机关违法要求提供便利条件或者违法要求履行其他义务的；

4. 申请国家安全机关采取有效措施，履行保护人身权利、财产权利的法定职责，国家安全机关没有依法履行相应职责的；

5. 国家安全机关的行政许可行为，主要是指建设项目国家安全事项审批管理工作中，认为国家安全机关没有依法审批其规划、建设和使用有关建设项目的行为而侵犯其合法权益的；

6. 认为国家安全机关的其他具体行政行为侵犯其合法权益的；

7. 特殊的国家安全行政规范。

在我国《行政复议法》颁布前，国家安全行政复议机关只受理行政受体对国家安全具体行政行为不服而提起的行政复议。对于国家安全机关依据一个违法的国家安全行政规范所作出的具体行政行为，行政受体只能针对国家安全具体行政行为提起诉讼，复议机关也只能撤销具体行政行为，而对于具体行政行为所依据的国家安全行政法律规范却无能为力，这是一种典型的治标不治本。对此，《行政复议法》破天荒地规定了“一并审查制度”，即当事人认为国家安全机关的具体行政行为所依据的有关规定不合法，在对具体行政行为提起行政复议申请时，可以一并向国家安全行政复议机关提出对该规定的审查申请。需要强调的是，对规定提起审查的申请，必须与对具体行政行为的行政复议申请一并提出，当事人不能单就某一规定提起复议审查的申请。同时，这些规定的范围主要包括国家安全部等国务院有关部门的有关国家安全方面的规定、县级以上地方人民政府及其国家安全机关等工作部门的有关国家安全方面的规定。还应当注意的是，上述所指的这些规定，不包括国务院制定的国家安全法规和国家安全部及国务院有关部门制定的国家安全行政规章。

（二）国家安全行政复议受案范围否定规定

它是指按照《行政复议法》及相关司法解释等规定，不属于国家安全行政复议范围的事项，国家安全机关不对其行政复议申请进行受理。主要包括：

1．国家安全机关作出的行政处分或者其他内部的人事处理决定；

2．国家安全机关对民事纠纷作出的其他处理；

3．国防、外交行为；国家安全机关对境外个人作出的驱逐出境、限期离境、不予入境的行为；

4．国家安全机关依照刑事诉讼法的明确授权实施的刑事侦察行为；

5．国家安全机关对公民、组织进行的不具有强制性的国家安全行政指导行为；

6. 驳回当事人对国家安全机关作出的具体行政行为提起申诉的重复处理行为。

三、国家安全行政复议的基本程序

行政复议程序是行政复议机关、行政复议参加人以及其他行政复议参与人进行行政复议活动所必须经过的各项步骤、方式、顺序和时限的总和。根据《行政复议法》以及国家安全部于1999年颁布的《国家安全机关行政复议程序规定（试行）》的规定，国家安全机关开展行政复议活动的具体程序分为以下五个阶段。

（一）国家安全行政复议的申请

是指行政受体认为国家安全机关的具体行政行为违法或者不当，侵犯了自己的合法权益，依法向国家安全行政复议机关提出对该具体行政行为进行审查和处理的请求。根据《行政复议法》第十一条的规定，当事人申请行政复议，可以书面申请，也可以口头申请；口头申请的，行政复议机关应当当场记录申请人的基本情况、行政复议请求、申请行政复议的主要事实、理由和时间。同时，根据有关法律的规定，当事人书面申请行政复议的，应当递交行政复议申请书及有关材料。还应当指出的是，由于国家安全工作的特殊性质，《行政复议法》第十二条特别规定，当事人针对国家安全机关的具体行政行为提起行政复议申请的，只能向上一级国家安全机关或者法定的国家安全机关内部法制部门申请行政复议，而不能由当事人选择向本级人民政府申请行政复议。国家安全行政复议申请的条件主要包括：申请人必须具有提出申请的主体资格，即申请人必须是认为国家安全机关的具体行政行为侵犯其合法权益的行政受体；有明确的被申请人；有具体的复议请求和事实依据；属于申请复议的范围和受理复议机关管辖以及法律、法规规定的其他条件。

复议前置和申请复议的时效。我国《国家安全法》规定了对国家安全机关行政拘留的复议前置，即对国家安全的行政拘留不服的，当事人只能先申请行政复议，不能直接提起行政诉讼，只有对行政复议不服的，才能向人民法院提起行政诉讼。但是，当事人对国家安全机关的其他行政处罚不服的，则不适用复议前置。关于提起行政复议的时效，根据《行政复议法》第九条的规定，当事人应当在知道国家安全机关的具体行政行为侵犯了自己的合法权益之日起六十天内提起行政复议的申请，除非因为不可抗力或者其他正当理由耽误法定申请期限，或者法律规定的申请期限超过六十日的情形，当事人超过六十日未申请行政复议的，行政复议申请的权利即丧失。

申请行政复议的级别。根据《行政复议法》的规定，当事人对省级及省级以下的国家安全机关的具体行政行为不服的，应当向上一级国家安全机关申请行政复议；对国家安全部的具体行政行为不服的，向作出该具体行政行为的国家安全部申请复议；对国家安全部的行政复议不服，当事人可以向国务院申请裁决，也可以向人民法院提起行政诉讼。

（二）行政复议的受理

即行政复议机关接到行政受体行政复议申请后，经审查，决定是否予以立案处理的行为。作出具体行政行为的上一级国家安仝机关是行政复议机关，国家安全机关的法制工作部门是行政复议的工作机构。行政复议工作机构在接到当事人的行政复议申请后，应当在五日内进行审查，提出初步意见，向主管部门和领导填报《行政复议受理审批表》，经审批后，作出是否受理行政复议申请的决定。如果复议机关未在五日内作出不予受理的决定，则视为自动受理。如经审查，对符合规定的行政复议申请，向有关当事人制发《行政复议受理通知书》，行政复议机关收到行政复议申请的日期即为受理之日；对不符合规定的行政复议申请，决定不予受理的，制发《不予受理行政复议决定书》；对于符合规定，但不属于国家安全机关受理的行政复议申请，应当通过向申请人制发《行政复议告知书》，告知申请人向有关行政复议机关提出申请。行政复议机关认为应当参加的第三人没有参加申请参加复议的，通过制发《第三人参加行政复议通知书》，连同行政复议申请和其他有关材料一同送第三人，通知其参加行政复议。

当事人申请行政复议，其申请时申请书不符合要求，或者提供的材料不足，或者难以进行审查和判断的，行政复议机关可以通过向其制发《补正行政复议申请通知书》，要求按规定进行补正。对于不属于国家安全机关受理的行政复议申请，行政复议机关应当在收到申请之日起七日内转送有关行政复议机关受理；没有法定的原因，行政复议机关无正当理由不予受理的，上级国家安全机关应当责令其受理；必要时，上级国家安全机关也可以直接受理。

（三）行政复议的审理

即指国家安全行政复议机关对受理的行政争议案件进行实质性审查的活动。国家安全行政复议审理是行政复议的关键环节，是核心程序。行政复议审理活动主要包括对具体行政行为的合法性、适当性的审查，对具体行政行为依据的规范性文件合法性的审查。国家安全机关审理行政复议原则上采取书面形式，但是如果当事人提出或者行政复议机关认为有必要时，可以向有关组织和人员调查了解有关情况，听取申请人、被申请人的和第三人的意见。行政复议开始后，作出具体行政行为的国家安全机关不得自行向申请人和其他有关组织或者人员收集证据。

国家安全行政复议机关在受理申请开始进行行政复议的审理时，如果当事人提出了对有关规定进行审查的申请，或者行政复议机关认为具体行政行为依据的文件不合法的，本机关有权处理的，应当在三十日内进行处理；无权处理的，应当在七日内通过制发《规范性文件转送处理函》转送有权处理的国家机关依法处理。处理期间，中止对具体行政行为的审查。

在行政复议期间，按照《行政复议法》的规定，不停止具体行政行为的执行。但是，如果有下列情形的，可以停止执行：

1. 被申请人认为需要停止执行的；

2. 行政复议机关认为需要停止执行的；

3. 申请人申请停止执行，行政复议机关认为其要求合理，决定停止执行的；

4. 法律规定停止执行的。

（四）行政复议的决定

行政复议机关根据《行政复议法》和《国家安全机关行政复议程序规定（试行）》的规定，通过审查具体行政行为及其依据的规范性文件，作出的对具体行政行为正确与否的裁定。根据《行政复议法》的规定，行政复议机关应当自受理申请之日起六十日内作出行政复议决定。情况复杂，不能在规定期限内作出行政复议决定的，经行政复议机关的负责人批准，可以延长但最多不超过三十日的期限，并通过制发《行政复议延期决定通知书》，通知各有关当事人。

国家安全机关行政复议工作机构在审理行政复议申请后，提出对具体行政行为的初步判定，通过向主管部门和领导报送《行政复议决定审批表》，经主管领导审批同意，制发《行政复议决定书》，按照具体情况作出几种不同的行政复议决定：第一，具体行政行为认定事实清楚，证据确凿，适用依据正确，程序合法，内容适当的，决定维持；第二，被申请人不履行法定职责的，决定其在一定期限内履行；第三，具体行政行为有下列情形之一的，决定撤销、变更或者确认该具体行政行为违法；决定撤销或者确认该具体行政行为违法的，可以责令被申请人在一定的期限内重新作出具体行政行为：

1. 主要事实不清，证据不足的；

2. 适用依据错误的；

3. 违反法定程序的；

4. 超越或者滥用职权的；

5. 具体行政行为明显不当的。

（五）行政复议决定的执行

国家安全行政复议决定发生强制执行的法律效力后，行政复议参加人都应当依法主动履行复议决定所要求的法律义务，以保证国家安全行政复议决定的执行。行政复议机关作出的行政复议决定书，是具有法律效力的文件，当事人应当自觉履行。被申请人不自觉不履行的，由行政复议机关向其制发《责令履行行政复议决定书》，限其在一定期限内执行《行政复议决定书》。申请人逾期不起诉又不履行行政复议决定的，或者不履行最终裁决的，按照下列规定分别处理：第一，维持具体行政行为的决定，由作出具体行政行为的国家安全机关依法强制执行，或者申请人民法院强制执行；第二，变更具体行政行为的决定，由作出行政复议的国家安全机关依法强制执行，或者申请人民法院强制执行；第三，如果国家安全行政复议机关改变了原具体行政行为，被申请人不履行或者拖延履行行政复议决定，国家安全行政复议机关或者上级国家安全机关应当责令其限期履行。在规定的期限内被申请人仍不履行行政复议决定，复议机关也可申请人民法院强制执行。

第三节　国家安全行政诉讼

一、国家安全行政诉讼概述

（一）国家安全行政诉讼的含义

行政诉讼制度在不同的国家和地区其内涵、外延及称谓各有不同，但它们的共同特征都是由相对独立的国家机关根据行政受体的申请，依据一定的司法程序对行政机关的行政行为进行审查，并对其合法性作出裁判的制度。我国的行政诉讼是指行政受体与行政主体在行政法律关系领域发生纠纷后，依法向人民法院提起诉讼，人民法院依法定程序审查行政主体的行政行为的合法性，判断行政受体的主张是否妥当，并作出裁判的一种诉讼制度。

国家安全行政诉讼是指行政受体认为国家安全机关的具体行政行为侵犯其合法权益，依法向人民法院提起行政诉讼，由人民法院对国家安全机关的具体行政行为进行审理并作出裁决的活动。从整体上讲，国家安全行政诉讼有以下几个方面的的特征：

1. 国家安全行政诉讼是专门解决国家安全行政争议的司法制度。国家安全行政争议是行政主体因行使行政职权而与行政受体之间发生的有关行政权利和义务的争执，公民、法人或其他组织与国家安全机关的民事争议不能由行政诉讼来解决。

2. 国家安全行政诉讼的起因是公民、法人或者其他组织认为国家安全机关的具体行政行为侵犯其合法权益，从而引起公民、法人或者其他组织向人民法院提起行政诉讼请求，寻求司法保护的诉讼行为。

3. 国家安全行政诉讼是解决行政纠纷的一种诉讼活动，是发生纠纷的行政受体一方或者多方，请求与纠纷各方没有利害关系的国家机关——人民法院，按照能确保公正的原则和程序解决纠纷的一种活动。因此，国家安全行政诉讼是在人民法院的主持下审查国家安全机关具体行政行为合法性的司法活动。

4. 国家安全行政诉讼的诉讼核心是审查国家安全机关的具体行政行为的合法性。行政诉讼的活动及其过程都是围绕具体行政行为的合法性审查进行的，而不是围绕原告的行为是否合法进行的。具体行政行为是否合法的举证责任是由国家安全机关即被告来承担。在对具体行政行为的审理强度上，一般而言只限于合法性这一范围，不包括对具体行政行为的合理性或适当性进行审查。人民法院也不直接对行政规范性文件是否合法作出裁判，但对于规章及规范性文件，人民法院有权审查是否合法。

5. 国家安全行政诉讼的原告只能是行政受体，即认为国家安全机关的具体行政行为侵犯了自己的合法权益的公民、法人和其他组织。行政诉讼的原告只要认为自己的合法权利受到国家安全机关具体行政行为的侵害就可以提起诉讼，至于是否实际上受到侵害须经法院审理后才能正式确定。

6. 国家安全行政诉讼的被告只能是作出具体行政行为的国家安全机关。国家安全机关实施具体行政行为时处于行政主体地位，拥有实现其代表国家意志的手段，在具体行政行为中是主导者。但是，进入行政诉讼以后，它是处于一种与原告相对的地位，即被告的地位。

7. 国家安全行政诉讼制度既是一种行政救济制度，又是一种行政法制监督制度。国家安全行政诉讼制度是行政救济制度中最重要的一个组成部分。国家安全行政诉讼制度也是对国家安全机关具体行政行为进行行政法制监督的一个有效手段，建立国家安全行政诉讼制度的宗旨之一就是保障和监督国家安全机关依法行使行政职权。

（二）国家安全行政诉讼的主要原则①

1. 人民法院对具体行政行为实行合法性审查的原则。法院审查具体行政行为只监督审查其合法性，而不审查其合理性。行政诉讼之所以这样规定，是因为行政权和审判权是两种国家权力，行政权的行使需要广泛运用法律赋予的自由裁量权，国家安全机关因长期处理行政事务而具有专门的经验，能审时度势作出恰如其分的决定，因此法院在审理行政诉讼案件时一般不审查国家安全机关的自由裁量权。当然这也不是绝对的，如发现国家安全机关滥用自由裁量权，或者行政处罚显失公平的，国家审判机关也可以作出变更的判决。

---

① 有些学者将行政诉讼的基本原则分为共有原则与特有原则。共有原则是指行政诉讼、民事诉讼与刑事诉讼都共同具有的原则，而特有原则只是行政诉讼具有的原则。本书所论涉的只是行政诉讼主要原则，相当于有关学者所指的“特有原则”。参见李枚主编：《中国行政法学总论》，中国方正出版社，2006 年版，第 442 页；文正邦主编：《宪法与行政法论坛》，中国检察出版社，2004 年版。

2. 全面审查原则。人民法院对国家安全机关的具体行政行为合法性审查，并不局限于原告的诉讼请求及诉讼的事实和理由，即便原告的诉讼理由不成立，人民法院也应当对被诉的具体行政行为进行全面审查，包括认定事实、适用法律及行政程序等各个方面的审查。如果是上诉的行政案件，第二审人民法院也应当进行全面审查，不受上诉范围的限制。

3. 不适用调解的原则。根据《行政诉讼法》第五十条的规定，人民法院审判行政诉讼案件，不适用调解。这是因为，人民法院审理的行政诉讼案件，它所反映的法律关系是一种纵向的管理与被管理的行政关系，这不同于处于平等主体之间的民事关系。在行政诉讼中，人民法院对国家安全机关的具体行政行为的合法性、正确性进行审查，只能以事实为根据，以法律为准绳，而不能由争议的双方互相让步，互相谅解来判断具体行政行为是否正确与合法，这是其一。其二，国家安全机关依法享有的行政权是任何机关和个人都不得转让或者放弃的，即进行任意处分。国家安全机关无权处分其职权，行使职权不当时应当依法予以撤销或者纠正，否则就改变了行政权的性质。因此，行政诉讼的当事人由于缺乏调解的前提和基础——处分权，所以不能适用民事诉讼中固有的调解原则。

4. 不停止执行的原则。行政诉讼的不停止执行原则是指行政受体不服国家安全机关作出的具体行政行为而起诉到人民法院时，人民法院在受理案件后，在诉讼期间，不停止具体行政行为的执行。但是，不停止执行也不是绝对的，《行政诉讼法》第四十四条规定，如果有以下情形，如被告认为需要停止执行的，原告申请停止执行，人民法院认为该具体行政行为的执行会造成难以弥补的损失，而且停止执行不会损害社会公共利益，裁定停止执行的等，则可以停止执行。需要说明的是，停止执行只是不停止执行原则的一个例外情况。

5. 司法变更权有限原则。国家权力的分工使得国家司法权对行政权的监督和审查是有限度的，对于属于国家安全行政自由裁量权范围的事项，人民法院一般不应当予以变更。只有在国家安全行政处罚显失公正的情况下，人民法院才能变更。对国家安全机关其他行使自由裁量权的行为只要未构成违法，尚不足以构成滥用职权，人民法院一般不予否定。也就是说，对于国家安全机关那些合法而不合理的行为，人民法院司法审查的强度是受限制的。

二、国家安全行政诉讼的受案范围研析

国家安全行政诉讼的受案范围，也称人民法院的主管范围。指法律所规定的人民法院受理国家安全行政案件的范围。一个国家行政诉讼的受案范围的确定是由该国的政治体制、法制现状、历史传统以及经济文化的发展水平等因素所决定和制约的；同时，受案范围涉及国家司法权、行政权与公民权利间的相互关系，涉及国家安全与私人利益之间的权衡问题，因此受案范围的确定比较复杂，标准不一，而且因国而异、因情而变。

行政诉讼受案范围的确定是一个世界性的难题，也是各国在不断探索的课题。我国法学界对此也提出了不少真知灼见：行政诉讼受案范围的确定应最大限度的满足公民、法人或其他组织的合法权益；符合司法权与行政权的分工；兼顾理想与现实、目的与可能，即考虑各个阶段法治状况、行政机关的执法水平、社会法律意识等。① 从世界各国行政诉讼制度的发展看，行政诉讼受案范围也存在着一个不断扩大的过程。因此，恰当地确定国家安全行政诉讼的受案范围，对于促进国家安全机关合法、有效的行使国家安全行政权力，更好地维护国家安全和利益，最

① 参见应松年主编：《行政法与行政诉讼法学》，法律出版社，2005 年版，第 459 页；李枚主编：《中国行政法学总论》，中国方正出版社，2006 年版，第 442 页；章剑生："有关行政诉讼受案范围的几个理论问题探析"，《中国法学》，1998 年第 2 期；杨小君："正确认识我国行政诉讼受案范围的基本模式"，《中国法学》，1999 年第 6 期。

大限度地保护公民、法人或者其他组织的合法权益具有十分重要的意义。

根据我国《行政诉讼法》第十一条、第十二条的规定，公民、法人和其他组织认为国家安全机关的下列具体行政行侵犯了其合法权益，可以向人民法院提起行政诉讼：

1. 对国家安全机关作出警告、没收违法所得、没收非法财物等行政处罚及对行政拘留已经过行政复议不服的；

2. 对国家安全机关作出的限制人身自由或者查封、扣押、冻结财物，封存、扣押电子通信工具、器材等行政强制措施决定不服的；

3. 认为国家安全机关违法要求提供便利条件或者违法要求履行其他义务的；

4. 申请国家安全机关采取有效措施，履行保护人身权利、财产权利的法定职责，国家安全机关没有依法履行的；

5. 认为国家安全机关侵犯其合法权益的的其他具体行政行为。

根据《行政诉讼法》第十二条的规定，我们认为，国家安全机关的下列行为不得提起行政诉讼的：

第一，行政受体就国防、外交等国家行为提起行政诉讼的，人民法院不予受理。所谓国家行为，是指涉及国家根本制度的维持和国家主权的运用，由国家承担法律后果的政治行为。从这一点来看，国家安全机关的具体行政行为，虽然是与国家安全有关，一般来说，应当不属于国家行为。

第二，行政法规、规章或者国家行政机关制定发布的具有普遍约束力的决定、命令。这是因为这些行为是一种抽象的行政行为，而行政诉讼只限于具体行政行为，因此它不在行政诉讼所包括的范围之内。由此看来，国家安全部就国家安全工作颁布的规章和其他具有普遍约束力的规范性文件，不应当被提起行政诉讼。

第三，国家行政机关对其工作人员的奖惩、任免等决定。如国家安全机关内部的人事任免、奖惩等问题，虽然也是某一个国家安全机关的具体行政行为，但由于它是国家安全机关的内部行为，根据《行政诉讼法》的规定，如有关人员不服，不得向人民法院提起行政诉讼。

第四，法律规定由国家安全机关最终裁决的具体行政行为。司法最终原则是现代法制的基本精神。因此，由国家安全机关最终决定，不允许进入司法领域的事项，应当严格限制。根据行政诉讼法的规定，在我国只有法律才能规定由国家安全机关最终解决的事项。这里的“法律”限于全国人民代表大会及其常务委员会制定、通过的规范性文件。目前由法律作出的最终裁决事项有：国务院有关国家安全行政复议决定；国家安全机关依照刑事诉讼法的明确授权实施的行为；不具有强制力的行政指导行为；驳回当事人对国家安全行政行为提起申诉的重复处理行为以及国家安全机关对公民、法人或者其他组织的权利义务不产生实际影响的行为等。

三、国家安全行政诉讼原告与被告

一般认为，行政诉讼参加人是指参加行政诉讼活动，享有诉讼权利，承担诉讼义务，并且与诉讼案件或者诉讼结果有利害关系的人。它包括参加诉讼的原告、被告、共同诉讼人、诉讼中的第三人及诉讼代理人。学术界认为，国家安全行政诉讼参加人不同于诉讼参与人，国家安全行政诉讼参与人比行政诉讼参加人的范围要广，它除了诉讼参加人外，还包括证人、鉴定人、翻译人员、勘验人等。但学术界对诉讼参与人的含义存在争议，并认为诉讼参与人不包括诉讼参加人。我们认为，诉讼参与人的概念是多余的，对此应予取消；用诉讼参加人的概念取代诉讼参与人的概念，这样可以避免人为造成的诉讼概念理论上的混乱和实践中的不必要的麻烦。由此，国家安全行政诉讼参加人的概念可以界定为：依法参加国家安全行政诉讼，享有诉讼权利，承担诉讼义务，并与诉讼案件有利害关系的人。它包括参加国家安全行政诉讼的当事人（原告、被告、共同诉讼人、诉讼中的第三人）及其诉讼代理人、证人、鉴定人、翻译人员、勘验人等。在此我们仅介绍国家安全行政诉讼中的原告与被告。

1. 行政诉讼的原告。是指具体行政行为侵犯其合法权益，以自己的名义提起诉讼的公民、法人或者其他组织。行政诉讼中的原告必须和被诉国家安全具体行政行为有法律上的利害关系。外国人、无国籍人依法也可以成为国家安全行政诉讼的原告。

2. 行政诉讼的被告。是指实施了原告指控的侵犯其合法权益的国家安全具体行政行为，而由人民法院通知应诉的行政主体。国家安全行政诉讼的被告主要有以下情形：(1) 直接诉讼案件中的被告。公民、法人或者其他组织直接向人民法院提起诉讼的，作出具体行政行为的国家安全机关是被告；由法律、法规授权的组织所作出的具体行政行为，该组织是被告。(2) 经过复议案件中的被告。法律、法规规定必须先经国家安全行政复议才能提起诉讼或者原告选择了先申请复议的，对复议决定不服而起诉的，被告又分为三种情况：一是复议机关维持原具体行政行为的，作出原具体行政行为的国家安全机关是被告；二是复议机关改变原具体行政行为的，复议机关是被告；三是复议机关在法定的期限内不作复议决定。当事人对原具体行政行为不服提起行政诉讼的，应当以作出原具体行政行为的国家安全机关为被告；当事人对复议机关不作为不服提起诉讼的，则应当以复议机关为被告。(3) 受委托组织作出行为的被告。国家安全机关委托的组织所作出的具体行政行为，委托的国家安全机关为被告。(4) 被撤销或改组的行政机关作出行为的被告。国家安全机关被撤销或改组的，继续行使其职权的国家安全机关是被告；对于无继续行使其职权的国家安全机关，作出撤销或改组决定的国家安全机关或者原国家安全机关的直接上级国家安全机关为被告。(5) 经上级国家安全机关批准的具体行政行为的被告。当事人不服经上级国家安全机关批准的具体行政行为，向人民法院提起诉讼的，应当以在对外发生法律效力文书上署名的国家安全机关为被告。(6) 内设机构或派出机构作出行为的被告。国家安全机关内设机构或派出机构作出行为的被告有四种情形：一是国家安全机关组建并赋予国家安全行政管理职能但不具有承担法律责任能力的机构，以自己的名义作出具体行政行为，当事人不服提起诉讼的，以组建该机构的国家安全机关为被告。二是国家安全机关内设机构或派出机构在没有法律、法规或者规章授权的情况下，以自己的名义作出具体行政行为，当事人不服提起诉讼的，以该国家安全机关为被告。三是国家安全机关内设机构或派出机构具有法律、法规或者规章授予的行政职权，但超出法定授权范围作出具体行政行为，当事人不服提起诉讼的，以作出该具体行政行为的机构或组织为被告。四是国家安全机关在没有法律、法规或者规章规定的情况下，授权其内设机构、派出机构或者其他组织行使行政职权的，应当视为委托，当事人不服提起诉讼的，以该国家安全机关为被告。

四、国家安全行政诉讼的举证责任

（一）行政诉讼举证责任的含义

举证责任是法律假定的一种后果，即承担举证责任的当事人应当提出自己的主张并加以证明，否则就要承担败诉的法律后果。《行政诉讼法》第三十二条规定："被告对作出的具体行政行为负有举证责任，应当提供作出该具体行政行为的证据和所依据的规范性文件。"因此，在国家安全行政诉讼中，作出具体行政行为的国家安全机关是被告，所以在行政诉讼中负有举证责任的是作出具体行政行为国家安全机关，也就是说国家安全机关在行政诉讼中负有举证责任。

作为被告，国家安全机关在行政诉讼中履行举证责任时，应当做到：第一，必须对作出的具体行政行为提供证据和所依据的规范性文件；第二，举证责任只限于证明具体行政行为的合法性；第三，国家安全机关负举证责任并不排斥原告提供证据的权利或义务。比如，原告可以提供证明被诉具体行政行为违法的证据。但在行政诉讼关于赔偿的程序中，原告应当对被诉具体行政行为造成损害的事实提供证据。

（二）国家安全机关举证责任的内容考量

作为被告的国家安全机关在履行举证责任时，要针对具体行政行为从事实、法律和程序的合法方面提供证据，要充分证明在进行具体行政行为时有充分的法律规定作为依据，在职权范围之内行事，并按照法定的程序进行。国家安全机关在履行举证责任时，应注意以下具体几个方面的问题：

第一，举证的范围。既要向人民法院提交具体行政行为所依据的事实依据，也要提交具体行政行为所依据的规范性文件，还要提供在进行具体行政行为时程序合法的证据，全面证明具体行政行为的合法性。

第二，举证的时间。应当在收到起诉书副本之日起十日内向人民法院提供证据，如因不可抗力或者客观上不能控制的其他正当理由，不能在规定期限内提供的，应当在收到起诉书副本的十日内提出延期提供证据的书面申请。

第三，证据的来源。应当是行政程序中获取的证据，即国家安全机关在作出具体行政行为时收集并作为处理依据的证据，提交时要简要说明，签名或者盖章，并注明提交日期；按照法律规定，行政诉讼开始后，作为被告的国家安全机关不能自行向有关当事人收集与案件有关的证据。

另外，在提供证据的材料时，要按证据材料进行分类编号；证据涉及国家秘密的，要作出明确的标注，并向法庭说明；对于专门性问题，应当提供鉴定结论；现场处理的，应当提供现场笔录；提交外文书证的或者外国语视听资料的，应当附有由具有翻译资质机构翻译的或者其他翻译准确的中文译本，由翻译机构盖章或者翻译人员签名；对不作为的行政行为，应当证明其不作为的合法性，提供的规范性文件要合法有效。

五、国家安全行政诉讼中应当注意的几个问题

国家安全机关在行政诉讼中的应诉工作，是一项关系到国家安全机关行政执法水平和质量的专门工作，根据法律、法规的有关规定，此项工作由各级国家安全机关的法制工作部门来承担。国家安全机关的法制工作部门应当在职责范围内，认真研究具体行政执法工作的问题，有针对性地提出行政应诉的对策，做好国家安全行政诉讼的应诉工作。在国家安全行政诉讼中，还应当根据国家安全工作的实际和特点，注意以下几个方面的问题：

1. 对专门性问题应当提供鉴定结论。国家安全工作中的专门性问题是指那些需要具有专门知识的专职人员，通过专门的设备或者仪器进行辨别才能断定的问题。在行政诉讼中，国家安全机关的具体行政行为经常涉及对有关境外间谍机关和间谍人员身份的确认或者专用间谍器材的确认或者文件的密级等有关专门性问题。作为被告的国家安全机关举证时，对有关专门问题应当向人民法院提供具体的确认意见书或者相应的鉴定结论，以便说明案件的性质，充分证明国家安全机关行政执法工作的客观性、合法性。对专门性问题国家安全机关没有提供鉴定结论的，应当视为没有证据。

2. 现场处理的突发事件，应当提供现场笔录。国家安全机关在行政执法工作中，常常遇有对危害国家安全的有关人员当场进行行政处罚，或者采取行政强制措施的情况，以及有些违反国家安全法的行为人，其违法行为转瞬即逝。国家安全机关对这种情况必须立即作出反应，留下违反国家安全法律行为的现场记录并作出相应具体行政行为，否则事后难以取得证据。对此，如果被当事人提起行政诉讼，国家安全机关应当向人民法院提供行政执法活动中的有关现场笔录，作为行政应诉中的证据。

3. 保守国家安全工作的国家秘密。在国家安全机关参加行政诉讼进

行应诉的工作中，由于国家安全工作隐蔽、秘密的特点和国家安全机关的特殊性质，案件常常涉及国家安全工作的国家秘密。因此，对涉及国家秘密的相关证据材料应当明确标出密级，案件其他有关情况属于国家安全工作国家秘密的，也要一并向人民法院具体说明。如果法庭在审理过程中，不得不当庭出示秘密证据才能查清事实，作为被告的国家安全机关在保密的前提下，应当根据有关司法解释规定采取“变通”或者“替代”的方式向法庭提供。①

第四节　国家安全行政赔偿

一、国家安全行政赔偿概述

（一）国家安全行政赔偿的含义

行政赔偿是指国家行政机关及其工作人员违法行使职权，侵犯公民、法人或者其他组织的合法权益并造成损害，由国家承担赔偿责任的制度。我国1995年1月1日正式施行的《国家赔偿法》，对行政赔偿的基本原则、赔偿范围和具体法律程序等作出了具体规定，它是确立我国行政赔偿法律制度的基础。从一般意义上来说，行政赔偿具有两个方面

① 我国诉讼法律规定，证据必须在法庭上出示，经过双方当事人质证，才能作为认定事实的依据。但是，在涉及国家安全案件的证据，需要在法庭上公示时可采取“变通”的方式。1980年《美国机密情报程序法》也规定，依据法庭裁定需要公示机密情报的，国家安全机关可以请求法庭以下列方式代替提供该具体的机密情报：一是以表明某些相关事实需机密情报加以证实的说明书代替机密情报本身；二是以机密情报概要代替机密情报本身；三是如果该机密情报丝毫不能被披露造成被披露时，法庭应当撤销诉讼，或者采取法庭认为的适当行为来代替撤销诉讼：1. 删除起诉书或者该机密情报中所列详细内容；2. 搜寻与被删除的机密情报相关而有损于美国政府的任何事项；3. 勾销或者剔除证人证言的全部或者一部分；4. 互惠原则等。

的特征：第一，行政赔偿是以国家作为责任主体，即行政赔偿的责任主体是国家而不是行使公权力的公务员个人；① 第二，行政赔偿是对行使国家权力造成的损害后果进行赔偿，它与民事赔偿的承担责任的原则不同。②

国家安全行政赔偿是行政赔偿的一种，是指国家安全机关及其工作人员在行使职权时，违法侵害行政受体的合法权益造成损害时，国家负责向受害人赔偿的一种制度。各国的有关国家安全法律都对国家安全行政赔偿或者补偿作了明确的规定。如我国《国家安全法》第九条规定，国家安全机关工作人员在依法执行紧急任务的情况下，经出示相应证件，可以乘坐公共交通工具，遇到交通阻碍时，优先通行。国家安全机关为维护国家安全的需要，必要时，按照国家有关规定，可以优先使用机关、团体、企事业组织和个人的交通工具、通信工具、场地和建筑物，用后应当及时归还，并支付适当费用；造成损失的，应当赔偿。1974 年《捷克和斯洛伐克保安法》第五十九条规定，国家赔偿公民因帮助国家保安机关或者保安机关给公民造成的损失。1991 年《前苏联国家安全机关法》也规定，国家安全机关及其工作人员在执行任务过程中如果侵害公民的权利和自由，有关国家安全机关有责任采取措施，恢复被剥夺的权利和自由，赔偿损失和追究有关人员的责任。1992 年《哈萨克斯坦共和国民族安全机关法》第十五条规定，民族安全机关在执行公务时，可以无条件地使用各种所有制形式的企业、机构、组织以

---

① 国家为什么要对个人承担损害赔偿责任，其理论基础主要有：18 世纪杰出的思想家卢梭提出的“人民主权说”、“国库理论说”、“人权保障说”、“公平负担说”、“危险责任说”和“社会保险说”。以上国家赔偿的基础理论学说由所处的时代、国家的法律文化不同，不可避免存在不足和局限性。但它们都有一定合理性和借鉴作用。我们认为，国家赔偿的理论基础应当是：国家与个人或者组织在法律上是平等主体；公平负担原理及人权保障理论。

[illegible] 行政赔偿与民事赔偿的区别主要在：责任主体、前提条件、归责原则以及[illegible]围、赔偿程序、方式等方面的不同。参见应松年主编：《行政法与行政诉讼[illegible]法律出版社，2005 年版，第 527 页；李枚主编：《中国行政法学总论》，中[illegible]社，2006 年版，第 496 页。

及军事单位和社会组织的通讯工具，在取得同意下也可以使用公民的通讯工具；为防止犯罪奔赴犯罪现场，可以使用各种所有制形式的企业、机构、组织以及军事单位和社会组织的交通工具，在取得同意下也可以使用公民的交通工具（外交机构、领事馆和其他外国及国际组织的交通工具除外）。民族安全机关应交通工具所有者的要求，按照法律规定赔偿其实际损失。由上可见，国家安全行政赔偿的主要特点是：

1. 行政赔偿的侵权行为主体是国家安全机关及其工作人员；

2. 行政赔偿是对行政执法过程中的国家侵权行为造成的损害所给予的赔偿，也就是说，行政赔偿是由国家安全机关及其工作人员违法行使行政职权的行为引起；

3. 行政赔偿的请求人是其合法权益受到侵权的公民、法人或者其他组织；

4. 行政赔偿的责任主体为国家，但行政赔偿义务机关则为给公民、法人或者其他组织造成侵害的国家安全机关。

（二）国家安全行政赔偿责任的构成要件

国家安全行政赔偿的构成要件是指国家承担行政赔偿责任所应具备的前提条件。也就是说，国家只有在符合一定条件的前提下，才承担侵权行政赔偿责任。关于行政赔偿责任的构成要件，我国学者存在不同看法，有“四要件说”和“五要件说”。其中“四要件说”又分为两种：一种认为，行政赔偿责任的构成要件是主体要件，即职务行为主体；行为要件，即行为违法；损害要件，即给公民、法人以及其他组织权益造成损害的结果；因果关系要件，即损害结果与职务行为之间具有因果关系。[①] 另一种认为，行政赔偿责任构成要件是主体要件；行为要件，包括执行公务行为和执行职务行为违法；损害结果要件，包括损害和因果

① 参见薛刚凌著：《国家赔偿法教程》，中国政法大学出版社，1997年版，第53页；皮纯协、冯军主编：《国家赔偿法释论》，2002年版，第77页；房绍坤、丁乐超、苗生明著：《国家赔偿法原理与实务》，北京大学出版社，1998年版，第68页。

关系；法律要件，即要符合“有法律规定”这一条件限制，否则行政赔偿责任不可能产生。[①]“五要件说”认为，行政赔偿责任的构成要件是侵权主体；侵权行为的类型，即将侵权行为的类型作为行政赔偿责任构成要件的一个因素，旨在解决国家对哪些种类的行为造成的损害承担赔偿责任；侵权的性质，即将侵权人员的主观状态作为行政赔偿责任构成要件的一个因素；损害结果要件；侵权行为与损害结果之间的因果关系要件。[②] 由上可见，虽然学者们对行政赔偿的构成要件的归纳有所不同，但这只是形式上或者学者们归类方法的不同，实质上或内容上都是一致的。我们认为，行政赔偿构成要件的主要内容包括侵权行为主体、行政侵权行为、损害事实的发生、侵权行为与损害事实的因果关系四个方面：

第一，侵权行为主体。是指国家承担行政赔偿责任必须具备的主体条件，即国家对哪些主体的侵权行为承担赔偿责任。按照法律、法规和有关规范性文件的规定，只有具有合法资格的国家安全机关及其工作人员、被授权组织、受委托的组织和个人才能构成国家安全行政赔偿的侵权行为主体。

第二，行政侵权行为。它是指违法行使国家安全行政职权，侵犯公民、法人或者其他组织的合法权益的行为。包括两个方面的含义：一是行政侵权行为是职务上的行为。按照国家赔偿法的规定，所谓职务上的行为必须是“行使职权”、“在行使行政职权时”、“行使职权时”的行为，不包括与“行使职权无关的个人行为”。[③] 当然，行政侵权行为除了以作为的方式存在外，也可以不作为的方式存在，对国家安全机关以不

① 马怀德主编：《国家赔偿法学》，中国政法大学出版社，2001年版，第30页。

江必新著：《国家赔偿法原理》，中国人民公安大学出版社，1994年版，第

见我国《国家赔偿法》第二条、第三条、第五条、第十五条和第十七条

作为的方式而侵害行政受体合法权益的，国家也应当承担行政赔偿责任。[①] 二是该执行职务的行为违法。国家安全机关行使行政权合乎法律的规定，就不存在行政赔偿问题。

第三，损害事实的发生。即国家安全机关及其公务员违法行使职权时，对公民、法人或者其他组织的合法权益造成了实际损害这一客观状态。这是国家承担行政赔偿责任的首要条件，没有损害事实的发生，就根本谈不上国家安全行政赔偿。作为国家安全行政赔偿的要件之一的损害（包括物质损害和精神损害），一般应具备如下特征：现实性与确定性、特定性与异常性、非法性与可估量性。

第四，侵权行为与损害事实的因果关系。主要是指可能引起行政赔偿的损害必须为侵权行为主体执行职务行为所造成，即侵权行为与损害事实之间存在着一种必然的联系，其中侵权行为是前提，损害事实是结果。[②]

二、国家安全行政赔偿范围的确定

行政赔偿范围是指国家对行政行为造成的损害承担赔偿责任的领域。它包括应予赔偿范围和不予赔偿范围。

根据《国家赔偿法》第三条、第四条的规定，国家安全机关应予行政赔偿的范围从大的方面来说，主要包括人身权和财产权两类：

（一）侵犯人身权的具体行政行为

主要有：

1. 违法行政拘留或者违法采取限制人身自由的强制措施。如行政拘

---

① 参见周佑勇著：《行政不作为判解》，武汉大学出版社，2000 年版。

② 我国理论界对应用因果关系的标准没有统一的定论。主要有两种标准：一是必然因果关系，即追求依职权的侵权行为与损害结果之间的内在的必然的关系；二是直接因果关系，即行为与结果之间存在着逻辑上的直接关系，它并不要求行为是结果的必然或根本的原因，而认为行为是结果发生的一个较近的有紧密联系的原因。

留认定事实不清、证据不足，或者适用法律、法规错误，或者违反法定程序等。

2. 非法拘禁或者以其他方法剥夺公民人身自由，是指在国家安全行政拘留和行政强制措施以外限制人身自由的行为，表现为：一是无权限，二是虽有权限但严重越权的。

3. 以殴打等暴力行为或者唆使他人以殴打等暴力行为造成公民人身伤害的。

4. 违法使用武器、警械造成公民身体伤害的。这里所指的武器、警械是指枪支、警棍、警绳、手铐等。

5. 造成公民身体伤害的其他违法行为等。

（二）侵犯财产权的具体行政行为

主要有：

1. 违法实施罚款、责令停产停业、违法没收财物等行政处罚。

2. 违法对财产采取查封、扣押、冻结等行政强制措施。

3. 造成财产损害的其他行为。

另外，《国家赔偿法》第五条规定，国家不予承担行政赔偿责任的情形主要是指：

1. 国家安全机关工作人员与行使职务无关的个人行为；

2. 因公民、法人和其他组织自己的行为致使损害发生的；

3. 法律规定的其他情形。这里的“法律”仅指全国人大及其常委会通过的规范性文件。目前，法律规定国家不予承担赔偿责任的情形有：国家行为；行政立法和行政规范创制行为；不可抗力所造成的损害等。

三、国家安全行政赔偿的方式和标准

）行政赔偿的方式

国家采取何种形式来对行政赔偿请求人承担赔偿责任。国家安全行政赔偿的主要方式：

1．支付赔偿金。国家赔偿以支付赔偿金为主要方式，赔偿金的价值应与造成的损害相当。国家安全法律有规定赔偿金额的，依照法律的规定。如根据1978年《美国外国情报侦察法》第一百一十条规定，当受害者已经受到国家安全情报机关的电子侦察，或者他人违反了该法第一百零九条规定，公开或使用了对此人的电子侦察而获得的有关他的情报时，受害者有获得赔偿金的权利，即“实际损失，但不得少于一千美元的损害赔偿金，或者对违法的每一天以每天一百美元计算，取两者中较多者；惩罚性损害赔偿金和合理的律师费和合理的引起其他调查和诉讼的费用”。

2．返还财产。返还财产指赔偿义务机关将违法占有的财产返还给原所有人、经营管理人或者合法占有人，以恢复权利人合法占有状态的赔偿方式。返还财产方式应当以能够返还，即原物存在并且仍然完好无损为前提。

3．恢复原状。恢复原状是指赔偿义务机关对受害人所遭受损害的财产进行修复，使之恢复到损害前的状况和性能的赔偿方式。国家安全机关给行政受体造成损失的，行政受体可以要求国家安全机关赔偿实际损失，恢复到原来状况。如1992年《蒙古国家安全法》第十六条规定：“国家安全机关根据蒙古法律赔偿因本机关职员的非法活动使公民和机关遭受的损失，恢复其被侵害的权利，采取措施。”如果恢复原状这是不可能或无意义的话，也可以用金钱赔偿。①

（二）行政赔偿的标准

是指国家对行政侵权受害人支付赔偿金的标准。主要包括侵犯公民健康权造成身体伤害的，侵犯公民健康权造成致残的，侵犯公民人身自

① 参见1974年《捷克和斯洛伐克保安法》第五十九条规定、1991年《前苏联国家安全机关法》第二十九条规定、1992年《俄罗斯国家安全机关法》第五条规定。

由权的，侵犯公民生命权的和侵犯公民、法人和其他组织财产权的标准。对此，《国家赔偿法》分别作了规定：

1. 侵犯公民健康权造成身体伤害的，应当支付医疗费，以及赔偿因误工而减少的收入，减少的收入每日的赔偿金按照上年度职工日平均工资计算，最高额为国家上年度职工年平均工资的五倍。

2. 侵犯公民健康已造成部分或全部丧失劳动能力的，应当支付医疗费，以及残疾部分赔偿金（残疾赔偿金最高额为国家上年度职工年平均工资十倍），并对其扶养的无劳动能力的人支付生活费，其标准为被扶养的人是未成年人，需给付至十八岁为止，其他无劳动能力的人，生活费要给付至其死亡时止。

3. 侵犯公民人身自由权的，其基本标准是每日赔偿金按国家上年度职工的日平均工资计算。

4. 侵犯公民生命权造成公民死亡的，应当支付死亡赔偿金、丧葬费，总额为国家上年度职工年平均工资的二十倍。同时，对死亡者生前扶养的无劳动能力的人，还要支付生活费。

5. 侵犯公民、法人和其他组织财产权的，根据我国《国家赔偿法》第二十八条的规定，应当按照下列标准进行处理：（1）处罚款、罚金、追缴、没收财产或者违反国家规定征收财物、摊派费用的，返还财产；（2）查封、扣押、冻结财产的，解除对财产的查封、扣押、冻结，造成损失的或者灭失的，赔偿损失；（3）应当返还的财产损坏的，能够恢复原状的恢复原状，不能恢复原状的，按照损害程度给付相应的赔偿金；（4）应当返还的财产灭失的，给付相应的赔偿金；（5）财产已经拍卖的，给付拍卖所得的价款；（6）吊销许可证、营业执照、责令停产停业的，赔偿停产停业期间必要的经常性开支；（7）对财产造成其他损害的，按照直接损失给予赔偿。

四、国家安全行政追偿及思考

行政追偿，又称为行政求偿，是指行政赔偿义务机关代表国家向行政赔偿请求人支持赔偿费用以后，依法责令有故意或者重大过失的公务员承担部分赔偿费用的法律制度。国家安全行政追偿是指在国家安全机关在承担损害赔偿后，有权要求有重大过错责任的国家安全机关工作人员偿还部分赔偿金的制度。

国家安全行政追偿的实施应符合下列条件：（1）国家安全机关已经向受害人实际支付了赔偿费用；（2）国家安全机关的工作人员必须有故意或重大过失存在；（3）受害人的损失是由国家安全机关工作人员在执行职务中造成的。

这里需要指出的是，故意是指国家安全机关工作人员明知自己的行为会造成损害相对一方合法权益的后果，仍然希望或者放任该种行为结果的发生。重大过失是指相对于轻微过失而言更为明显，更为严重，即超过一般标准的欠缺或明显、严重的欠缺。

根据我国《行政诉讼法》第六十八条、《国家赔偿法》第十四条第二款以及《国家赔偿费用管理办法》第十二条的规定，对有故意或者重大过失的责任人员，有关机关应当依法给予行政处分；构成犯罪的，应当依法追究刑事责任。由此可见，对于存在故意或者重大过失的国家行政机关工作人员，除应向其追偿部分或全部费用外，还应当追究其内部行政责任直至刑事责任。

国家安全行政追偿的设立，对督促国家安全机关工作人员依法行使职权、认真履行行政职责有着重大意义。但作为赔偿义务机关的国家安全机关承担了赔偿义务后，应当在什么期限内要求有故意或重大过失的国家安全工作人员承担赔偿费用？承担多少费用？追偿机关的权利有哪些？追偿制度的程序及救济等我国现有法律都没有作出明确规定。因此，健全国家安全行政追偿制度，对完善国家安全行政法制有着重大意义。

主要参考文献

1. 王名扬著:《美国行政法》,中国政法大学出版社,1985年版。

2. 王名扬著:《英国行政法》,中国政法大学出版社,1987年版。

3. 王名扬著:《法国行政法》,中国政法大学出版社,1988年版。

4. 罗豪才主编:《行政法学》,北京大学出版社,1996年版。

5. 叶必丰著:《行政法的人文精神》,北京大学出版社,2005年版。

6. 熊文钊著:《现代行政法原理》,法律出版社,2000年版。

7. 李牧主编:《中国行政法学总论》,中国方正出版社,2006年版。

8. 杨解君著:《行政法学》,中国方正出版社,2002年版。

9. 叶必丰著:《行政法学》,武汉大学出版社,1996年版。

10. 王学辉、宋玉波著:《行政权研究》,中国检察出版社,2002年版。

11. 杨建顺著:《日本行政法通论》,中国法制出版社,2002年版。

12. 于安编著:《德国行政法》,清华大学出版社,1999年版。

13. 应松年主编:《行政法与行政诉讼法学》,法律出版社,2005年版。

14. 高文英著:《警察行政法探究》,群众出版社,2004年版。

15. 刘兆兴主编:《比较法学》,社会科学文献出版社,2004年版。

16. 胡建淼著:《比较行政法:20国行政法评述》,中国法制出版社，1998 年版。

17. 张文显主编：《法理学》，高等教育出版社、法律出版社，1999 年版。

18. 周佑勇著：《行政法基本原则研究》，武汉大学出版社，2005 年版。

19. 刘春萍著：《转型时期的俄罗斯联邦行政法》，法律出版社，2005 年版。

20. 杨海坤、章志远著：《中国行政法基本理论研究》，北京大学出版社，2004 年版。

21. 胡建淼主编：《行政强制法研究》，法律出版社，2003 年版。

22. 章剑生著：《行政程序法基本理论》，法律出版社，2003 年版。

23. 朱新力著：《行政法律责任研究——多元视角下的诠释》，法律出版社，2004 年版。

24. 彭贵才主编：《行政执法理论与实务》，北京大学出版社，2005 年版。

25. 任志宽、袁岳、刘永志著：《行政法律责任概论》，人民出版社，1991 年版。

26. 江必新著：《国家赔偿法原理》，中国人民公安大学出版社，1994 年版。

27. 李竹、吴庆荣著：《国家安全法学》，法律出版社，2004 年版。

28. 张殿清著：《情报、间谍、保密》，宁夏人民出版社，1985 年版。

29. 张殿清著：《情报与反情报》，台湾时英出版社，2001 年版。

30. 焦希武主编：《国际间谍》，群众出版社，1988 年版。

31. 情报与安全概览编写组编：《情报与安全概览》（1983—1992），时事出版社，1993 年版。

32. ［德］哈特穆特·毛雷尔著，高家伟译：《行政法学总论》，法律出版社，2000 年版。

33. [英] 安德鲁·博伊尔著，斯华译：《背叛之风——充当俄国间谍的五个人》，新华出版社，1981年版。

34. [美] 伯纳德·施瓦茨，徐炳译：《行政法》，群众出版社，1986年版。

35. [德] 茨格威特·克茨著，潘汉典等译：《比较法总论》，贵州人民出版社，1992年版。

36. [美] 卡尔·多伊奇著，周启朋译：《国际关系分析》，世界知识出版社，1992年版。

37. [美] 基辛格著：《大外交》，海南出版社，1997年版。

38. [俄] A.X. 沙瓦耶夫著，魏世举、石陆原译：《国家安全新论》，军事谊文出版社，2002年版。

39. [美] 博登海默著，邓正来译：《法理学—法哲学及其方法》，华夏出版社，1987年版。

40. [日] 南博方著，杨建顺译：《日本行政法》，中国人民大学出版社，1988年版。

41. [台] 吴庚著：《行政法之理论与实用》，中国人民大学出版社，2005年版。

42. [台] 陈秀美著：《行政诉讼法上有关行政处分之研究》，司法周刊社印行，1994年版。

43. [台] 赵明义著：《当代国家安全法制探讨》，台湾黎明文化出版公司，2005年版。

44. [台] 法治斌著：《比例原则》，月旦出版社，1993年版。

45. [台] 向志进著：《情报战》，台湾觉圆出版社，1982年版。

46. [台] 张中勇著：《各国安全制度》，台湾三锋出版社，1993年版。

47. Ray S. Cline著，马龙译：《中央情报局内幕》，台湾大众书局，1975年版。

48. The Sixth Rirectorate, Joseph Hone E. P. Dutton and Co, Inc, New York, 1975.

49. Carol Harlow, Richard Rawlings, Law and Administration, Butterworths, 1997.

50. Tony Bunyan, The Political Police in Briton, New York: ST. Martin's Press, 1976.

51. Andrew L. Ture Stories? Global Night mares, Global Dreams and Writing Globalization, in Lee R. & Wills J. (eds.), Geographies of Economies. Arnoid, London, 1997.

52. Romm J. National security: non-military. Council on Foreign Relations Press, New York, 1993.

53. John Marston & Richard Ward, Cases & Commentary on Constitutional & Administrative Law, Pitman Publishing, 1995.

54. The U. S Intelligence Community Jeffrey Richelson Ballinger Purlishing Company Camnbridge, Massachu, Setts, U. S. A, 1985.

1[illegible]. Carol Harlow, Richard Rawlings: Law and Administration, Butterworths, 199[illegible].

[illegible]. Tony Bunyan: The Political Police in Britain, New York, St. Martin's Press, 1976.

[illegible]. Andrew [illegible]: Global Night [illegible] Global Dreams and Wiring [illegible] Geographies of [illegible], London, 1997.

[illegible]. Konrad [illegible]: National Security [illegible], Council on Foreign Relations Press, New York, 199[illegible].

[illegible]. John [illegible], Richard Wand[illegible]: Cases & Commentary on Constitutional & Administrative Law, Pitman Publishing, 199[illegible].

[illegible]. The U.S. Intelligence Community, Jeffrey Richelson, Ballinger Publishing Company, Cambridge, Massachusetts, U.S.A., 198[illegible].